国家出版基金项目
NATIONAL PUBLICATION FOUNDATION
"十二五"国家重点图书
出版规划项目

U0658337

《东南亚研究》第二辑

孙衍峰　兰　强　徐方宇　曾添翼　李华杰　著

越南文化概论

YUENAN WENHUA GAILUN

中国出版集团
世界图书出版公司

图书在版编目（CIP）数据

越南文化概论/孙衍峰等著. —广州：世界图书出版广东有限公司，2014.12（2023.8重印）

ISBN 978-7-5100-9115-5

Ⅰ. 越… Ⅱ. ①孙… Ⅲ. ①文化—概论—越南 Ⅳ. ①G133.3

中国版本图书馆CIP数据核字（2014）第283421号

越南文化概论

项目策划：陈　岩
项目负责：卢家彬　刘正武
责任编辑：程　静　李嘉荟
出版发行：世界图书出版有限公司　　世界图书出版广东有限公司
　　　　　（广州市新港西路大江冲25号　邮编：510300）
电　　话：020-84453623　84184026
http：//www.gdst.com.cn　E-mail：wpc-gdst@163.com
经　　销：各地新华书店
印　　刷：广州小明数码印刷有限公司
版　　次：2014年12月第1版
印　　次：2023年8月第4次印刷
开　　本：787mm×1092mm　1/16
字　　数：300千字
印　　张：16
ISBN 978-7-5100-9115-5
定　　价：64.00元

前　言

东南亚是指亚洲的东南部地区。根据地理特征,东南亚可以分为中南半岛和马来群岛两部分,包括位于中南半岛的越南、老挝、柬埔寨、泰国、缅甸和位于马来群岛的菲律宾、马来西亚、文莱、新加坡、印度尼西亚、东帝汶共11个国家。东南亚大部分地区位于北回归线以南,跨越赤道,最南抵达南纬11°,最北延伸至北纬28°左右。该地区北接东亚大陆,南邻澳大利亚,东濒太平洋,西接印度洋,是沟通亚洲、非洲、欧洲以及大洋洲的交通枢纽,也是中国从海上通向世界的重要通道。

由于地理位置上的邻近、民族关系的密切和文化上的相通,早在两千多年前东南亚各国就与中国建立了较为密切的政治、经济和文化联系。新中国成立后奉行睦邻外交政策,我国与东南亚各国的友好关系有了新的发展。进入21世纪后,中国政府明确提出了"与邻为善,以邻为伴"的思想,制定了"大国是关键、周边是首要、发展中国家是基础、多边是重要舞台"的外交方针,进一步强调"积极开展区域合作、共同营造和平稳定、平等互信、合作共赢的地区环境"。

本着这一精神,中国与东南亚国家展开了各种双边与多边合作,形成了多方位、多层次的合作框架,增进了彼此间的信任。随着2011年11月中国—东盟中心的正式成立,中国和东南亚国家间的务实合作关系得到了进一步提升,呈现出强劲的发展势头。世界上,像中国和东南亚这样,在两千多年时间里绵延不断地保持友好关系、进行友好交往的实属罕见。这种源远流长的友谊,成为双方加强合作的基础。

作为多样性突出地区,东南亚各国在民族、语言、历史、宗教和文化等方面五彩缤纷,各具特色。加强东南亚国别与区域研究,可以更好地帮助国人加深对东南亚的了解。为此,解放军外国语学院亚非语系集东南亚语种群自1959年办学以来之经验，在完成2012年度国家出版基金项目《东南亚研究》第一辑的基础上，与世界图书出版广东有限公司一道，继续申报了2014年度国家出版基金项目《东南亚研究》第二辑并获得了成功，本丛书便是该项目的最终成果。

　　参加本丛书编写工作的同志主要为解放军外国语学院东南亚语种群的专家学者。北京大学、北京外国语大学、南京国际关系学院和云南民族大学的部分专家学者也应邀参加了本丛书的编写。丛书参编人员精通英语和东南亚语言，有赴东南亚留学和工作的经历，熟悉东南亚文化。在编写过程中多采用第一手资料，为高质量地完成丛书奠定了基础。我们希望本丛书的编辑出版有助于读者加深对东南亚国家国情文化的认识，有助于促进中国与东南亚国家间的交流。

　　由于本丛书涉及面广，受资料收集和学术水平诸多因素的限制，书中的描述与分析难免存在疏漏与不足，恳请同行专家和广大读者不吝批评指正。

解放军外国语学院亚非语系

《东南亚文化概论》编辑委员会

2014年10月于洛阳

目　录

引　论

第一节　文化的含义

"文化"一词，很多人在用，但对其含义的理解却多有不同。据说，迄今为止关于文化的定义有数百种之多，可见这一概念的复杂性。当然，定义如此之多也反映了人们对"文化"这一问题的关注。

人们公认的关于文化的最古典的定义，是英国杰出的人类学家泰勒（Tylor，1832—1917）在他的《原始文化》一书中提出来的："文化，或文明，就其广泛的民族学意义来说，是包括全部的知识、信仰、艺术、道德、法律、风俗以及作为社会成员的人所掌握和接受的任何其他的才能和习惯的复合体。"[1]这个定义对学术界产生了深远的影响。

1973年出版的第三版《苏联大百科全书》对文化的定义是："文化，是社会和人在历史上一定的发展水平，它表现为人们进行生活和活动的种种类型和形式，以及人们所创造的物质财富和精神财富。文化这个概念用来表明一定的历史时代、社会经济形态、具体社会、民族和民族的物质和精神的发展水平（例如古代文化、社会主义文化、玛雅文化），以及专门的活动或生活领域（劳动文化、艺术文化、生活文化）。文化这个术语从较狭义意义来看，仅指人们的精神生活领域。"这一定义的特点是用人类现有的文化形态去比照历史上存在过的形态，说明不同的时期有不同的文化。

我国1999年版的《辞海》对文化的定义是："（文化）广义指人类在社会实践过程中所获得的物质、精神的生产能力和创造的物质、精神财富的总和。狭义指精神生产能力和精神产品，包括一切社会意识形式：自然科学、技术科学、社会意识形态。有时又专指教育、科学、文学、艺术、卫生、体育等方面的知识与设施。"

实际上，文化是一个非常宽泛的概念，给它下一个严格和精确的定义是非常困难的。通常它有广义和狭义之分。广义的文化几乎囊括人类的整个社会生活，即除了地球上原本存在的自然界以外人类所创造的世界上的一切。狭义的文化则

---

[1]　吴克礼：《文化学教程》，上海外语教育出版社，2002年，第50页。

指人类的意识形态以及与之相适应的制度与组织结构。

尽管人们对文化的定义各不相同，但有一点是明确的，即文化是由人创造的，而且只有人才能创造文化。文化是人类智慧和创造力的体现。任何一个人，自从来到这个世界上，必须要接受并适应在他出生之前就已存在的文化环境，学习他的前辈积累的社会经验。在这个过程中，他也可能会改进、丰富既有的经验，对文化的发展作出自己的贡献。人创造了文化，享受着文化，同时也受文化的约束和塑造。因此我们还可以说，人是文化的创造者，而文化又塑造了人。

文化是人们在生产生活中创造的，也是在特定的自然环境和历史条件下产生的，因而它具有民族性。不同民族所处的自然环境、生活条件、社会结构、历史条件不同，所创造的文化也就随之不同。地球上古往今来的环境千差万别，生活在地球上不同时代、不同条件下的人类也就创造了大千世界上异彩纷呈的文化。实际上，文化是一个民族真正的灵魂，它是决定民族性格和面貌的根本因素。要从根本上了解一个民族乃至一个国家，从文化入手往往能够纲举目张，收到事半功倍的效果。

我们了解一种文化，其实从根本上讲是了解人们创造文化的思想、心理、行为、手段和结果。文化学理论告诉我们，文化是一个复杂的层级系统。至于文化的结构，不同的看法也有很多。有的学者将文化分为4个层次：精神文化、行为文化、制度文化和物质文化。精神文化反映人与自身的自我意识关系，由人类在社会和意识活动中长期形成的思维方式、价值观念、审美情趣、宗教信仰、民族性格等因素构成；行为文化指人在长期的社会交往中约定俗成的风俗习惯，它是一种社会的、集体的行为；制度文化指人在社会实践中组建的各种行为规范、准则以及组织形式，它规定着文化的整体性质；物质文化指人的物质生产活动方式和其产品的总和，如人的衣、食、住、行等。文化的上述几个层次互相制约，互相影响，构成了文化的有机整体。其中精神文化是文化的核心部分。在本书中，我们将从这几个层次依次展开对越南文化的描述。

第二节　越南文化的特点

越南是中国的邻邦。它的全称是越南社会主义共和国。需要指出的是，历史上，现今越南境内的地区名、国名屡经更替。内属中国的郡县时期曾有交趾、交州、安南都护府等，独立后有大瞿越、安南、大虞、大越、越南等名称。本书有时提到古代的"越南"，实际上在许多场合是指不同历史时期的"现今越南境内"，并非意味着"越南"的国号古已有之。

要了解一个国家的文化，首先要关注其地理环境，地理环境决定着文化的物质基础。越南位于亚洲东南部、中南半岛①东部，是一个东南亚国家。越南全境都位于北回归线以南，以热带季风气候为主，日照充足，降雨丰沛，适宜种植水稻和热带经济作物。自然植被以热带季雨林为主，海拔较高的山区有针叶阔叶混交林，生态多样性特征较明显。越南的地势大致为西北高、东南低。北部与中国山水相连，高山和大河由西北向东南延伸，形成山河相间排列、纵列分布的地表形态。河流上游在崇山峻岭中奔流，蕴藏着丰富的水力资源，进入下游后，水流平缓，泥沙沉积，形成冲积平原。这些平原地势低平，土质肥沃，是越南重要的农业地区。

此外，越南所在的东南亚处于两大洲（亚洲、大洋洲）和两大洋（太平洋、印度洋）交汇的"十字路口"，加上历史上的民族迁徙和各民族之间的文化交往，所以该地区的文化（东南亚文化）受到外来文化的深刻影响。世界四大文化体系——印度文化、中国文化、伊斯兰文化、西方文化都给东南亚文化打下了不同程度的烙印。有的学者把东南亚分成3个主要文化区域：一是深受印度文化影响的区域，即法国学者所称的古代"印度化国家"②所在的地区；第二个是深受伊斯兰文化影响的地区，即现在的马来西亚、印度尼西亚等地；第三个就是深受中国文化影响的中南半岛地区。从文化学意义上讲，中南半岛是印度文化圈与中国文化圈碰撞、交错、重叠的地方，所以中南半岛又称"印度支那半岛"，简称"印支半岛"。

一、越南文化的中国基因

越南北面与中国接壤，西面与老挝、柬埔寨交界，东面和南面是中国南海，与中国的雷州半岛、海南岛以及南海诸岛隔海相望。西南临暹罗湾，与马来西亚、新加坡、文莱等国隔海相望。越南地理位置特殊，位于连接亚洲大陆腹地和印度次大陆的大陆桥，是中国通往印度、阿拉伯海上丝绸之路的必经之地。几千年来，由于历史的原因，中国文化对越南文化产生了极大的影响，成了越南传统文化不

① 中南半岛因在中国以南而得名。
② ［法］赛代斯著，蔡华、杨保筠译：《越南通史》，北京：商务印书馆，2008年。

可分割的重要组成部分，越南也成为受中国文化影响最大的东方国家之一。因此，要研究越南文化，就不能不提中国文化对越南文化的影响。

公元前214年，秦平南越，设置郡县。越南被划归象郡，开始纳入中国的版图。①自公元前3世纪起直至公元10世纪（秦至五代时期）的一千多年中，越南一直处于中国的统治下。频繁的民族迁徙和广泛的政治、经济、文化联系使中国文化在越南这片土地上落地生根，给这片土地深深地打上了印记。10世纪越南独立后，中国文化继续对越南保持着巨大的影响。至19世纪，越南沦为法国殖民地后，又不可避免地受到法国文化的影响。因此，越南文化实际上是越南民族本土文化与外来文化交流融合而形成的，其中中国文化的巨大影响是研究越南文化不可忽视的。

中国文化是世界上四个最重要的文化体系之一，也是世界上延续最久的文化。几千年来，中国文化对东亚各国——特别是对日本、朝鲜②和越南等国的文化产生了巨大而深远的影响，形成了学术界所说的"中国文化圈"。而在这些国家中，越南受中国文化影响更是极为突出。越南史学家陈重金曾在他的《越南通史》中指出："北属时代（即中国学界所说的"郡县时期"或"内属时期"——笔者注）长达1000多年，而这个时代我国（指越南——笔者注）的人情世俗如何，现在我们不甚了然。但有一点我们应该知道的是，从此以后国人濡染中国文明非常之深，尽管后世摆脱了附属中国的桎梏，国人仍不得不受中国的影响。这种影响年深日久已成了自己的国粹，即使今天想清除它，也不易一时涤荡干净。"③可以说，中国文化对越南文化的影响是全面而深刻的。

我们知道，儒家思想是中国文化的核心内容。早在郡县时期，儒家思想就逐渐传入越南，并对越南历史的发展起到了推动作用。越南独立后，历朝历代都采取崇儒的做法。儒家思想一直是越南封建统治阶级正统的思想体系和建立统治秩序的理论支柱。越南古代社会的礼仪法度、宗教信仰、风俗习惯、文学艺术等也

---

① 不过，当时的越南只包括现在越南自中部广平省以北的部分。现在越南中部北起河静省的横山关，南至平顺省潘郎、潘里地区。现在越南中部、南部地区曾有的占婆王国、吴哥王国，都是当时深受印度文化影响的区域。15世纪，占婆开始被越南攻击蚕食，最终被越南吞并，17世纪越南开始南下侵占真腊领土，至18世纪才逐步占领了现在的南部地区，形成了现在越南的版图。

② 此处朝鲜指朝鲜半岛，包括现在的朝鲜民主主义人民共和国和大韩民国。历史上该地区还使用过高丽、高句丽、百济、新罗等名称。

③ ［越］陈重金著，戴可来译：《越南通史》，北京：商务印书馆，1992年，第3页。

都受到儒家思想的深刻影响。现在，越南把儒家思想视为民族文化的重要渊源和传统文化的重要组成部分。可以说，儒家思想在越南影响之深远，在东方各国中是屈指可数的。

越南是一个多种宗教信仰并存的国家。佛教是越南第一大宗教。越南的佛教最初由印度经海上传入越南。郡县时期，中国文化对越南的影响日益扩大。6世纪之后，越南佛教主要受中国佛教的影响。现在越南佛教的禅宗、净土宗和密宗等主要教派均属汉传佛教。中国的道教自东汉时期传入越南，在越南历史上曾颇为兴盛，至近代衰微，但在民间仍有一定影响。越南的本土宗教和好教、高台教都受到中国文化不同程度的影响。民间信仰方面，越南的祖先崇拜、城隍信仰、供奉财神祖师等都体现出浓厚的中国文化色彩。此外，虽然越南正史中关于风水术的记载不多，但中国的风水术早在郡县时期就传入越南，经过上千年的发展，风水文化已经影响到越南各个阶层的生活并逐渐被本土化，成为越南文化的一部分。

越南古代的典章制度基本因袭或仿照中国。在政治制度方面，越南也将宗法制度与封建制度相结合，家国合为一体，实行家天下集权统治。历代官制也仿照中国。如阮朝也设立吏、户、礼、兵、刑、工六部，而且官职名称都与中国相同：各部正职称尚书，副职称侍郎。选拔官员通过科举制，其具体做法与中国基本相同。另外，律法的制定也完全因袭中华法系，如黎朝的《洪德律》和阮朝的《嘉隆律》（即《皇越律例》）就分别以中国的《大明律》和《大清律》为蓝本制定。

风俗习惯是每个民族最具特殊意义的文化特征，它充分体现了一个民族的心理、志趣、信仰和历史发展。越南的风俗习惯也体现了中国文化对越南的深刻影响。越南陈朝曾依照宋代朱熹的《朱子家礼》编纂过一本《寿梅家礼》作为婚俗、丧俗的规范文本，实际上后者就是简化版的《朱子家礼》。该书规定嫁娶时须行纳采、问名、纳吉、请期、纳征、亲迎等"六礼"，丧葬方面则规定了各种仪轨和"五服"制度。现在越南的婚俗、丧俗已经大为简化，但仍保留了不少传统的做法。越南传统的节庆习俗与中国大同小异，按照夏历纪年，有春节（越南称为"元旦"）、上元（正月十五）、清明、端午、中元（七月十五）、中秋（八月十五）、下元（也称新稻节，十月十五）、灶君节（腊月二十三）等。越南人的姓氏几乎均来源于中国，姓名的结构形式亦与中国大致相同，有单名、复名、字名、别号等。

取名的审美价值标准也与中国别无二致。

汉语汉字曾长期作为越南的官方语言文字。郡县时期自不待言,即使在独立自主时期,越南王朝仍然借用汉语汉字,无论是官方文告或者科举考试均使用汉语;重要的史学、文学、医学等著作均用汉语撰写;许多脍炙人口的文学作品也是用汉语创作的。因此,越南语中有许多汉语借词,汉语的许多成语、典故也大量进入越南语。中国的古典文学名著《三国演义》、《水浒传》、《西游记》、《红楼梦》的故事情节在越南也是家喻户晓、妇孺皆知。越南长期采用中国的历法,民间对二十四节气也耳熟能详,中国古代历法的"干支纪年"也同样为越南采用。直到今天,中国历法、二十四节气和干支纪年在越南仍被沿用。越南的传统医学历史悠久,属于中医的分支。其基本理论如经络学说、阴阳平衡、五脏六腑、五行相生相克等与中医相同,诊疗手法诸如望、闻、问、切、针灸、推拿、刮痧等均被引进采用。另外,中国的建筑艺术、音乐戏剧、陶瓷制作技术、丝绸工艺、农业技术等也对越南产生了巨大的影响。

可以说,越南传统文化,举凡伦理道德、国家体制、社会结构、经济制度、文学艺术乃至风俗习惯无不深受中国文化的影响,以致越南素有"小中国"之称。一般认为,在东南亚各国中,越南是受中国文化影响最大的国家。冯承均先生在《占婆史》一书的译序中写到:"昔之四夷漫染中国文化之最深者莫逾越南。"①在西方学者看来,中国的影响对越南人来说是一个挥之不去的"中国幽灵"(the Ghost of China)。从文化层面来讲,在1945年独立后的去殖民化过程中,越南无法漠视中国文化的存在和影响,因为中国正是所谓纯正越南文化的根源。因此,越南学者"去中国化"或者疏离中国文化的过程极度痛苦,因为在很多情况下,割断和中国的文化联系就等于割裂了越南自己的历史。②而且,中国对越南的巨大影响不仅表现在近代以前,在当代也是如此。基思·泰勒就曾说过,"即使二十世纪的越南在文化和政治生活方面重新调整方向,大大远离(此前的)中国(模式),但中国对越南的影响永远不会是无足轻重。法国人来而复去;日本人来而复去;美国

---

① [法]马司培罗著,冯承均译:《占婆史》,台北:台湾商务印书馆,1956年。

② Patricia M.Pelley, *Postcolonial Vietnam: New Histories of the National Past*, Durham: Duke University Press, 2002, pp.125-131.转引自牛军凯:《王室后裔与叛乱者:越南莫氏家族与中国关系研究》,广州:世界图书出版公司,2012年,孙来臣序。

人来而复去；苏联人也来而复去。但只有中国却一直没有离去，而且也永远不会离去。"[①]

二、越南文化的西方印迹

越南文化千百年来深受中国文化影响，但自19世纪以来，西方文化对越南的影响却不容忽视。特别是越南近代有遭受法国殖民统治80多年的历史，所以法国文化对越南文化的影响也是相当大的。其中，天主教的传播和法国的殖民是主线。

16世纪上半叶，西方传教士开始进入越南传教。自16世纪下半叶起，法国传教士和商人开始进入越南。但是，因为中国文化在越南的影响根深蒂固，天主教的传播和影响一直比较有限。1802年，阮福映在法国传教士帮助下建立阮朝，作为回报，他允许传教士在越南传播天主教。由于天主教与越南固有的文化难以相容，嘉隆帝（阮福映）死后，继位的明命、绍治曾千方百计限制天主教在越南的传播。

1858年，法国以保护传教士为名炮轰岘港，发动了对越南的侵略战争。阮朝被迫于1862年和法国签订了《西贡条约》，把南圻的边和、嘉定、定祥三省和昆仑岛割让给法国，并接受了法国提出的一系列丧权辱国的要求。1867年，法国又侵占了南圻西三省。1874年法国与阮朝签订《第二次西贡条约》，1883年签订《顺化条约》，越南完全沦为了法国的殖民地。法国殖民者在越南推出了一整套严酷的殖民政策以巩固其统治。其中以消除中国文化对越南的影响和改变越南文化特质为目的的文化政策是其最重要的组成部分。为了尽快改变越南文化特质，大力传播天主教成为重要手段。法国殖民者极力提高天主教在越南的地位，同时极力消除中国文化对越南的影响。因此，法属时期天主教在越南发展迅速，影响逐渐扩大。天主教的教义、礼仪、思想观念乃至生活方式都对越南社会产生了不可忽视的影响。时至今日，天主教仍是越南仅次于佛教的第二大宗教，在越南有着广泛的社会基础。比如，越南本土宗教——高台教主张"万教一理"，其教义和供

① Keith W.Taylor, *"China and Vietnam: Looking for a New Version of an Old Relationship,"* in *The Vietnam War: Vietnamese and American Perspectives*, eds.Jayne S.Werner and Luu Doan Huynh, Armonk, New York: M.E.Sharpe, 1993: p.280. 转引自牛军凯：《王室后裔与叛乱者：越南莫氏家族与中国关系研究》，广州：世界图书出版公司，2012年，"孙来臣序"。

奉的神像也体现出天主教的显著影响。

1917年，法国殖民当局颁布法令，废除越南的科举制度和传统的私塾教育体制，以法律的形式强制推行法国式的教育体制，推行殖民同化政策。就读法越学校成为越南人接受教育的唯一途径。法越学校强迫越南学生学习法语，大力灌输法国文化，实行奴化教育，扶持培养亲法势力。只有会法语的人才能进入大学学习，通晓法语也成为选拔官员和任用公职的必要条件。同时，法国殖民当局还极力推广拉丁化的"国语字"，努力消除汉字和中国文化在越南的影响。在法国殖民统治下，殖民同化政策影响和改变了越南的几代人，法国文化也在越南社会打下了深深的印记。

越南近代社会的历史演进均在被法国殖民的大背景下展开。越南的都市建设、交通运输、工业制造、教育、新闻、文学、艺术、建筑等都不同程度地带有法国文化的色彩。越南是东南亚受法国文化影响最深的国家。

三、越南文化的本土脉络

尽管受到外来文化的巨大影响，但越南本土文化仍然在与外来文化的交流融合中得以传承和发展，延续着自身的本土脉络。

越南所处的自然环境是产生其本土文化的重要基础。越南全国地处北回归线以南，属热带季风气候，高温多雨，北部可分四季，南部只有旱季和雨季。其地势西高东低，山地和高原占国土面积的四分之三，林木茂密，江河纵横，水系极为发达。其自然条件非常适合水稻种植，因此，越南自古是一个以水稻种植为主的农业国，并孕育出了独特的稻作文化。以种植水稻为主的劳动密集型生产方式决定了越南人的民族性格。从事农业必须勤劳耕作才能有收成，不能一朝致富，不能揠苗助长，更不能不劳而获，必须踏踏实实劳作，用汗水换取劳动果实。财富须日积月累，聚沙成塔。因此越南人，特别是越南北部人比较勤俭、朴实，吃苦耐劳。他们大都有耐性，能屈能伸，有强韧的生命力，有克服困难的毅力，有时甚至愿意牺牲小我而成全大我。

越南自古是农业国，旧时国民构成基本是农民。其生产方式决定了他们必须团结互助才能生存。长期以来，越南农村特别是北部平原农村一直保留着农村公社的经济形态，这使越南乡村具有突出的群体性和自治性。千百年来，祖先崇拜培养了越南人浓厚的家族观念，城隍信仰和农村公社则培养了越南人浓厚的乡土观念，封建社会的家国同构和国家的贫穷弱小使越南人具有强烈的民族意识。越南人遇事往往团结一心，一致对外，"兄弟阋于墙，外御其辱"是越南人处理内外关系时的准则。这使得越南人在外地遇到同乡或在异邦遇见本国同胞陷入困境时，往往能慷慨解囊或拔刀相助。

越南古代是自然经济的农业社会，农村公社和小农经济形态使越南人特别是北部的越南人爱土地，爱家乡，把土地与家乡当作自己生命的依靠，有安土重迁的思想观念，乐天知命，容易满足，不像西方文化那样追求冒险与刺激。越南人大多有浓厚的乡土观念，背乡离井的游子普遍都有思乡怀旧、寻根问祖的情结。民族性格总体趋于保守，开创精神不足。

越南地处东南亚，历史上母权制残余存留延续时间较长，曾有"贵女贱男"的传统。尽管越南也受中国儒家文化"男尊女卑"观念的影响，但普通百姓家庭受影响相对较弱，妇女受封建礼教的束缚也就相对少一些。越南妇女不但要参加农业生产劳作，还要赶集经商以及参加其他的社会经济活动，在经济活动中具有很大的影响力，是家庭的经济支柱，其地位、角色举足轻重，因此，越南妇女在传统文化中的地位并不像中国那样处于绝对从属的地位。越南妇女多吃苦耐劳、任劳任怨、勤俭持家、温柔贤惠。越南著名史学家陈重金在《越南通史》中写道："(越南)妇人善于劳作和操持家务，巧手灵脚，能做各种事情而又知以家道为重，对丈夫温存柔顺，悉心养育子女，常能保持节、义、勤、俭等十分高贵的德性。"

越南人自古信奉鬼神，崇尚祭祀，相信灵魂不死和万物有灵。其信仰对象古今掺杂，兼容并蓄，种类繁多。包括灵魂、图腾、自然神、祖先神、生育神、行业神等等，不一而足。占卜、巫术、风水等信仰表现方式在旧时广泛存在。各种宗教在越南也传播广泛，信奉者众多。不过，除了部分神职人员或教徒以外，一般的越南人虽热心参与宗教信仰活动却并不虔诚皈依于任何一种宗教。其表现是往往会同时供奉或祭祀不同宗教和信仰体系的信仰对象。因为很多越南人参与宗教信仰活动更多的是出于功利目的，往往为的是求吉禳灾，趋福避祸，从而得到一种精神上的安慰。

陈重金在他的《越南通史》中这样评价越南人："在智力和性情方面，越南人好坏脾气都有。越南人大都明慧，理解力强，手脚灵巧，聪明伶俐，记忆力好，又好学习，重学识，贵礼节，崇尚道德，并以仁、义、礼、智、信为待人接物之"五常"。虽然如此，仍有点耍小聪明，有时也很诡谲，并喜欢冷嘲热讽。平时胆小怕事，希望和平，但一旦上了战场，也有胆量，懂得守纪律。"[1]

四、越南文化的总体特点

越南文化的总体特点，我们认为主要有以下四个：

第一是外源性。我们在分析越南文化时，可将越南文化的构成分为本土文化和外来文化两个层面，而外来文化构成了越南文化的主体部分，呈现出越南文化的基本面貌。总体上看，越南文化属于东方文化中的中国文化圈，其正统文化体现出浓厚的儒家文化色彩。人们在观察越南文化特别是精神文化、制度文化和行为文化时，往往看到更多的是与中国文化相同或相近的地方，感到"像中国"，而本土文化的特色则多体现在物质文化层面。

第二是包容性。越南文化兼收并蓄，博采众长，吸收、包容了多种外来文化。从古至今，无论是中国文化、法国文化、印度文化还是现在以美国为代表的西方文化，不管外来文化进入越南时是强制输入还是被主动引入，越南都能择其善者而从之，最终为我所用。在传承本土文化的同时，越南敞开胸怀吸纳外来文化，形成了多元并存、和而不同的文化格局。外来文化进入越南后，都能落地生根，与本土文化融合，成为越南文化的一部分。不过从总体看，越南对待外来文化的态度多奉行"拿来主义"，对外来文化的模仿多于创造、吸收多于改良。

第三是稳固性。越南文化有顽强的生命力，也有突出的稳固性。越南人特别珍视自己的民族文化，千方百计延续民族文化的传承。我们看到，越南传统文化的很多内容代代相传，沿袭至今。比如供奉祖先、举办庙会[2]等传统习俗以及讲求孝道、尊崇老人等传统观念都被越南人作为"淳风美俗"来悉心呵护，大力提倡。甚至有些源自中国的传统文化在中国已经难觅踪迹，却"墙内开花墙外香"，在越南得以保留传承并发扬光大，不由得使人心生"礼失而求诸野"的感慨。

---

① ［越］陈重金著，戴可来译：《越南通史》，北京：商务印书馆，1992年，第9页。

② 越文为"lễ hội"，有的译作"礼会"，本书采用"庙会"。

第四是多样性。越南虽然国土面积不大，目前人口约9 000万，但有54个民族之多，所以越南文化内部的区域文化和民族文化丰富多彩。除了越南的核心民族文化——越族文化外，越南其他少数民族都有各具特色的民族文化，有些民族文化具有较大的影响力，甚至成为地域核心文化。随着历史的变迁，越南国土数度向南扩展，古代的占婆王国的全部和古真腊王国的一部分归入越南版图，但他们的文化没有被完全消除，仍以不同形式在越南文化中保存下来。再加上历史上中国文化、印度文化、法国文化的影响，这些都使越南文化异彩纷呈，极具多样性。

第三节　越南文化的未来

现在，越南社会正处在一个巨大发展和深刻变化的历史时期，越南文化也不可避免地会发生变化。自20世纪80年代实行革新开放政策以来，越南加快市场经济建设的步伐，以更加开放的姿态融入现代社会发展的洪流。人们的工作与生活节奏越来越快，旧的生活方式不断受到冲击。随着革新开放的不断深入，外来文化，特别是西方文化对越南的影响越来越大。世界文化走进越南，越南文化拥抱世界，已成为不可逆转的趋势，越南文化注定还要经历一个与外来文化相融合的过程。

那么，越南文化将会向何处去？越南文化的未来将会怎样？我们认为，越南文化在未来的一个时期内将存在一个"变"，一个"不变"。所谓"变"指在经济全球化的背景下，越南加速融入国际社会，不可避免地受到西方强势文化的冲击和压力，在文化的表现形式和内容等方面将会发生诸多变化；所谓"不变"是指越南文化的"精神内核"，也就是越南人的认知模式、价值观、情感结构等在较长的一段时间内还会维持其基本面貌。

当今世界，走开放之路，搞市场经济，是实现民富国强的必然途径。越南是一个农业国，自给自足的小农经济延续了几千年。由自然经济农业社会走向商品经济工业社会，是当今社会发展的一般趋势。农业文明基本上以自给自足的自然经济为基础，具有与生俱来的封闭性；而工业文明以商品经济为核心，则具有明显的开放性。因此，越南要发展经济，首先需要大力发展商品经济，而发展商品经济，就必须打开国门，融入世界经济一体化的潮流。在这种形势下，越南文化不发生改变是不可能的。事实上，开放近30年来，越南文化已经发生了一些变化，可以预见，这种变化未来还将继续。

千百年来，儒家文化孕育了越南人安分守己、恬淡自适、与世无争、容易满足的心态，也养成了越南人好静厌动、喜常恶变、因循守旧、偏向保守的心理定势。这种与市场经济的要求明显格格不入的心理将会逐渐发生变化，而个人主体意识、开拓创新意识、竞争意识将会逐渐增强。传统的越南乡土社会培养了越南人浓厚的安土重迁观念，人们祖祖辈辈生于故乡、死于故乡，社会流动很少发生。市场经济的发展将会加速社会分化，引起社会流动，这将导致乡村社会经济形态的改变，对越南人的传统乡土观念造成冲击。市场经济的发展会使家庭成员的异质化大大增强。在家庭中，由于每代人的阅历不同、心理感受不同、受教育的内容和程度不同，致使家庭中代际之间的生活方式、行为方式和社会价值观念等产生巨大差异，可能导致越南家庭文化传承危机。鉴于越南家庭与越南文化的独特关联，这种变化势必会引发越南传统文化的某些变化。总之，在市场经济大潮的冲击下，越南人衣、食、住、行在内容和形式上都会发生明显变化，思想、伦理、道德、价值观乃至某些民族性格、民族精神也会有不同程度的改变。

但是，文化的改变与政治经济的改变有很大不同。文化的改变像冰川融化一样，过程极其漫长。虽然外来文化的影响往往是导致文化发生变化的诱因，但除此以外，自然地理环境、民族社会历史更对文化起着决定性的作用。文化是历史的产物，它一旦形成，就有巨大的发展惯性和一定的稳定性。文化不可能在完全摆脱传统的情况下发展，只能在传统的制约下发展。越南文化的发展趋势也必然会受到其传统的制约。

20世纪末期，苏联解体和中国的改革开放使西方产生了一种观点，认为人类历史已经终结，人类文明发展的大方向已经确定，即：以美国价值取向为代表的文明是未来世界的必然发展趋势。今天，这种观点受到越来越多的挑战和质疑。越来越多的人认识到，将来的全球化主要体现在科技和经济领域，而文化将走向多元。未来世界是一个文化多元的世界，而不是由一个单一文化控制的世界。文化多元化的兴盛必将瓦解强势文化的霸权地位，导致世界文化多样化，而西方强势文化也必将最终融入文化多元化的大潮。

越南文化属于中国文化圈。儒家文化在越南根深蒂固，已经成了越南传统文化的重要组成部分。尽管以美国文化价值取向为代表的西方文化正在并将继续对越南文化造成巨大的冲击，但不会取代越南传统文化，形成全盘西化的局面。这是由越南文化的生命力和稳固性所决定的。当年法国殖民者统治越南多年，极力推行民族同化政策，都没能使越南文化全盘西化。在当今全球化浪潮的冲击下，西方文化可以形成冲击，可以产生影响，但最终必将与越南文化相融合。

还应当看到，全球化时代的文化交流与文化冲突对越南文化而言是巨大的挑战，同时也是历史的机遇。越南如果利用全球化的机遇，主动积极地投入到全球性的文化整合中，吸取世界先进文明成果，实现文化融合与文化创新，将会给越南文化注入新的活力。文化的融合将推进越南社会的发展，使越南融入现代化、全球化的时代进程之中，成为越南民族文化进步的巨大动力。同时，在文化融合的过程中，做到既接纳现代性、又保持民族性，才能促进越南传统文化的创新并保证文化传承的连贯性。历史发展表明，文化融合能力强的民族也是生命力强的民族。

如果越南能够站在世界文化格局的高度进行思考，张开双臂拥抱世界，理性面对外来文化的冲击，在传统文化与外来文化融合的过程中做到有所鉴别、有所取舍、有所结合、有所消化、有所突破、有所创新，以一种真正"海纳百川"的气度和"以我为主，为我所用"的姿态涵容外来文化，那么越南文化一定会继承和发扬传统文化中一切宝贵的遗产，借鉴和吸收外来文化中一切优秀的成果，建立一种性质、结构、功能进一步优化的新的越南文化。

第一章　文化地理环境

　　环境是文化发展的舞台，任何民族文化的发展都离不开它所依托的自然环境，不同地域的自然环境往往孕育出不同的文化类型。[①]越南文化与其地理环境有重要关联。孕育越南文化[②]的地理环境主要有以下几个特点：

　　第一，版图狭长，三个中心。人们对越南地理的形象比喻是"一条扁担挑着两个箩筐"。两个"箩筐"，一个是红河平原，一个是九龙江平原，而"扁担"则指纵贯南北的长山山脉。红河平原和湄公河平原是越南主要的经济区，全国大多数人口和经济活动集中于这两个地方。这一地理环境决定了它的经济活动半径，包括物流半径和管理半径的范围。南北两大平原、两个经济中心分别形成的物流和管理半径将越南一分为二。而中部的地理位置和地形也使之具有独特的文化特点和文化地位，因此若加上中部则是一分为三。实际上，法国殖民者在统治越南时期就曾经将其分为北圻、中圻、南圻三部分，分而治之。因此，越南的地理环境、经济结构使之在社会资源、社会组织和政治势力上常常被分为南、北、中三大块。1954年抗法胜利后，越南又被以北纬17°线为界被分为南、北两部分，经过20多年的抗美救国战争，至1975年才实现南北统一。这段历史又不可避免地对越南社会、文化产生影响。

　　第二，民族众多。每个民族又因应民族的历史演变和地理居所等背景形成了各具特色的民族文化，有的成为地域核心文化，影响力甚至比肩主流的越族文化。

　　第三，大部分国土滨临海洋，易受外来文化的影响。历史上越南是各种文化交汇之地，在不同的历史时期、不同的地域，外来文化的影响力也有差异。

　　第四，地形复杂，并因应地形地貌形成了几个小气候区，各个小气候区的物产、耕作制度等均有差异，从而也对地域文化的形成和定型发挥作用。概言之，

---

① 程裕祯：《中国文化要略》，北京：外语教学与研究出版社，1998年，第10页。
② 此处越南文化实际上是指越南国土上各个民族所呈现出来的多元一体的文化，它们既各具特色又被处于较高发展阶段的京（越）族文化所引领和主导。

版图形状和海洋性是影响越南文化的全局性特征，民族分布、地形和气候是形成地域亚文化的主要动力。

不难看出，越南文化形成的自然背景是：气候常年温暖，北部有短暂的寒冷；地势西北高、东南低，西北部为黄连山，北部为越北山地，西部为长山山脉，南北各有一个面积较大的平原，分别是红河平原和九龙江平原；东部临海。在这个总体背景下，少数民族分布与山地、高原地形有较高的重合度，而山地、高原与亚气候区的形成又紧密相关，从而进一步强化了亚气候区的地域文化形成。

第一节　自然环境

越南地形狭长，呈"S"形，位于中南半岛东部，北邻中国，西邻老挝和柬埔寨，东、南临中国南海。越南从最南端到最北端直线距离为 1 650 公里，东西向最宽处位于越北地区从广宁省的芒街到奠边省西部的越老边界，约 500 公里，最窄处位于中部的广平省，约 50 公里。

越南是一个多山的国家，全境四分之三的面积为山地、丘陵和高原。西北地区和越北地区主要为山地。长山山脉从北纵贯至西原高原，是越南地形的骨架。红河平原和九龙江平原①是越南最大的两个平原，分别位于长山山脉的南北两端，是世界闻名的谷仓。中部还有一些狭长、零星的沿海小平原。总体来看，越南地形大致可以分为越北山地、红河平原、长山山脉、西原、中部沿海平原和湄公河三角洲六大板块。

一、山地、丘陵

越南地势西北高，东南低。所有的大山都位于越南西北部和西部，越往东地势越低。越南境内的山脉主要是中国横断山脉在中南半岛的延伸。云南、广西境内的的哀牢山、六诏山、十万大山向南和东南延伸构成了越南的东北山地；云南境内的无量山沿越（南）、老（挝）边境向南延伸，在越南西北部称黄连山，从清化北至西原称长山山脉，在藩切附近入海。山地、丘陵往往因

---

① 亦称湄公河三角洲。

海拔较高而形成亚气候区,从而影响到物产和耕作制度等,是形成亚文化区的主要外驱力。

越北山地:越北山地包括黄连山和东北山地两部分。红河紧贴着哀牢山麓,由西北流向东南,流经越南北部山区,把山区分为两半。河西称西北山区或黄连山,东北部称红河以北山区或东北山地。黄连山长200公里,海拔一般在1 200米以上,不少山峰海拔超过2 500米①,是中南半岛地势最高的地区。其中,黄连山主峰番西邦峰高达3 143米,不仅是越南的最高峰,也是中南半岛的最高峰。黄连山峰峦叠嶂,山势高峻,谷深坡陡,道路艰险。东北山地,南北宽90～120公里,东西长260～300公里,海拔1 000～1 600米,地势北高南低。高山主要分布在越中边界地区,最高峰是海拔2 431米的西昆岭②。东北山地的地形特点是山地丘陵交错,多为喀斯特地貌,既有深切的峡谷,也有宽阔的谷地。不少山岭间的川道自古就是中越交流的通道。

长山山脉:因其形状狭长而得名。它绵延达1 100公里,宽50～200公里,是越南地形的骨脊,也是越南和老挝、柬埔寨的自然边界。它从义安③—清化北部山地往南,一直延伸到越南中部的最南端,是中南半岛气候和河流的分水岭。长山山脉以海云岭为界可分为南北两段。北长山与西北山地相呼应,海拔较高,山势险峻。北长山位于越南领土最窄的部分,实际上它只是长山山脉的东坡,西坡在老挝境内,地势较平缓。由于岩性脆弱,地层断裂,这一地区形成不少山口,可穿越长山。这些山口成为越老两国的重要通道,如12号公路经过的穆嘉关,9号公路通过的辽保山口。南长山从海云岭一直延伸到南部平原,其走势由北向南转向东北,而后又拐向西南,形成一个巨大的弓形④,其突起部面向东部大海,南北长450公里,东西宽150公里。南长山实际是高原和山地的混合,山峰和盆地相互交错,地形复杂,植被茂密。

海云岭,又称"海云关"、"海云隘",实际是长山山脉的支脉向东延伸形成的山岭,绵延20余公里,在岘港以北入海,形成一道天然屏障,成为南北长山的

---

① 这些高山多分布在越老边界地区,成为越老两国的自然边界。
② 西昆岭位于越南河江省黄树皮县。
③ 多译作"义安",本书采用其本义"分割",译作"义安"。
④ 弓形环抱的高原地区俗称"西原",是越南的少数民族聚居区。

界山。海云岭是越南南北交通的必经山隘①，有"天下第一雄关"②之称。雄关漫道，风景峻秀，一直以来都是越南的文人墨客寻找灵感、抒发豪情的地方。同时，海云岭阻断东北季风南下，还是越南气候的分界线。③

二、平原

越南全国平原的总面积为898万公顷，约占国土面积的27%。一共有5大平原：北部平原（主体为红河平原），150万公顷；清义静平原，68万公顷；平治天平原，20万公顷；中部南区平原，60万公顷；南部平原（主体为九龙江平原），600万公顷④。北部平原地势不太平坦、河堤密布、有较完善的人工灌溉体系；中部平原坡度较大且比较破碎；南部平原河渠纵横、地势平坦、土壤肥沃。平原是越南人生存的根基所在，是越南核心文化形成的基础。

红河平原：也叫红河三角洲，主要由红河水系和太平江水系冲积而成。红河平原像一个顶尖向西斜立着的等腰三角形，顶点是越池，底边在北部湾西岸，两腰分别长约180公里，底边长约150公里。红河平原在远古时期就已形成，至今仍在不断生长，在入海口，平原仍以每年约100米的速度向海里延伸。红河平原土质肥沃，开发历史悠久，是越南主要的稻米产区。红河平原还是越人最早居住的地方，是"红河文明"的发祥地，人类活动频繁。丰富的物产、便利的交通和深厚的人文积淀使这里发育成为最具越南风情的地方。

九龙江平原：也称湄公河三角洲，主要由湄公河冲积而成，面积约440万公顷。由于湄公河在越南境内形成六大支流九个入海口，恰似九龙入海，因此，越南人更习惯使用九龙江平原这个名字。九龙江平原地势低平开阔，海拔一般不超过5米，河渠交错，沼泽遍布，是典型的水网稻作区和名副其实的鱼米之乡，粮食产量常年占国内粮食总产量的40%左右。九龙江平原在相当广阔的面积上保持了原始的自然风貌，尤其是同塔梅地区和金瓯半岛。现在，九龙江平原的西南方向还在以较快的速度向海中延伸，金瓯角地区的生长速度约为每年60～80米。

中部沿海平原：连接两个大平原的是从北到南的沿海狭窄平原，习惯上叫中

---

① 1A公路经过海云岭既可以走隧道，也可走盘山公路。走隧道只需要5分钟；而走盘山公路，小车一般需要40分钟，一路上流云飞瀑、高山绿树、远海沙滩，风景十分宜人。统一铁路修建在靠近山根、贴近海边的地方，弯道大，火车经过时一般限速40公里。
② 海云岭的海拔只有400多米，但是因为从海边突兀而起，地势险要，且为南北交通必经山隘，俗称"天下第一雄关"。
③ 岘港、广南以南的地区，四季温暖，没有冬季。
④ 南部平原包括九龙江平原和同奈河水系冲积平原，因为这两大冲积平原连成一片，又位于越南南部，统称南部平原。

部沿海平原。中部沿海平原实际上是清化到藩切间各个小冲积平原的总称，其中较大的有清义静平原、平治天平原和中部南区平原。每个平原都是由一条源自长山东坡的河流冲积而成的，而每条河的流域常常又是一个省的地域。沿海平原并非完全连成一片，因为长山山脉有一些支脉①向东横向发展，直至入海，把中部沿海平原切割成相对独立的地域。中部平原一般形状狭长，面积不大，从义安至绥和之间的平原均不超过20万公顷。

三、高原

越南最大的高原是中部以西的西原高原，简称西原，面积37 000平方公里。包括崑嵩高原、波莱古高原、多乐高原②、林同高原和夷灵高原，这五大高原像相互连接的五层台阶，其中最高一层是林同高原，平均海拔1 500米以上。西原高原森林密布，草原辽阔，有公路通向沿海地区和老挝、柬埔寨两国。西原高原的气候适合种植咖啡、茶叶、胡椒、橡胶、鲜花等经济作物。另外，西原地区四季如春，适合避暑，世界著名的避暑胜地大叻就座落在这里。

较小的高原有老街省老街高原、河江省同文高原、高平省高平高原、山萝省木州高原等。

四、河流

越南河流众多。据不完全统计，长度在10公里以上的河流就有2 860余条，总长达4.1万公里。沿着海岸线行走，大约每隔20公里就可以见到一个河口。总体来看，越南河流的流量很大，但分布不均匀。因为气候分旱季和雨季，河流也分为枯水期和丰水期。在丰水期，其流量占到全年流量的70%~80%。越南河流的泥沙含量③很高。其中，红河水的泥沙含量最高，雨季时，含沙量达到每立方米10公斤，平均每年向大海输送泥沙2亿吨。大量的淤沙蕴含较多天然养分，担负着肥田沃土的任务。

各地区的河流具有不同的特点，越北山区的河流流程较长，多数汇入红河；

---

① 如横山、海云关、衢蒙山、大岬等，这些横向入海的支脉也是越南地形的天然屏障。
② 也称邦美属高原。
③ 其中，北方河流含沙量又高于南方河流。

长山北段和西原东坡的河流大多流程短、流域小、落差大，直接入海；西原西坡的河流却流程较长，大多汇入湄公河和同奈河。众多的河流不仅提供了水运的条件，还蕴含了丰富的水利资源。越南的河流主要有红河、太平河、湄公河、同奈河。

红河：红河又称珥河，是越南最大的河流，也是北方最大的水系。由于河水中夹带大量的泥沙而呈红色，俗称红河。红河发源于中国云南，全长1 140公里，在中国境内称元江，在越南境内长505公里。其中老街至越池段流经山区，水流湍急，多险滩和瀑布。越池以下，流量大增，水流平缓，河道曲折。红河河内市区段，宽1 500米，水深15米，可供上千吨的轮船航行。红河的主要支流有沱江和泸江。沱江发源于中国云南，全长982公里，其中在越南境内长543公里，因河水呈黑色又名"黑水河"，位于红河右岸，与红河并行流淌至越池市汇入红河。沱江水流湍急，蕴含丰富的水力资源，由前苏联援建的和平水电站就位于沱江上。泸江发源于中国云南境内，位于红河左岸，由斋江、锦江、明江汇合而成，在宣光汇合后称泸江，在越池汇入红河。泸江全长450公里，在越南境内长270公里，多流经荒山秃岭，含有大量泥沙，宣光以上河床狭窄，礁石浅滩较多，宣光至越池段的河床逐渐展宽，水流平稳。

太平河：发源于越南东北部山区，主要支流有求江、陆南江、商江等，流经海阳、兴安一带后又分多条支流入海，全长69公里。太平河水量较丰富，流程短、水流缓、含沙量小，与红河有运河相连，形成水网，便于调水灌溉和交通，保障了红河平原的农业生产和商品交流。

湄公河：发源于中国青藏高原的唐古拉山脉东坡，在中国境内称澜沧江，流出国境后称"湄公河"①，向南经缅甸、老挝、泰国、柬埔寨、越南，最后注入南海。湄公河全长2 888公里，越南境内的部分是湄公河的下游，长约220公里。湄公河自金边以下，分成前江和后江两大干流进入越南，在三角洲地区又分为六大支流，9个入海口，俗称"九龙江"。九龙江地区地势平坦，河网密布，水流平缓，是典型的水乡泽国。湄公河终年均可通航，3 000吨轮船可以溯流而上，直达金边。

同奈河：发源于西原地区，流经林同、同奈省，长300公里，河宽200～300米，水深2～6米。在胡志明市南，西贡河、东威古河、西威古河分别汇入，从同一河口入海，因为同奈河的长度最长，所以一般也把这一流域称为同奈河水系。入

---

① "湄公"译自老挝语，意为"母亲河"。

海口至胡志明市段约69公里，水深4～12米，可通航1.5万吨以下的轮船。

除了上述四大河流之外，越南还有一些比较重要的地方性河流，如：谅山地区的奇穷河，高平地区的平江，这两条河都流入中国广西的左江；北中部地区有马江和朱江，主要在清化省境内；义安、河静省的蓝江，发源于老挝川圹附近，全长390公里；广平省的日丽江；广治省的边海河；承天—顺化省的香江；广义省的茶曲河、卫河；富安省的达让河等。

五、海岸和海岛

海岸：越南三面临海。东面、南面濒临中国南海，西南临泰国湾。越南的海岸线曲折，总长3 260公里。越南海岸既有低平的泥沙海滩，又有曲折深邃、岩丘环抱的天然港湾。大体分为四段：(1)红河平原以北海岸曲折，岛屿众多。(2)红河三角洲和湄公河三角洲所处海岸为淤泥质，岸线大致平直。(3)清化以南至贤良河口段，海岸多平直的沙滩，往往夹有向海突出的小岩丘。(4)从贤良河口到藩切段，海岸线最曲折，多岬角、崖壁和山丘环抱的天然港湾。

由于河流众多，在越南的海岸线上形成大大小小上百个入海口。河流带来大量有机物，利于浮游生物生长，为鱼类提供了丰富的食料。因此，越南沿海有不少高产的渔场，尤以凤岛、顺安、劬劳秋（秋岛）地区的鱼类储量最为丰富。

海岛：越南大大小小的岛屿有2 700多个，总面积约1 700平方公里。其中面积在10平方公里以上的有24个，100平方公里以上的有3个。还有近1300个海岛没有名字。越南的岛屿集中分布在东北部的广宁—海防以东海域和最南端的建江—明海以南海域。其中广宁—海防以东海域的岛屿占岛屿总数的83%，占总面积的48%；建江—明海以南海域的岛屿占岛屿总数的5%，占总面积的35%。

沿海岸线从北向南，较大的岛屿有：永实岛、盖毡岛、陈岛、青磷岛（又译香葩岛）、姑苏岛（又译苟枢岛）、盖宝岛、茶班岛、青兰岛（又译群兰岛）、吉婆岛、湄岛、麦岛、昏果岛、占岛、李山岛、列岛、水牛岛、青岛、竹岛、富贵岛、昆仑岛、快岛、水濑岛、南游岛、土珠岛、富国岛等。

广宁省以东海面上有几个大岛自然条件好，岛上居民多，如永实岛、盖毡岛、盖宝岛、吉婆岛等。其中，吉婆岛被越南政府认定为国家生物园，拥有许多珍稀野生动物。

富国岛面积600平方公里，人口7万多人，有机场和大型码头。富国岛是著名的海洋捕捞基地，海水珍珠养殖业和胡椒种植业也很发达。富国岛的鱼露、珍珠、胡椒都是著名的出口产品。同时，富国岛海水清彻，沙质洁白细腻，是著名的休闲旅游胜地。

昆仑岛是昆仑群岛中最大的一个岛屿，距头顿近100海里，总面积76平方公里。昆仑岛被越南政府认定为国家森林公园，附近海域是储量丰富的大渔场。

六、自然地理区域

按比较粗放的标准，越南大致可以分为越北山地、红河平原、长山山脉、西原、中部沿海平原和湄公河三角洲6个地理区域。如果再参照气候、地形、地貌、水文、土壤、植被以及自然景观等要素，则将越南划分为8个自然地理区域较为合理。

西北区：包括山萝、奠边、莱州、和平4省，属于高山区，山高谷深，地形复杂。

东北区：包括河江、高平、老街、北泮、谅山、宣光、安沛、太原、富寿、北江、广宁11省，属于山地、丘陵区。

红河平原区：包括河内、海防、永福、北宁、兴安、海阳、河南、太平、南定、宁平10省、市，属于稻作平原区。

中部北区：包括清化、义安、河静、广平、广治、承天—顺化6省。该区位于北长山东麓，是由沿海平原、丘陵和山区组成的复合地形区。

中部南区：包括岘港、广南、广义、平定、富安、庆和、宁顺、平顺8省、市。该区地形地貌类似于中部北区，只是沿海平原更加狭窄，气候更加温暖。南长山东麓的山地高度有所下降，丘陵所占比例增大。

西原区：包括崑嵩、嘉莱、多乐、多农、林同5省，属于典型的高原区。

南部东区：包括胡志明市、平福、西宁、平阳、同奈、巴地—头顿6省、市，属于平原和低丘陵混合区。

南部西区和南部南区：包括隆安、同塔、安江、前江、建江、芹苴、后江、槟椥、永隆、茶荣、朔庄、薄寮、金瓯13省、市，属于典型的水网平原区。

第二节　气候

越南从北到南横跨15个纬度，地区间的气候有所差异。但由于越南全部国土都位于北回归线以南，除少部分高山地区外，基本上都属于热带季风气候，日照充足、气温较高、湿度较大。湿热的气候有利于农作物的生长，尤其是南部，全年皆为无霜期，普遍种植三季稻，热带水果的种类和产量也都非常可观。

一、气温和降水

越南全国各地气温因纬度和地形不同而有一定的差别，但大部分地区年均气温都在22℃以上。海云岭以北受源自中国的东北季风影响较多，气温变化较大，有较明显的春、夏、秋、冬四季。但是春、秋两季十分短暂，冬季亦无严寒[①]，而炎热的夏季则十分漫长。以河内为例，夏季最高气温常常达到39℃～40℃，最冷的月份是1月，月均温度为15℃，有时会降到5℃以下。[②]北部山区，尤其是海拔超过1 000米的山地，年均气温往往较低。如老街省的沙巴、河江省的同文、高平省的茶岭等，有时气温会降到0℃以下，出现下雪、霜冻等景象。海云岭以南属典型的热带气候，没有明显的四季分野，只有旱季和雨季之分，终年持续较高气温。中部顺化的年均气温为25.1℃，南部胡志明市的年均气温为26.9℃。[③]

越南雨量充沛，年降雨天数约100天，下雨最多的地区达250天，年均降雨量为1 800～2 000毫米，最多的地区可达4 000毫米。[④]以河内为例，全年平均降雨天数为150天左右，但是分布不均匀，降雨多集中在5月～9月。由于越南东面、南面临海且国土细长，因此越南的气候还兼具一些海洋性特征，空气温润，湿度较大。同时，越南众多的河流、湖泊形成大量的地面径流，伴随着较高的气温，水汽蒸腾，进一步增加了空气湿度。河内地区常年年均湿度为85%左右，每年的3月、4月最为潮湿，有时相对湿度甚至达到100%。顺化的年均湿度约为89%，胡志明市年均湿度约为82%。

---

① 越南北部的冬季，一旦受东北季风控制，气温下降，多伴有阴雨，天气湿冷，需要穿毛衣，甚至棉衣。一旦天气转晴，阳光明媚，温度马上上升，年轻人可以穿衬衣，与我国两广地区的冬季类似。
② 自有气象记录以来，河内历史上最低温为2.7℃，顺化为8.8℃，胡志明市为13.8℃。数据引自张加祥、俞培玲：《越南》，北京：当代世界出版社，1998年，第29页。
③ 数据引自张加祥、俞培玲：《越南》，北京：当代世界出版社，1998年，第29页。
④ 前揭张加祥，俞培玲：《越南》，第30页。

越南的气温、日照、降水、湿度等气候条件都十分有利于发展农业生产。越南是世界著名的稻米产地和稻米出口国，其北部每年可以种植两季水稻，南方则可以种植三季。越南是橡胶、腰果、咖啡、胡椒、茶叶等经济作物的重要产地和出口国。越南的热带水果品种丰富，有香蕉、芒果、龙眼、荔枝、红毛丹、柚子、莲雾、菠萝蜜、榴莲等，产量较大。同时，湿热的气候还有利于生物多样性的发展，因此，越南也被誉为世界重要的生物基因库。

越南总体湿热的热带季风气候还可以划分为几个亚气候区，一般来说以北纬16°20′左右的海云岭为界，大致可以划分为北部和南部两个气候区。中部地区（跨海云岭）由于易受"老挝风"和台风的影响，多灾害性天气，又形成一个有别于南部和北部的亚气候区。越南的这三个亚气候区也极大地影响了相应地区的物质和精神生活，进而对塑造三个地区的文化发挥持续的作用。

二、灾害性天气

（一）台风

越南是受台风影响比较大的地区。每年7月～11月，台风常常袭击沿海地区，给农业生产、人民生活乃至生命安全带来极大的危害。台风常常伴有暴雨，引发洪涝灾害。越南各地台风季节也不完全一致，越往南，台风来得越晚。一般来说，每年的7月～9月，芒街到清化段进入台风季；7月～10月，清化至广治段进入台风季；9月～11月，广治到平定的蓬山段进入台风季；蓬山到胡志明市的台风季为10月～12月；南部平原则很少有台风。

越南遭台风最严重的地区主要集中在清化至平定段，每年大约遭受10次左右台风的袭击。常常造成农作物歉收甚至绝收，大量房屋倒塌，基础设施被破坏。越南的首都河内、南方经济文化中心胡志明市虽然处于台风区，但是台风几乎没对这两个城市造成过较大的灾害。

（二）老挝风

每年5月～8月，越南中部常常刮"老挝风"。[①]因其干热的特性，也被称为"焚风"。"老挝风"本是源自印度洋的西南季风，在"起步"时实际饱含水汽，但是一路经泰国、柬埔寨、老挝等国，不断降雨，到达越南中部地区时水汽已经很少，

---

① 当地人发现这个风是从老挝刮过来的，因此直观地称之为"老挝风"。

无法形成降雨了。同时，炎热的大地使得它的温度不断上升，当它从老挝高原越过长山山脉抵达越南中部地区时，已经变得异常干热，温度可达到37℃，相对湿度下降到45%左右。"老挝风"短则持续两三天，长则十余天，往往在中午前后风力最强。"老挝风"所到之处，农作物多被灼伤，甚至干枯死亡。

"老挝风"常常造成义安、河静等中部地区农作物歉收、绝收，是当地典型的灾害性天气。而这种收成不稳定的农业生产现状也培养了中部人耐苦、坚韧的性格。

第三节 民族

一、概述

越南是一个多民族国家。1979年3月2日，越南政府根据语言特点、文化生活特点和民族意识三项原则颁布了《越南各民族成分名称》，确定越南共有54个民族，越（京）族为主体民族，其他53个为少数民族。据近年统计数据显示，越族（京族）人口约7 635万，占全国人口的86%，其他少数民族人口约1 243万，占全国人口的14%。[①]

根据各民族使用语言的状况，54个民族分属南亚、汉藏和南岛三大语系。[②]

南亚语系：

（一）越芒语族：越（京）族[③]、芒族、土族、哲族。

（二）孟高棉语族：高棉族、巴拿族、色登族、格贺族、赫列族、墨侬族、斯丁族、布鲁—云侨族、仡都族、克木族、达维族、麻族、戈族、耶坚族、兴门族、遮罗族、莽族、康族、布娄族、尔都族、勒曼族。

---

① 该数据为2012年统计数据，参见中华人民共和国外交部网站。

② 关于各语系包含的语言数量，目前学界仍有争议，本文数据是综合参考先行研究后得出的。

③ 越南语的系属问题学界尚有不同意见，现代越南语言学者倾向认为越南语属于南亚语系。1907年德国传教士和人类学家W·施密特最早对南亚语系的分类中并未包括越南语；之后美国学者白保罗提出把越南语作为独立语族与孟高棉语族一并划入他提出的"澳斯特罗—泰"（南亚语系和南岛语系的合称）大语系中；1980年美国康奈尔大学迪福乐教授把南亚语系分为三大语族，并将越南语划入孟高棉语族越芒语支（越南学者采纳此说）；我国学者颜其香、周植志通过将现代越南语与泰语、壮语、佤语、布朗语、德昂语比较后发现，越南语与佤语在语音、词汇、语法等方面有许多共同特征，并将越南语划入越芒语族越芒语支。越南学界的代表性观点认为：由于地理、历史等方面的原因，越南语在其发展过程中受泰语、汉语影响较深，前者被认为在越语发展过程中发挥了机制化的作用；后者的影响主要体现在词汇方面。参见颜其香、周植志：《中国孟高棉语族语言与南亚语系》，北京：中央民族大学出版社，1995年，第62～60页、第84～108页；［越］范德阳：《东南亚背景中的越南文化》，河内：社会科学出版社，2000年，第182页。

汉藏语系：

（一）壮侗语族①：岱依族、泰族、侬族、山斋族、热依族、佬族、泐族、布依族、拉基族、拉哈族、布标族、仡佬族。

（二）苗瑶语族：赫蒙（苗）族、瑶族、巴天族。

（三）藏缅语族：哈尼族、拉祜族、普拉族、倮倮族、贡族、西拉族。

（四）华语族：华族、艾族、山由族。

南岛语系：

（一）马来—波利尼西亚语族：嘉莱族、埃地族、占族、拉格莱族、朱鲁族。

二、民族的来源与分布

越族是越南的主体民族，居住在经济文化较发达的平原地区。少数民族除高棉族、占族和部分华族居住在平原地区外，其余大都分布在北部和西部靠近越中、越老和越柬边境的山区和河谷盆地，居住地区占全国总面积的三分之二以上。越南民族的分布特点是：（1）在北方多交叉居住，有的山区一个乡就有六七个民族；（2）在南方，多形成小块的单一民族聚居区；（3）岱依、泰、侬、苗、瑶、山斋、热依、克木、哈尼、拉祜、倮倮、布依、华等十几个民族为中（国）、越（南）两国的跨境民族，虽有国界分割，但其分布区基本连成一片，互相之间保持着密切的联系和共同的民族特点。

越南北部和西北部的绝大多数民族是从中国迁入的，有的迁入很早，如岱依族、泰族、芒族等；有的则较晚，迁入越南的历史仅仅一二百年，如侬族、瑶族等。这些地区的少数民族和中国西南少数民族关系密切，语言和风俗习惯也很相似，他们是越南少数民族中文化比较先进的民族。居住在中部长山和西原地区的少数民族绝大部分人口稀少，居住分散，文化和生活水平都很低。

居住在南部平原和西南部的大多数民族很早以前就居住在那里，他们与东南亚和印度的许多民族有着历史联系。其中高棉族是越南人口较多的少数民族之一，主要居住在湄公河三角洲的西南地区。越南的高棉族与柬埔寨的高棉族原是一个民族，语言、文字、宗教信仰完全相同，受古印度文化影响较深。

各少数民族的具体分布情况大致如下：

---

① 壮侗语族也称侗台语族、台语族。

表1-1　越南各少数民族地区分布表

民族	分布
岱依族	越南西北和北部
泰族	西北和中部
芒族	西部
华族	各大城市、广宁省以及南部地区
高棉族	南部
侬族	北部和南部
赫蒙（苗）族	北部
瑶族	北部和中部
嘉莱族	西原
埃地族	多乐、庆和
巴拿族	西原、平定
山斋族	北部
占族	南部（古占城地区）
色登族	广南、平定
山由族	东北部
赫列族	广义
格贺族	林同、宁顺
拉格莱族	西原、宁顺、庆和
墨依族	多乐、平福
土族	乂安、清化
斯丁族	同奈、平福
克木族	山萝、莱州、乂安
布鲁—云侨族	广平、广治、承天—顺化、多乐
热依族	老街、河江、莱州
仡都族	广南、崑嵩
耶坚族	广南、崑嵩
达维族	广治
麻族	林同、同奈

民族	分布
戈族	广义、广南
遮罗族	同奈
哈尼族	莱州、老街
兴门族	山萝、莱州
朱鲁族	林同、平顺
佬族	莱州、山萝、清化
拉基族	河江
普拉族	老街、莱州、山萝
拉祜族	莱州
康族	莱州、山萝
渤族	莱州
巴天族	宣光
保保族	高平、河江、莱州
哲族	广平
莽族	莱州
仡佬族	河江
布依族	河江、老街
拉哈族	莱州、山萝
贡族	莱州
艾族	广宁、谅山、同奈
西拉族	莱州
布标族	河江
布娄族	崑嵩
勒曼族	崑嵩
尔都族	乂安

资料来源：根据越南国家旅游总局旅游信息技术中心编写的《越南江山》整理而成. 河内：文化通讯出版社，2004年。

三、主要民族简介

(一)越族(京族)

越族又称京族[1]，现有约7 635万人，是越南的主体民族，全国各地均有分布，以红河三角洲、湄公河三角洲和沿海地区最为密集。越族讲越南语，文字为在拉丁文基础上创立的一种被称为"国语字"的拼音文字。在古代，越族一直使用汉字，后来在汉字的基础上创立了喃字。16世纪初，西方传教士进入越南后开始创立国语字，经过几个世纪的应用，国语字逐渐取代汉字，最终成为越南的国家法定文字。

越族有悠久的历史，据记载，越族是古代百越的一支——雒越的后代，生活在红河平原地区，后来不断向南扩张。至18世纪，越族已经分布在整个越南的平原地区。

越族是农耕民族，有悠久的水稻种植历史。千百年来，他们在不同的土壤、气候地带培育了几百个水稻品种。另外，越族还种植玉米、马铃薯等杂粮。由于越族居住地区河网纵横，水产资源丰富，渔业也是重要的生产部门。稻作生产方式和水网环境决定了越族的饮食结构以大米以及大米制品、蔬菜、鱼类为主。

越族的手工业比较发达，纺织业有悠久的历史，他们生产的"安南绸"闻名于世。越族的典型服装是男性着无领对襟上衣，下身穿宽裤脚的长裤，赤脚或着橡胶拖鞋；女性着长衫裙[2]，下身配丝绸质地的宽裤脚长裤。

越族的传统节日与中国相同，有春节、元宵节、寒食节、清明节、端午节、中秋节、灶君节等，其内涵和庆祝的方式与中国大同小异。

越族人的姓名结构与中国汉族相同。姓世代相袭，以阮、范、陈、吴、黎姓最多。男子姓名一般都是三个字，如阮志清。姓和名字中间的一个字称为垫字。男子的垫字多种多样，女子的垫字多用"氏"来表示，如阮氏玄。

越族主要信奉佛教、道教和儒教，也有信奉天主教的。普遍崇拜祖先，每家的正房都供奉祖先牌位，每逢祭日或节日均须祭拜。

---

① 京族指"居于京畿之地的人"。
② 长衫裙类似于开衩至腰部的窄袖旗袍，裙摆垂及脚面。长衫裙是越南的"国服"，是越南妇女在正式场合的唯一选择。它端庄、典雅而又蕴含灵性。收紧的胸部，夸张的开衩，衬托出女性身材的曲线和柔美的体态；舒展的下摆使活动方便；下穿与长衫裙颜色相同的长裤，裤管宽松而稍长，一般触地，则显得行动潇洒不羁；裙子颜色常为白色，体现出女性的纯洁、温柔。

（二）岱依族

岱依族是越南人数最多的少数民族，约有160万人，主要分布在越南北部的高平、谅山、北泮、太原、河江、宣光、老街、广宁和山萝等省。岱依族定居在越南已经很久，大约公元4世纪就从长江流域迁移到"两广"和越南北方，1958年以前称为土族，意思是本地人，受越族影响较深。岱依族与中国壮族有着密切的亲缘关系，至今仍保持着许多共同的民族特点，属于跨国界而居的同一民族。

岱依族的语言在语音、语法、基本词汇方面与壮语基本一致。岱依族多居住在比较平坦的河谷平坝地区（即河流谷地中形成平原和谷地交错分布的情况），土地肥沃，自然条件优越，有着发达的传统农业，家庭饲养业和手工业也比较发达。岱依族一般实行一夫一妻制，家庭是父权制小家庭。岱依族主要信仰大乘佛教，居住在城镇中的岱依族人也有信仰天主教的，同时他们受道教、儒教的影响也很深。

（三）泰族

泰族约有145万人，人数居越南少数民族第二位。按他们的服饰颜色可分为黑泰、白泰和红泰三大支系。黑泰主要居住在山萝、老街、奠边等省。在清化、义安和河静省西部，也有属于黑泰支系的"泰腾"、"泰梅"人分布。白泰主要分布在莱州省的琼崖和山萝省的北安、扶安等县。红泰是一个成分比较复杂的支系，主要分布在山萝省的木州县与和平省的梅州、沱北县。

越南泰族是从中国西南地区迁移去的，与中国云南的傣族有着密切的历史关系和共同的民族特点。越南泰族多居住在肥沃的山谷盆地和河流两岸，是以稻作为主的农耕民族。泰族的家庭饲养业比较发达，手工业还未与农业分开，只能说是家庭副业。越南泰族除红泰人信仰小乘佛教外，黑泰人和白泰人都信奉万物有灵的原始宗教。越南泰族有着悠久的历史文化，他们有自己的文字，留下许多民间文学作品。

（四）芒族

芒族约有123万人，主要分布在老街、安沛、和平、永福、河南、宁平和清化等省。芒族与越族同源，二者在语言、风俗习惯和宗教信仰等方面有许多共同之处。另外，芒族受泰族影响也较大，住高脚屋，妇女穿筒裙。芒族是农耕民族，主要种植水稻和玉米。

（五）高棉族

高棉族约有112万人，主要居住在湄公河三角洲地区。这一地区古代属于真腊（今柬埔寨），18世纪中叶并入越南版图，因此，这一地区的高棉人在语言、宗教、风俗习惯和文化传统等诸多方面与柬埔寨高棉族保持着一致。高棉族以种植水稻为生，信仰小乘佛教，宗教对他们的世俗生活的影响很深。

（六）侬族

侬族有约91.5万人，主要居住在北部和西北部的谅山、高平、北㳠、太原、老街、河江、宣光、北江、北宁、广宁等省。越南侬族也属于跨境民族，它与中国壮族也有着密切的亲缘关系。越南侬族大多是10世纪前后由中国广西迁徙去的，与广西左右江一带壮族的"布依"是同一支系。越南侬族又分为许多支系，由于各支系之间的交往和了解不多，在语言、风俗习惯等方面也略有差别。侬族是农耕民族，以种植水稻为主，家庭饲养业和各种家庭手工业比较发达。

（七）赫蒙（苗）族

赫蒙族有约89.7万人，分布在河江、宣光、高平、老街、莱州、山萝、北㳠、太原、河内、和平、清化、义安等省、市的山区。越南赫蒙族的祖先最早生活在中国的洞庭湖地区，与中国苗族同源。17世纪后他们陆续从中国贵州、广西、云南迁入越南，其语言和风俗习惯与中国苗族大体相同。越南赫蒙族有白苗、黑苗、红苗、花苗、汉苗五个支系，主要以耕种山地为生，生产比较落后。其春节（苗历新年）在农历十一月底。

（八）瑶族

瑶族有约68.6万人，分布在越中、越老边境地区。越南瑶族与中国瑶族同源，其祖先是从中国西南地区陆续迁入越南的。根据服饰特点分为红瑶、白裤瑶、窄裤瑶、蓝靛瑶等支系。瑶族的生产、生活非常落后，至今还有部分民众处于刀耕火种的阶段。瑶族信奉多种神灵，有祭祀"盘王"的习俗。

（九）华族

1975年后，越南政府将改换成越南国籍的华侨和华裔越南居民统定为华族，又称"汉族"，现有约91.3万人。华族大多居住在越南的城镇，尤其是中心城市。从地域上看，居住在南部的华族数量更多，仅居住在胡志明市的华族就超过越南华族总数的一半。北部华族大约有30万人，其中广宁省约18万人，海防市有5万余人，河内的华族也为数不少。此外，山区、平原、海岛、城镇都有华族居住。

历史上，中国人移居越南有经济上的原因，也有政治上的原因。从秦汉时期开始，就不断有中国人迁入越南，从事农业、渔业、商业和工矿业，与越南人杂居通婚。宋代以来，随着航海业和对外贸易的发展，中国人移居越南者日渐增多。南宋末年，由于社会动荡，遗臣义士也多逃奔越南。元朝、明朝，由于战乱，大批士卒流落越南境内。明朝中叶，中越两国海上贸易极盛，广东、福建人士赴越经商者众多，越南中部会安古镇浓厚的中国风格反映了这一时期中国人移居越南的情况。自19世纪以来，一方面由于鸦片战争，东南沿海大批百姓破产，纷纷外流谋生；另一方面，法国占领越南后加紧开发资源，急需大量劳动力，便采取免税优待等多种手段，吸引众多的中国人到越南从事开发。此外，还有一些中国人因逃避抓丁、纳税、迫害、追捕等原因而流亡越南。

第四节　文化区

文化区，又称地理文化区，是一种从地域的角度研究文化的概念。如果说文化发展沿革是从历史的角度纵向研究文化，那么文化区就是以当代为横截面、以地域为单位从横向研究文化，探寻各地域的文化特色。越南学者吴德盛认为："文化区是具有相同自然环境的地理区域，当地居民长期以来在历史渊源上具有关联，经济社会发展程度相近，他们之间相互交流，文化相互影响，因而形成了一些共同的特征，体现在居民的物质文化生活和精神文化生活上，有别于其他文化区。"①

文化区的划分一般需要综合考量区域内居民的生产、饮食、服饰、宗教信仰、风俗、庙会、礼仪、心理、交际、建筑、装饰、文学艺术、娱乐等诸多因素。文化区的形成受很多因素影响，如自然环境、生产活动、历史、民族、语言以及域内外文化交流等。

自然环境是人类赖以生存和发展的基础，对人类的生产活动具有决定性的影响。平原地区可以进行大规模的农业生产，容易产生农耕文化，如越南北部和南部的平原区。山地、丘陵、高原地区农业生产受限，经济发展困难较大，则会形成独特的山区丘陵文化。在沿海和海岛地区，海洋和渔业生产则占据重要地位，这些都会在当地文化中留下深刻的烙印。

历史和民族因素也对文化区的形成具有重要影响。在历史上，朝代更替、大

---

① ［越］吴德盛：《文化区和越南的文化分区》，河内：年轻出版社，2004年，第85页。

规模的战争、民族迁徙等事件都可能对某一地区的居民构成和文化形态产生重大影响。某一区域的居民可能由于在历史上拥有共同的祖先而保存了相近的文化，如：分布在越北地区（以谅山为中心的一带）的岱依族和侬族在历史上曾有着共同的祖先，这两个民族先后迁徙到越北地区并成为当地的主要民族，他们在文化上仍非常相近，共同构成了越北文化区的主体特征；又如河内地区在历史上长期作为越南封建王朝的统治中心，在政治、经济、文化等方面都处于领先地位，因而成为最能代表越南文化特色的地区。

需要指出的是，同一民族经常分布在不同的文化区，而同一文化区又存在多个民族。如果文化区内只有一种民族，其文化的统一性较高。如果文化区内存在多个民族，各民族文化之间相互影响交融，会形成以某一个或几个重要民族的文化为主导、多种民族文化并存的局面。

另外，语言对文化区的形成具有重要作用。如果在某一区域存在多个民族，通常以人数最多、社会发展水平最高的民族的语言作为通用语言，如越族的语言——越语在越南各地广泛使用，泰族的语言在西北地区使用较多，岱依族和侬族的语言在越北地区得到较多使用。同一语言在某区域的广泛使用有利于促进文化的交流和融合，提高本地区文化的统一性和各民族之间的认同感，推动文化区的形成。

在文化区的形成过程中，我们不能忽视各区域之间的相互影响和交流。文化的发展在各地区之间并非同步，有些地区因具备某些优越条件而发展较快，从而形成高势能文化，成为该地区的中心。中心区域经常是政治、商业、文化的中心或交通枢纽等，可能是一个地区、一座城镇、一座商港，也可能是一个学派、一个家族的所在地。先导文化一般在中心区域诞生并发展起来，之后扩散至其他区域。在扩散过程中，多种文化相互影响交流，最终融合在一起。

上述自然环境、生产活动、历史、民族、语言以及域内外文化交流等都是影响文化区形成和划分的重要因素，但又都不具有决定性，需综合考虑。文化区既与自然环境区、民族分布区、行政区划密切相关，又不完全重合。文化区的命名应尽可能科学合理地将该区域的文化特征表现出来，可使用该区域所处地理方位，如西北文化区、越北文化区等；或使用中心区的名称，如升龙—河内文化区；又或使用平原、山川、高原、河流等地理名称，如北部平原文化区、西原文化区等。需要指出的是，各文化区的界线并非完全明确，相邻文化区之间经常会有一个过渡地带。

目前越南学界关于越南文化区的划分存在不同的意见。陈国旺在《越南文化基础》一书中将越南划分为6个文化区，分别是：西北文化区、越北文化区、北部平原文化区、中部文化区、长山—西原文化区、南部文化区。吴德盛在《文化区和越南文化分区》一书中将越南分为7个文化区，分别是：北部平原区、越北区、西北和中北部山区、中北部沿海平原区、中部和中南部沿海平原区、长山—西原区、嘉定—南部区。丁嘉庆和辉谨在《越南文化区》一书中将越南分为9个文化区，分别是：北部平原文化区、越北文化区、西北文化区、乂静文化区、顺化—富春文化区、中南部文化区、西原文化区、南部平原文化区、升龙—东都—河内文化区。

应该说，这三种划分方案都有各自的依据和侧重点。我们认为陈国旺的划分方案更合理，本书将按照这种方案进行介绍。

一、西北文化区

西北是一个方位名词，以河内市为基准点。西北文化区包括莱州、老街、奠边、山萝、安沛5省以及和平省西部山区，其北面和中国云南省接壤，西面和老挝接壤，东面通过红河与越北文化区相接。西北文化区分布的民族除越族外还有泰族、芒族、赫蒙（苗）族、瑶族、克木族、拉哈族、兴门族、岱依族和华族[①]。

西北文化区地势险要，高山绵延起伏，其地形骨架为呈西北—东南走向的黄连山。黄连山峰峦叠嶂，山势高峻，长约200公里，宽约30公里，海拔一般在1 200米以上，不少山峰海拔超过2 500米，是中南半岛地势最高的地区。

西北文化区的重要河流有红河和沱江等。红河（上游河段又称滔江）发源于中国云南省，从老街进入越南，其老街至越池段流经山区，水流湍急，多险滩和瀑布。红河沿岸修建了铁路线，是沟通越南北部平原和西北山区以及通往中国的重要交通线，也是一条经济文化走廊。历史上，各民族的迁徙多沿这条线路南下，扩散到其他地方。红河沿岸分布着老街、柑塘、保胜、安沛等城镇，是西北文化区经济、社会、文化发展的重要支点。

沱江发源于中国云南省，从莱州省孟得县进入越南，与红河并行流经莱州、

[①] 据考，西北地区华族主要为刘永福黑旗军的后裔。

奠边、山萝、和平四省，在越池市附近汇入红河。沱江水流湍急，船只通行不便。越南6号公路从河内市河东郡沿沱江一直向上，直达莱州省孟来县，成为连接北部平原和西北山区的重要通道，沿线分布着多个重要城镇，如和平、木州、山萝、孟清等。

西北文化区根据海拔高度不同可分为盆地民族文化、山腰民族文化和山顶民族文化三种类型。盆地民族文化分布在海拔500米左右的丘陵盆地区，约占西北地区50%的面积，其中较大的盆地有孟清（奠边省）、孟卢（安沛省）、孟滩（老街省）等。这些区域地势相对平坦，土地肥沃，河流水渠等灌溉系统较发达，气候湿热，水稻种植每年可收获1～2季。该区域分布的主要民族有泰族、芒族、佬族、泐族和岱依族。

越南泰族多居住在土地肥沃的山谷盆地和河流两岸，以种植水稻为主，此外还有种植玉米、薯类、棉花等。泰族在水利建设方面有着丰富的经验，他们开沟挖渠，建造水车，架设水槽引水灌溉，这些水利设施十分适合当地的耕作环境。泰族的家庭饲养业比较发达，手工业还未与农业分开，只能说是家庭副业。泰族人居住集中，村寨中人口稠密，每个村寨一般有40～50户人家，大的村寨可达100多户。每个村寨都有明确的地界范围，包括林区、耕地、牧场和水源。居民的住房是木、竹结构的高脚屋，宽敞美观，坚固且有艺术性。泰族各支系居民的服装样式基本相同，妇女多穿短袖上衣，缀有两排漂亮的蝴蝶形银质纽扣，下身穿一条紧身筒裙，白傣为白色，黑傣为黑色，红傣为红色，裙长及脚背，裙下摆有漂亮雅致的图案。泰族居民的主食是糯米饭，也有粳米饭，副食主要是各类蔬菜和鱼。

芒族人一般居住在山间平坝地区，耕种梯田，以水稻为主要作物，也耕种旱稻、黄麻、棉花等，同时还饲养猪、牛、鸡、鸭等家畜家禽。其他收入来源包括售卖山林特产，如木材、桂皮、蘑菇等。芒族人的手工业有织布、印染、养蚕、缫丝等，可自己缝制衣物和生产简单器具。芒族人常在山腰、山脚或靠近水源的地方建立村寨。每个村寨由几十户人家组成，房屋朝向随意。芒族的传统房屋是高脚屋，房柱埋在地里，上层住人，下层是牛厩、猪厩或鸡栏、鸭栏，也存放一些日常生活用具和生产工具。房屋周围常种有茂密的竹丛、仙人掌，用以防范盗贼、野兽。芒族没有本民族的文字，但有自己的民间口头文学，其民间文艺形式多样，题材生动。

山腰民族文化分布在海拔500～1000米的区域。这些区域坡度较大，属于亚热带气候。该区域分布的主要民族有克木族、兴门族、康族、莽族、拉哈族等。他们开垦山坡，种植旱稻、薯类、豆类、玉米等粮食作物。结合使用轮耕、休耕和深耕等生产方式，最大程度地开发土地资源，限制对环境的破坏，基本形成了相对规律的耕作周期。这些民族的社会组织比较分散，规模较小，其文化受分布在海拔较低区域的泰族和芒族的影响较大。

山顶民族文化分布在海拔1000米以上的区域。这里是温带气候，干旱少雨，气温较低，年均气温约20℃，冬季寒冷潮湿，浓雾弥漫。该区域水源匮乏，人类生活和家畜用水主要依靠溪水，田地灌溉只能依赖降水。该区域的代表性民族是赫蒙族。赫蒙族居民以耕种山坡地为主，包括定耕和游耕两种方式，主要种植玉米、旱稻，还有燕麦、薯类、瓜类、花生、芝麻、亚麻等。赫蒙族的家庭饲养业、森林采集、狩猎和手工业都较为发达。赫蒙族村寨称为"尧"，每"尧"少则几户，多则几十户乃至上百户，他们共同供奉一个土地神。除了按照村寨划分"共同体"外，按宗姓关系划分共同体的情况在赫蒙族社会中也非常普遍。①

在上述三种民族文化类型中，所处海拔越低，经济社会发展水平越高。盆地丘陵地区分布的泰族和芒族是西北区人数较多、文化较为发达的少数民族，主导着该区域的文化，并影响着其他少数民族。

在历史上，泰族在西北地区占据支配地位，傣语②成为当地重要的交流语言。在泰族文化全面而深刻的影响下，其他少数民族甚至出现了"泰化"的趋势。进入现当代，越族人大量涌入西北地区并逐渐占据主导地位。如果说在过去，西北地区的文化交流主要是在泰族和其他少数民族之间进行，在现当代则是在越族和泰族及其他少数民族之间进行，尽管前者仍在继续。这些民族的现代化在某种意义上就是"越化"。越族文化的传播和发展推动了当地少数民族的社会进步，但也使很多少数民族的特色文化逐渐消失，削弱了越南民族的文化多样化。这种状况同样也发生在越北、长山—西原等少数民族较多的地区。

二、越北文化区

越北一般指红河平原以北的山地和丘陵地区。本书所指越北文化区的范围包

---

① 宗姓的头人在本宗姓内部有极高的权威。
② 泰族使用的语言一般称为傣语，不译作泰语是以免与泰国使用的泰语混淆，它和中国傣族使用的傣语有亲缘关系。

括高平、北泮、谅山、河江、宣光、太原6省和富寿、永福、北江和广宁4省的山区部分。该区域西面是红河，北面与中国广西、云南两省相接，东面和南面是红河平原。

越北文化区的地形以山地和丘陵为主，山地呈扇骨状排列，海拔从北向南逐渐降低，高山多集中在中越边境地区，最高峰是海拔2 431米的西昆岭。越北地区多石灰岩山峰，在高温多雨的气候条件下，经过长年的风化侵蚀和雨水冲刷，逐渐形成了千姿百态的喀斯特地貌。越北山岭之间谷地宽阔，不少山间的川道自古就是中越交流的通道，目前已经修建了多条公路和铁路线。1B号公路①和河内—同登铁路线经河内市、北宁市、北江市、谅山市，由友谊关进入中国。2号公路经河内市、永安市、越池市、宣光市、河江市，与云南省文山自治州相连。3号公路经河内市、太原市、北泮市、高平市，与广西省靖西县相连。

越北文化区河流较多，主要分布在山岭之间相对平坦的谷底，主要有红河、泸江、锦江、裒江、陆南江、商江、平江、奇穷河等。裒江、陆南江、商江发源于越北山区，在平原地区汇集成太平河。平江和奇穷河由越北山区流入中国广西境内，最后注入左江，成为中越之间的水路通道。总体来看，越北山区的河流流程短、落差大，流量在冬季和夏季变化较大。

越北文化区的居民包括越族和岱依族（又称岱族）、侬族、瑶族、赫蒙族、华族、倮倮族、山斋族等，其中岱依族和侬族人口众多，经济社会发展水平较高，主要分布在平坝丘陵等地势平坦、易于生产居住的地带。平坝地区的土地肥沃，自然条件优越，因而农业十分发达，其中稻米和玉米是主要的粮食作物。岱依族和侬族都种植柑橘、柿子、龙眼、桃、李和梨等多种果树。七溪的梨、谅山的柿子和高平的李子在越南广受欢迎。重庆、高平和谅山地区的栗子颗大味香，深受人们喜爱。岱依族和侬族家禽家畜饲养业较为发达，培育出了一些优良品种，如孟康和谅山的黑猪、高平的马，在越南十分有名。岱依族和侬族的家庭手工业十分发达，主要行业有编织、木器制作、榨油、纺线、织布、制陶等。当地生产的土锦色彩鲜艳、图案多样，已成为本地的特色工艺品。

---

① 为1号公路北段，起点为河内市，终点为谅山同登。越南的1号公路一般按习惯分为三段，包括河内—同登的1B公路、河内—胡志明市的1A公路和胡志明市—金瓯的1N公路。

岱依族和侬族的村寨规模较大，每个村寨少则20户，多则六七十户，大的村寨达100户以上。村寨倚山傍水，四周竹栅环绕。在边界地区，有的村寨还围有坚固的石墙，以防盗贼。住房主要有高脚屋、平房和防守型住房3种类型。高脚屋又有木结构和土木结构两种。木结构的高脚屋结构简单，地上立柱，竹篱围壁，屋顶盖草。土木结构的高脚屋较为讲究，结构复杂。这些房屋多经久耐用，有的住了三四代人仍然很坚固。

在服饰上，岱依族男女一般都穿蓝色布衣裤，几乎是一种样式：长衫、奄腰裤。妇女头上缠巾，呈鸦喙状，上衣长至腿肚，衣袖较紧，右腋下开缝，有5个纽扣。岱依族居民喜欢装饰，妇女常扎腰带，戴银质的项圈、手镯和脚镯，有的还戴有金耳环。侬族人服饰也以深色为主。妇女衣服右开襟，竖领，并在袖子上缝几块比衣服颜色浅或深的布。侬族男女的裤子一样，裤腰、裤腿肥大，长到脚踝。现在，大部分岱依族和侬族青年的平常衣着和越族青年的衣着已经差别不大，只有逢年过节或参加重要活动时，他们才穿着传统的民族服装。

岱依族最重要的信仰是祖先崇拜，祖先供牌位于堂屋正中靠墙的位置，是家中最神圣的地方。此外，岱依族还供奉玉皇、北斗、河神以及本地神灵、鬼怪等。由于他们还信奉儒、道、佛三教，因此在祖先的供桌上还祭孔子和观音菩萨。侬族人也在家中最神圣的地方供奉祖先的牌位，此外还供奉门神等神灵。每逢初一、十五或节日，侬族人都会摆上茶、酒、食品等供品，燃香祭拜。春节时的祭祀活动尤为隆重。同一家族的各个家庭会在共同的土公、土地庙上祭祀。

过去岱依族和侬族没有自己的文字，而是使用汉字。后来他们利用汉字造字方式，在古代汉字的基础上创立了"岱喃字"。但这种文字学习起来比较困难，不易普及，人们依然习惯使用汉字。20世纪70年代，越南政府帮助岱依族和侬族创造了拼音文字，出版了《岱侬—越字典》和其他一些书籍。目前，岱依族和侬族人一般都使用越族的国语字。

岱依族和侬族的节日与越族基本相同，重视过春节。在传统的民族节日里，人们常组织各种娱乐活动，如甩布包、舞狮子、赛船、赛马、摔跤、下象棋、拔河等。其中舞狮子在一些地区很流行，舞狮时还会掺杂一些武术杂技动作。

值得一提的是，前越南最高领导人、原越南共产党中央委员会总书记农德孟就是岱依族人。

三、北部平原文化区

北部平原文化区的范围包括南定省、河南省、兴安省、海阳省、太平省、河内市、海防市以及富寿省、永福省、北宁省、北江省、广宁省、宁平省、清化省、乂安省、河静省的平原地区。需要说明的是，从行政的角度看，清化、乂安、河静三省一般被划为中部，即中部北区。但从文化的角度上分析，清—乂—静三省与北部平原地区更为接近，应该划入北部平原文化区。

北部平原文化区以平原为主，包括红河平原和清—乂—静三省的小平原，地势平坦开阔，海拔最高10～15米，从西北向东南逐步下降，直至入海。本地区河流密布，有红河、太平江、马江三大水系和其他众多的河流和水渠。北部平原文化区属热带季风气候，四季分明。夏季高温多雨，降水量大，河水暴涨；冬季气温较低，雨水较少，河流水位下降。

北部平原文化区是越南古代文明的发祥地，其居民一直以越族人为主，因而文化的统一性较高。越族人的祖先曾在红河流域和马江流域创造出和平文化、东山文化等，建立了文郎部落和瓯雒部落。在郡县时期，汉朝曾在越南北部设立交趾、九真、日南三郡。唐朝在越南北部设立安南都护府，进一步在当地传播汉文化。10世纪，越南封建王朝建立后，北部平原地区一直是越南经济文化最为发达的地区，尤其是河内作为王朝的统治中心长达千年，吸引了来自全国各地的精英。在这里，他们从各地带来的优秀文化要素被逐渐整合凝练为整个国家的文化，然后又影响到全国各地。此外，河内地区作为越南与外部世界交流的中心和门户，吸收了北来的汉文化、西来的印度文化以及后来传入的西方文化，并使之成为自身文化的有机组成部分。

北部平原文化区土壤肥沃，水稻种植历史悠久，加上人口密度大，农民注重精耕细作，因而水稻产量较高。当地民间流传的农耕经验是"一水、二粪、三勤、四种"。进入当代，灌溉条件进一步改善，机械设备、化肥、农药、抗病虫优良稻种以及其他现代农业科技的普及和推广进一步推动了北部平原区水稻种植的发展，使之成为越南重要的稻米产地，和南部平原并称越南的两大"粮仓"。

北部平原人口众多，人均耕地面积较小，部分农民不再从事耕作而专门进行小手工业生产，因此该地区的养蚕、纺织以及陶器、瓷器、家具、木雕、版画等商品的制作都较发达，一些地方甚至形成了专门的手工业村。据统计，"八月革命"前越南北部平原区有数百种手工业，其中最重要的是纺织、制陶和冶金。河内著名的三十六街就是专门经营各种手工制品的。有些手工业村的商品制作技术高超，远近闻名，直到现在仍在以传统工艺生产。①

乡村集市是北部平原区的一大文化特色。集市在北部平原区经济和文化交流中发挥着重要作用。人们除通过集市进行物品买卖，互通有无外，还可以交流信息，了解外面发生的事情。北部平原区一般几个村共享一个集市，每个县有十几个集市。集市多设在邻近村亭、村庙和交通便利之处。在集市的发展过程中逐渐产生了一些专门从事买卖的小贩。他们从城市购买日常用品运到乡村出售给农民，同时把农产品运到城市出售，从中获利。

北部平原的农村地区，传统民居多为砖—木—瓦结构②，每家一个院子，布局一般包括正房、偏房和空地。③村社的布局也非常讲究，各家院落错落有致，在精心挑选的地方修建村亭、村庙等重要建筑。整个村社常由茂密的竹林包围，浑然一体，留有大门出入。村社大门处常有古老的大榕树，村民闲暇时在榕树下歇息闲谈。如果临近河流，村社还会有一个渡口，专门有人负责摆渡。所以，村亭、榕树和渡口等成了越南村社的代表性事物，凝结成人们对越南村社最深刻的记忆。当然，随着社会的发展，北部平原区的村社面貌也发生了很大的变化，很多传统的东西正在减少甚至消失。

北部平原农民的衣着款式简单，颜色平淡。在过去，越南农民劳动时一般上身穿棕色短袖上衣，下身着长裤，头戴斗笠遮阳挡雨。参加集会时，女性穿四身长衣或越式旗袍，男性穿长衫和白色裤子。革新开放以后，北部平原居民的衣着发生了较大的变化，越式旗袍成为越南的国服，深受女性的喜爱。西装、中山装成为越南男性的正装。在休闲的场合，西方的T恤、牛仔裤等也成为年轻人喜爱的着装。

北部平原文化区有着各式各样的庙会。庙会的主题包括祈求农业丰收、缅怀

① 如北宁的同忌家具、东湖年画，河内的钵场瓷器、万福丝绸等。
② 近年来，随着农民收入的增加，农村的民居也开始"城市化"，出现了许多钢筋混凝土结构的楼房。在1B公路上行驶，可以看见农田边出现的大量楼房，北宁、北江两省境内尤其多。
③ 正房一般为三间，中间那间为堂屋，堂屋是待客之所和餐厅，并供奉祖先牌位，其余两间为卧室；偏房一般是厨房、农具屋和猪圈；院子里一般会留一小块菜地，一小块花池，十分宜居。

历史英雄等，或与宗教信仰有关。庙会的影响范围或是一个村社、一个地区，也可能是全国性的。北部平原区最重要的庙会有"雄王"①庙会、董圣庙会、廷榜庙会等，在全国都有影响。其中雄王庙会已被越南列为国家祭日，每年农历三月初十，越南党和国家领导人都会前往位于富寿省的雄王庙祭拜。

北部平原文化区人民的文化生活丰富多彩，民间有许多传统和独特的艺术形式。呶剧是一种古装戏，类似中国的京剧，唱腔和道白都带有古朴的风格，剧情以帝王将相、才子佳人为主；嘲剧是一种地方剧种，演员着民族服装，女角头上缠有头巾，手拿一把折扇，男角穿长衫马褂，唱腔格律固定，生动活泼。水上木偶戏以池塘的水面为舞台，木偶浮在水面上，由人用线操纵，剧情通常与水有关，如水田耕作、舞龙、鲤鱼跳龙门等。此外，北宁地区的官贺民歌非常有名，吟诗也是越族人民非常喜欢的文艺形式。

北部平原文化区是越南国家和民族的发源地。该区域经济发达，文化繁荣。广大人民以村社为基础，在生产生活上自给自足，组织结构具有很强的稳定性，其文化的统一性较高，在心灵上的归属感也较强。因而，北部平原文化区是最具特色、最能代表越南传统文化的地区。

四、中部文化区

中部文化区的范围包括广平省、广治省、承天—顺化省、广南省、广义省、富安省、庆和省、宁顺省、平顺省和岘港市。

中部文化区南北狭长，东西纵深短，东面是大海，向西背靠长山山脉和西原高原。中部平原的河流多发源于长山山脉，自西向东流入大海，流程短，含沙量低，在平缓地带冲积形成了小块平原。海岸线曲折，多优良港湾。另外，长山山脉的支脉从西向东直抵大海，形成了多个凸起的山峰，如海云岭、衢蒙山、大岬等，把中部平原分割成相对独立的小块。突入海中的部分还形成了岛礁，大的有广治省的昏果岛、广南省的占岛、广义省的李山岛、富安省的富贵岛与庆和省的竹岛等。

在历史上，越南中部地区曾是占婆王国的领土，经过长期的战争逐渐被纳入越南版图。1059年，广平地区归属越南李朝。1336年，乌州、里州（即今广治、

---

① 中国学者研究认为，越南历史上并不存在什么雄王，因此，在本书中第一次出现时用引号标注。但是越南社会把雄王作为"国祖"来敬奉和信仰是普遍存在的，下文还会有多处出现雄王，为了行文简洁，就不——标注引号了。

承天—顺化一带）归陈朝管辖。1470年，富安省以北地区归黎朝所有。1558年，阮潢入主顺化地区，开始经营今越南中部地区。在南北纷争的约200年历史中，阮主不断向南扩张势力，借此对抗北方。越南中部地区在逐渐成为越南领土的同时，也成为越族人继续南进的中转站和跳板。在这一过程中，占族文化被越族文化同化、吸收，成为中部文化区的重要特色之一。

目前，越南中部地区还散布着众多的占婆遗址，如顺化的双柳塔、龟山塔，广南的美山占塔群、同阳庙，芽庄的那阿神寺，宁顺的诺莫神庙等。此外还有零星分布在各地以及埋藏在地下的石像、石柱、石碑等。由于越族人对中部的占领是渐进式的，因而吸纳了很多占族的文化成分。如越族人继续使用占族人的寺庙进行祭祀活动，把占族人的神灵纳入到本民族的信仰体系中。在历史上，阮朝潘清简（1796—1867年）曾搜集整理占族天雅那圣母的事迹，进行"越化"处理，使之成为越族人的女神。

中部文化区平原狭窄，宜耕土地有限。由于临近大海，渔业在当地居民的生产生活中占据重要地位，很多沿海村社以出海捕鱼为生，渔村和农业村并存。在昏果岛、李山岛、富贵岛等岛屿，捕捞海产已经成为主要的生产方式。因此，海产在中部居民的饮食结构中所占比例有所增加。

顺化是阮主、西山王朝和阮朝三代的首都，在中部文化区占据重要地位。顺化市区有香江穿过，西南有郁郁葱葱的御屏山，风景秀美宜人，有诗一般的沉稳闲静与深厚底蕴。顺化地区至今仍保存着大量的古代文化遗址。顺化皇城坐落于顺化古城中央，是越南阮朝的故宫，也是越南现存规模最大的古建筑群。在顺化市东北香江两岸的山岭上散布着阮朝皇帝的6座陵墓，各陵墓因景而建，景色各异。顺化的其他历史遗址还有静心湖、万年渡口、耀帝寺、慈帝寺、灵光寺、祥云寺、保园寺等。1993年，顺化皇城和周边历史遗迹一道以"顺化古建筑群"的名义被联合国教科文组织收入世界文化遗产名录。顺化女子大多俊俏端庄，能歌善舞，加上顺化诗笠（写有诗句的斗笠）、民族服装、木雕、漆画、古代宫廷音乐等文化产品，使顺化成为独具魅力、最能代表中部文化特色的地方。

广南—广义区还可以作为中部文化区的一个次区域进行考察。广南—广义区北接承天—顺化省，东面是大海，南面是平定省，西面紧挨崑嵩省的山地。广南—广义区南北狭长，东西狭窄，北距河内、南距胡志明市都约为800公里，可以算是越南南北国土的中间点，是南部和北部进行交流的中转站。西面长山山脉的支脉向东突入平原，直插大海，将沿海平原分割成小块。同时大海还侵入陆地，形成了多个港湾，有利于船只停泊和水产养殖。这样，在广南—广义区就出现了平原、山地、森林和大海相互交织的景象。该区除了种植水稻，还特别适合种植甘蔗。此外，森林资源也非常丰富，当地的沉香、桂树都很有名。该区河口众多，平均20公里就有一个河流出海口。河流从陆上带来很多的浮游生物，加上温度和盐度适中，海产资源十分丰富，有不少大渔场。本地区的渔村几乎都供奉水神，尤以供奉鲸鱼最为普遍，各村社都保存有或大或小的鲸鱼骨架。每到与捕鱼相关的节日时，村民都举行迎接鲸鱼仪式，并进行歌舞表演。在很多地方，迎接鲸鱼仪式也是渔民的求鱼仪式，祈求神灵保佑风平浪静，捕捞到更多的鱼虾。

庆和、宁顺和平顺三省组成的中部南区也可视为一个文化次区域。该区域以狭小的平原相连，东面和南面是大海，北面和西面是林同和同奈高原。三省平原的肥沃程度从北向南依次降低，庆和省平原土地相对肥沃，宁顺、平顺平原由小的河流冲积而成，显得贫瘠。加上气候干旱少雨，农业生产条件并不便利。本地区的河流都起源于林同高原，经平原入海，河流弯曲，落差不大。本地区人口密度较低，主要分布着越族和占族。占族人主要分布在平原地区或半山区，他们喜欢聚居在寺塔附近。占族人主要靠农业为生，而越族人既进行农业生产，又出海捕捞海产。此外，拉格莱族也是本地区人数较多的少数民族。在历史和文化方面，拉格莱族和占族有很多相近之处，二者的语言都属于南岛语系，在传统风俗礼仪方面也有很多相同之处。

五、长山—西原文化区

西原包括嘉莱、崑嵩、多乐、多农、林同5省。这里的原始居民有20多个少数民族，分别属于孟—高棉语族和马来—波利尼西亚语族。长山山脉西麓居住的少数民族与西原少数民族在文化上具有某些相似性，因而我们使用"长山—西原文化区"指代这一文化区。其范围除上述5省外，还包括广平、广治、承天—顺化、广南、广义、平定、富安、庆和、宁顺和平顺等省份的山区部分，其中西原地区所占比重最大，最能代表这一区域的文化特色。

在历史上，西原地区在保留各民族传统文化特色的同时曾受占婆、扶南、真腊等王国的影响。17世纪以后，越南封建王朝的势力扩展至越南南部，西原地区被纳入到越南的影响范围内，西原各民族开始与中部沿海地区的越族人进行交往。西原地区曾被越南阮朝纳为"属国"，定期向阮朝纳贡。进入20世纪后，越族人和北方其他少数民族逐渐移民到西原地区，西原地区的民族总数达到40多个。至20世纪末，越族人已占到当地总人口的50%以上，形成了越族人和各少数民族混居的状况。

西原文化区既有平坦开阔的高原，又有坡度较大的山地丘陵，各民族的经济生产活动也不相同。如巴拿族种植的作物有旱稻、玉米、大豆和瓜类等，其耕作的田地分为滩地和坡地两种。滩地要深耕细作，河谷平坝地区的少量水田还需要用犁耕种。山坡地的耕种严格按照周期进行，先放火烧荒，然后翻地下种，使用的主要工具是锄头。埃地族分布在较肥沃的红土地带。其耕地包括旱田、水田和湿泥田三种类型，种植的主要作物是粳米，此外还有玉米、大豆、花生和瓜类。西原各民族在长期与自然作斗争的过程中积累了很多宝贵的经验，如保护森林、防止水土流失、混耕轮耕等。

除种植业外，西原各民族还重视家庭饲养业，养有鸡、鸭、鹅、牛、猪、羊、马等各类家禽家畜。有的民族还驯养大象，大象可以承担很多繁重的工作，如伐木、运输等，还可以用来狩猎。西原各民族还进行森林采集、狩猎和捕鱼，其所得既可以弥补口粮的不足，还可以拿到市场上换取一些日常生活必需品。不少居民还经营家庭副业，如木工、锻造、编织、农具和武器制造等。

西原民族多以村寨为居住单位，住房是很长的高脚屋，长达50米，甚至上百米。一栋或几栋高脚屋形成一个村寨。村寨里一般设有公房，是专门用来接待客人的，也是全寨集体活动的场所。村寨拥有自己的领地，土地归全寨居民所有。村寨有自己的行政管理体制，还有传统的俗规和宗教信仰。村寨由头人和选举产生的长老会管理。

西原各民族男性一般夏天赤身，腰里围一条遮羞布，冬天穿裤子，上身裹毯。女性喜欢戴手镯、珠镯、项链等饰物，一般上着短袖衫，下着围裙，其衣袖、下摆、裙边处镶有纹饰。

西原民间艺术发达，形式多样，贴近自然，其中以锣钲文化最为著名。锣与钲合称锣钲，是两种音调相近的铜制打击乐器。①锣钲与西原人的生活密不可分，深入其心灵，表达他们在日常生活和劳动中的喜怒哀乐。他们的一生都离不开锣

---

① 从外形看，钲与锣均为"圆形"，但钲的正中却有一个半球状的凸出部。俗话说"有乳为钲，无乳为锣"。

钲，在迎接婴儿出生的"吹耳礼"、告别亡人的"弃墓礼"以及祭祀、婚嫁、迎新年、庆新稻、贺新居、送征人、庆战功等仪式上都会响起锣钲声。锣钲还是人同神灵交流的媒介。西原人认为每面锣或钲背后都有一位神，锣钲越古老，其上的神的神通就越大。每个家庭必须至少拥有一面锣或钲以表明他们的财富、权力和声望，并得到它的保护。对一个家族而言，锣钲的多寡也是确认其威望高低的标志。锣钲艺术在西原历经千百年的发展，锣钲种类繁多，其直径为25～80厘米不等。锣钲因民族、地区而异，可以单独或成套使用，每套2～12面不等，也有18～20面为一套的（如嘉莱族）。西原锣钲表演配合娴熟，以丰富的和声方式演奏出多音级的曲调。钲声清亮，锣声低沉，二者相配合，震撼山林，为西原增添了浪漫、神秘的气氛。2005年，锣钲文化被联合国教科文组织正式认定为人类非物质和口传文化杰作。

西原很多民族相信万物有灵，各种神灵无处不在。一年中的祭祀活动很多，如播种前、收获后、结婚、建房等都要举行祭祀。其风俗习惯以及各种禁忌一般也都和神灵有关。20世纪初以来，西方的福音教逐渐在西原地区传播，一些居民成为教徒。但这种外来宗教从一开始就与当地的宗教信仰融合在一起，教徒们在信仰耶稣和圣母玛利亚的同时，依然祭拜祖先和各种神灵，参加各种传统的祭祀活动。

六、南部文化区

南部文化区的范围包括东南部的同奈省、平阳省、平福省、西宁省、巴地一头顿省以及西南部的隆安省、前江省、后江省、槟椥省、永隆省、茶荣省、同塔省、芹苴市、朔庄省、安江省、建江省、薄寮省、金瓯省和胡志明市。

南部文化区北接西原高原和柬埔寨，西南临泰国湾，东面和东南临南海。南部文化区可分为东南部和西南部，东南部是西原高原的延伸，属于低矮的山地丘陵；西南部是九龙江平原，地势低平开阔，河渠众多，沼泽遍布。该区属于热带季风气候，分为明显的旱季和雨季。雨季从5月至11月，旱季从12月至翌年4月，降雨量从胡志明市向西和西南递减，又因挨近赤道，故日照充足。该区河流众多，主要有九龙江、同奈河和西贡河等。这些河流在人们的生产生活中发挥着重要的作用。

在历史上，南部地区曾先后是扶南、真腊等古代王国的土地。大约在17世纪，越南封建王朝吞并占婆后继续南下。1698年，阮主派阮有镜镇守嘉定府，一开始只控制今胡志明市及周边地区，之后逐渐扩大控制整个南部地区。在越南南部的开发过程中，华人作出了巨大贡献。明清之际，明朝遗臣陈上川、杨彦迪和难民郑玖等不愿接受清朝统治，避难到今越南南部地区，追随者甚众。他们披荆斩棘，为南部地区的开发和经济文化建设作出了不可磨灭的贡献，也使汉文化在当地迅速传播。阮朝末年，面对法国的入侵，南部地区首当其冲，最早成为法国的殖民地，殖民历史长达百年之久。法国人离开后，南部又处在亲西方的南越政权统治下，因而受西方文化影响比较大。

南部文化区的民族主要有越族、高棉族、占族、华族、麻族、斯丁族、遮罗族、墨侬族等。越族人数最多，占据主导地位。最早来到南部开发新领地的越族人多是囚犯、流民、穷苦百姓，或是征战后留下来的官兵及其家属。他们来自越南中部和北部，将原来的传统文化与新的社会自然条件结合起来，形成了新的特色。总体来看，越族、占族、华族等都是远离故土，移民到越南南部地区的。各民族生活在一起，相互影响、相互交流，其中具有代表性的现象就是多种语言同时在该地区使用。[①]此外，多种宗教和信仰在南部地区交织在一起。除外来的佛教、天主教、福音教、伊斯兰教外，南部地区还产生了高台教、和好佛教等本土宗教，同时还存在着祖先崇拜、土地神、城隍、母神等民间信仰。

越南南部村社和北部村社之间的差距较大。南部村社一般沿河流、水渠分布，村社的布局多呈线性。南部村社的历史较短暂，至多不过400年，因而结构没有北部村社那么严谨，村社外没有包围的竹丛，更具开放性。南部村社里只有一个姓氏的情况几乎没有，往往是多个姓氏的人混居在一起，但家族关系仍在农村占据重要地位。和北方相比，南部村社的集体性活动很少，其公共职能被弱化，个人的独立性和自主性更强。南部村社没有公田公土的说法，移民之初，有能力的就开发、占有较多土地，反之则少，因而土地归属不均。少数村民可能拥有很多土地，而另外很大一部分村民只占有较少的土地。

水的因素在南部文化区占据重要地位，影响着当地居民吃穿住用行等各个方

① 除越语是南部的通用语言外，汉语和高棉语也在一定的范围和场合使用。而且越语、汉语和高棉语之间相互借鉴词汇丰富自己的语言，高棉语的人名、地名、节日名称经过"越化"后也被越族人接受，甚至不同语言的民歌、俗语也混合在一起，形成了非常奇特的语言文化现象。

面。人们已经适应了这种环境，并学会了与水共生存。南部水路交通发达，为商业和人员交流提供了便利。"水上集市"是南部农村常见的情景，众多的船只在河里或沼泽地连成一片，人们在船上进行商品买卖，如同在地上一样。船只和木筏成为人们常用的交通工具，其中三板船在九龙江平原很常见。这种船由三块板组成，一块做底，两块做船身。整条船船体细长，吃水很浅，行动便捷，可在狭窄的河道和浅水的沼泽、水田活动。另外，水牛在南部平原农村具有重要作用，是农民耕地、驮运东西的得力助手。

南部平原居民以种植水稻为主。他们把田地分为几种类型，分别采用相应的耕作方式。丘陵地区种植旱稻，平原地区种植晚稻，低洼地区还种植杂粮等。有的地区经常发洪水，则种植浮稻。浮稻又叫深水稻，有红、白两种，稻杆可以随着水位的上涨而不断长高。每年5月雨季来临之前，浮稻下种。随着雨量增加和水位上涨，浮稻也不断长高，但稻穗始终露出水面。这种稻子可高达4～6米，节杆上不断长出须根，可长1尺左右，在水中吸收养分。浮稻生长周期达9个月以上，粒大而硬，为上等好米。

南部人的饮食丰富多样，注重多吃、吃饱，不太讲究制作方式等细节和食物外观的美感。南部市场经济发达，人们的生活节奏较快，因而在饭店、饭馆吃饭非常普遍，不像北部人那么喜欢在家里吃饭。尤其是亲戚朋友来访时，南部人更多地选择在饭店聚餐。由于河流众多，鱼虾等水产品在南部居民饮食中所在比例较高。越南人还把鱼做成鱼露，这是越南的特色调味品。南部的鱼露非常出名，富国岛产的鱼露远销国外。鱼露不仅味美，还具有丰富的营养，因而不管是平民百姓还是富贵人家，都会在餐桌上放一碟鱼露。

可以说，南部文化区既有历史的厚重，又有很强的活力和创新性，接收了许多外来的文化要素，形成了独特的南部文化。

第二章　文化发展沿革

越南历史悠久，文化源远流长。在史前时期，越南人的祖先就创造了属于自己的文化。在长达千余年的郡县时期，越南北部和中北部作为中国封建王朝的一部分，深受汉文化浸润，其经济、社会、文化等方面的发展达到了较高的水平。10世纪后，越南成为独立的封建王国，但仍是中国的藩属。越南在发展本民族特色文化的同时继续吸纳中华文化，成为受汉文化影响最深的国家之一。与此同时，越南人不断南下，将占婆、真腊等古代王国的全部或部分领土纳入到越南的统治下，这些王国的文化也逐步融入到越南文化中。至19世纪，越南封建王朝日益衰败，法国殖民者趁虚而入，越南沦为法国殖民地。在法属时期，越南国内局势动荡不安，殖民和反殖民斗争从未停息，西方文化与越南文化激烈碰撞，并对其产生了巨大影响。经过漫长的斗争，越南先后打败法国、日本和美国的入侵，取得了民族独立。在和平发展的当代社会，越南注重保护和发扬本民族的文化特色，同时主动吸纳外来文化精华，努力打造健康、繁荣且独具特色的越南文化。

第一节　史前时期

越南的史前文化时期大致从有人类在越南境内开始活动至公元前2世纪左右。这是越南本土文化形成和发展的关键时期。

根据考古发现，在当今越南这片土地上，很早就有人居住。他们知道使用粘土或砂石做模子，知道种植水稻和饲养家畜家禽，如水牛、黄牛、猪、鸡等。可以确定当时有3个文化群落：第一个通常叫作"前东山"文化，分布在红河、马江、大江①流域；第二个文化群落是分布在南中部的"前沙滇"文化；第三个文化群落分布在东南部的同奈河流域。②

---

① 越文名字为"sông Cả"。
② 一般而言，越南文化，尤其是自主建国前的文化，主要是指广平以北地区红河平原上形成的文化。沙滇文化群落和同奈河流域文化应属于独立于当时越南文化之外的文化体系。

越南主体民族——越族人的祖先是活跃在中国东南部的百越的一支——雒越人。他们最早生活在红河中下游一带。在漫长的原始社会时期，越族人的祖先创造了属于自己的文化，代表性的有石器时代的和平文化①和冯原文化。和平文化之后，过渡到以磨光石器为标志的新石器时代——北山文化②，最后形成了统一的东山文化③，东山文化是越南青铜时代④文化的顶峰。

东山文化达到了较高的水平，主要分布在红河和马江流域。在这一文化中，石器数量稀少，类型单调，大多为装饰品。陶器数量很多，具有实用性，但制造简陋，无装饰或只有简单的纹饰。铜器异常丰富，形制复杂，包括工具、武器、日常用品、装饰品和工艺品，其中器形巨大、纹饰精美的铜鼓是东山文化的代表。考古发现的东山铜鼓直径30～80厘米，高30～70厘米，制作精美，工艺水平很高。鼓面有星星图案，较常见的为十二角。铜鼓侧面绘有人物、武器、鸟兽、虫鱼等，主题是古代越人的生活情形，如舂米、捕捞、打猎、祭祀和娱乐等。铜鼓最早作为乐器使用，后来逐渐演变成为部落首领地位和权势的象征并成为权贵阶层的陪葬品。铜鼓是东山文化遗址中出土的最重要、最具代表性的文物。

在青铜时代末期，当地的原始社会开始向阶级社会过渡。大约在公元前500年，东山文化的墓群中出现了贫富差别。但贫富分化并不悬殊，无奴隶和奴隶主之分。

另外，位于今越南河内市东英县的古螺城⑤也是越南史前文化的一个代表。根据遗迹推断，古螺城的城墙高大厚重，有护城河。城池共分3层，外层周长8公里，中层周长6.5公里，内层周长1.6公里，中心区域面积达2平方公里。古螺城还设计有水路通向红河，建筑坚固，易守难攻，集中体现了当时的社会发展水平。

---

① 1926—1927年，法国女学者科拉尼（M.Colani）博士在越南和平省首先发现了"中石器时代遗迹"，她称之为"和平文化"。随后，又在宁平、清化、义安、广平一带陆续发掘了70多处遗址。"和平文化"距今1万年至五六千年，基本特征为：穴居、打制石器、屈膝葬并出现了磨石、锯石技术和绳纹陶。
② 北山文化遗址分布在和平、宁平、鸿基、清化、义安、广平等地，共发现45处遗址。
③ 石器时代的和平文化、冯原文化及北山文化，一般还被统称为"前东山"文化，这一时期相当于传说中的"雄王"时代初期。在距今2700年以前，北部的"前东山"文化各支以及北中部的文化群落已经汇聚在一起，形成了统一的东山文化。
④ 越南一般也称这一阶段为铜器时代，但是，东山文化的遗迹中还出土了一些简单的铁器，可以视为已经进入铁器时代的初期。
⑤ 据《大越史记全书》记载，丙午年（公元前255年），安阳王筑螺城。此城高筑，且自外而入如螺旋形，故称螺城。因其位于东英县古螺村，俗称古螺城。

　　同一时期，南中部的"前沙潢"文化也发展成铁器时代的"沙潢"文化。这一文化的代表是从墓葬里开掘出来的大量铁制工具，以及玛瑙、碧玉等装饰品。这一文化广泛地分布于承天至同奈河流域的广大地区。"沙潢文化"的主人或许是占人的祖先，他们的后代曾建立过"占婆国"。

　　关于史前时期的情形，越南旧史①称，越南曾存在"文郎"国，其国君称"雄王"，前后共18世。公元前3世纪，号称"安阳王"的"蜀王子泮"灭"文郎"国，建立起"瓯雒"国。目前，国内学界一般认为："越南有据可考的信史，不能早于中国秦代。""文郎"和"瓯雒"应为原始社会的部落或部落联盟，并非真正意义上的国家。"雄王"和"安阳王"都是当时部落或部落联盟的首领，其中"雄"字应为史书传抄过程中"雒"字的误写。②

　　4世纪成书的《交州外域记》记载："交阯昔未有郡县之时，土地有雒田，其田仰潮水上下，民垦食其田，因名为雒民。设雒王、雒侯主诸郡县，县多为雒将……""其田仰潮水上下"意即随潮水涨落来浇灌田地，这种耕作方式即"刀耕水耨"或"火耕水耨"，反映出当时越人的生产方式。据推断，越南社会的早期结构为农村公社。农村公社以地缘为基础，房屋及其附属物归劳动者所有，大部分土地归公社所有，分给各成员耕种，个人只有使用权。越南农村的这种公田、公土制度一直到延续到1945年"八月革命"前夕。

　　潘辉注在《历朝宪章类志》中写道："当是时也，君臣并耕，父子同浴，不设防畛，无别等威，其民皆文身鼻饮，相与嬉游无事，号称至德之世云。"③由此可知，古籍中所载的"雒田"、"雒民"时代，私有土地尚未出现，全部耕地、山林、山川、池塘均为公有。那时还没有行政机构，没有凌驾于公共权力之上的军队、监狱，也没有文字，因而不存在真正意义上的国家，当时的越南北部只是处在"文明的门槛上"。④

①　所谓旧史主要指越南封建时代成书的不少史籍都有以传说为历史依据的现象，确证性不足。
②　参见戴可来，于向东：《越南历史与现状研究》，香港社会科学出版社有限公司，2006年，第2页。
③　[越]潘辉注：《历朝宪章类志》卷六、卷七《人物志》，"帝王之统"条。转引自戴可来、于向东：《越南历史与现状研究》，香港社会科学出版社有限公司，2006年，第84页。
④　戴可来、于向东：《越南历史与现状研究》，香港社会科学出版社有限公司，2006年，第16～17页。

第二节　郡县时期

中国封建王朝的入主,加速推动越南向文明社会迈进。从秦朝至五代十国时期,今越南北部及中部地区处在中国封建王朝的统治下,即便出现地方割据政权,维持的时间也不长。这是越南历史上长达一千多年的"郡县时期"。

中国在越南的统治,开始是比较松散的。秦朝在越南①的统治时间很短,象郡的设立可能仅是名义上的,影响比较有限。秦末,赵佗建立"南越国",采取一系列措施开发岭南。赵佗在越南设立交趾、九真二郡,"从其俗而治",仅派"二使者"典主。②他重视传播中原汉文化,使用汉字;"和辑百越",鼓励汉越通婚,融合越地社会,增进民族和睦;推广中原农业技术,发展生产。赵佗为越南经济社会的发展作出了突出贡献。

西汉在其地设立交趾、九真、日南三郡,也是"无赋税,雒侯、雒将主民如故"。尽管如此,从秦朝到西汉约200年的统治时期具有重要意义,标志着交趾地区进入了有阶级的"文明社会",出现了真正意义上的地方政权,为以后中国封建王朝进一步加强统治打下了基础。

两汉交替之际,锡光、任延分别任交趾、九真太守,他们大力推广中原地区先进的文化和生产技术,下令铸造铁制农具,推广牛耕,教习耕作,建立学校,制定婚娶礼法及衣服式样。在他们的治理下,今越南北部和中北部地区社会生产有了较大发展,对此史书评价称:"岭南华风,始于二守焉。"③

东汉初年(公元40年),征侧、征贰姐妹举兵起事,汉伏波将军马援率军入越,"二征"兵败。马援继军事行动后,在当地加强治理措施,进一步推行郡县制。马援将交趾郡人口众多的西于县(当时有3万2千户)分为封溪、望海二县;在交趾修筑道路,建造城池作为统治中心;兴修水利、鼓励农耕;施行汉朝的法律,取消与之抵触的习惯法,强化了汉朝对交趾的统治。

东汉末年,贾琮、李琴、士燮等人相继担任交州刺史,继续采取措施推动

---

① 其时,象郡的范围大约包括今越南清化以北的平原和浅丘地区。

② 〔北魏〕郦道元:《水经注·叶榆河》转引自《交州外域记》。原文为:"《交州外域记》曰:越王令二使者,典主交趾、九真二郡民。"

③ 《后汉书》卷七十六《任延传》。

当地经济社会发展。尤其是士燮治民有方，礼贤下士，爱民教民，大力发展文化教育事业，传播儒学，深受越人爱戴，被尊为"士王"和"南交学祖"。当时中原大乱，中原人士"往避难者数以百"，其中有著名学者刘熙、程秉、薛综、许靖、刘巴、牟博等，他们和士燮一道大开文教，传播汉字和汉文化，教化交州子弟，以儒家思想淳化当地风俗，促进了汉文化的传播，使汉字成为当地的唯一文字。

679年，唐朝在交趾设安南都护府，对其地进行有效管理。中原与安南的交往进入了一个新的阶段。唐朝派往安南的官吏文化素质较高，热心倡导文教，如都护高骈喜欢与儒士交游，任内写下不少诗文；另一位都护马总"用儒术教其俗，政事嘉美"[1]。王勃的父亲王福峙被贬为交趾县令，在任内"大开文教，士民德之"，为儒学广泛传播做出贡献。王福峙去世后，当地民众特立"王夫子祠"，以表怀念。

在官吏们大兴文教的同时，唐朝许多文人墨客也来到安南，对汉语、汉字及汉文化在当地的传播作出了贡献。著名诗人杜审言、沈佺期、刘禹锡等都曾寓居安南，留下不少关于安南的诗篇，如杜审言的《旅寓安南》、沈佺期的《初达驩州》等。同时，安南不少文人如无碍上人、奉定法师、惟鉴法师等北上进入中原，与内地文人切磋诗艺。《全唐诗》中收录有中原诗人与安南诗人相互唱和的诗篇，如张籍的《山中赠日南僧》、杨巨源的《供奉定法师归安南》、贾岛的《送安南惟鉴法师》等。

唐朝时期，安南的一些优秀人才经遴选进入中央政府任职，如姜公辅、姜公复两兄弟和廖有方等。其中姜公辅于唐德宗时在朝为官，他不但精通儒典，有经论之才，而且睿智有谋，忠贞耿直，曾官至谏议大臣、同中书门下平章事。他的作品《白云照春海赋》《对直言极谏策》被收录在《全唐文》中，说明安南地区的文教事业达到了较高的水平。

也是在郡县时期，儒教[2]、佛教和道教也相继传入越南，成为越南文化的重要组成部分，直至今天。

---

① 《新唐书》卷一六三《马总传》。
② 儒家学说在人伦教化、礼仪法度、修心修身等诸多方面都有类宗教的功能，因此东南亚多国一般把儒家学说俗称为儒教。

西汉时期，董仲舒"罢黜百家，独尊儒术"的主张得到汉武帝的支持，儒家学说逐渐成为中国封建王朝的正统思想。其后，因出任越南太守、刺史的倡导，文人学士的宣扬，民间交往的浸渐，儒家思想也随之传入越南，并对越南文化产生了深刻的影响。如越南古代社会的礼仪法度、风俗习惯，都受到儒家思想的规约和引导。

越南的佛教先从印度传入，是为小乘佛教，越南民间称佛为"But"，该词即源于梵文"Buddha"（佛），这也说明越南文化受到了印度文化的影响。大乘佛教经丝绸之路传入中国后，又在2世纪左右传入交趾地区，大乘佛教很快取代先行传入的小乘佛教占据统治地位。东汉时期的牟博（牟子）就是较早在交趾传播佛教的人物之一，他在交趾完成的著作《牟子理惑论》是一部重要佛教典籍。交州郡的首府羸娄、大罗先后成为当时的佛教中心。

道教约于2世纪由中国传入越南。《牟子理惑论》序中记载："北方异人咸来在焉，多为神仙辟谷长生之术。时人多有学者。牟子常以五经难之，道家术士莫敢对焉。"这说明，东汉末年，避难交州的道教术士将道教带入交趾地区。道教最早传入的是符箓派，该派倡导鬼神崇拜，画符念咒，驱鬼降妖，祈福消灾等。《交州八县记》载，隋唐时期交州地区有名的道观就有21座之多。这说明，道教已被当地民众所接受，成为重要的宗教之一。

整个郡县时期，随着与中原交流的不断深入，交趾地区各个方面都得到长足发展。农业方面，铁制农具和耕牛得到应用，改变了以前"刀耕火种"和"火耕水耨"的耕作方法，产量大幅提高。早在东汉末年，当时的越南就已经种植双季稻，西晋文学家左思在《三都赋·吴都赋》中曾说此地"国税再熟之稻，岁贡八蚕之绵"。隋唐时期，安南地区不但种植双季稻，而且还修筑了防洪堤坝和灌溉沟渠。当地的手工业也取得长足进步，史书记载"扬州租绸以钱，岭南以米，安南以丝"[①]，可见当时安南丝的质量已经非常高，成为唐朝重要的税收之一。安南织工用芭蕉的纤维织成葛，称为"蕉葛"，又称"交趾葛"。九真织工用细嫩的簜竹浸泡后织成布，称竹疏布，都很有名。3世纪，孙吴曾征调交州的1 000余名工匠至建康（今南京）使用，说明交州的手工业技术已达到较高水

① 《新唐书》卷五十一《食货志》。

平。同一时期，交州地区成为当时中国同东南亚和西洋各国开展海上贸易和交通往来的重要枢纽。

第三节　自主时期

一、丁朝、前黎朝

唐朝末期，中国进入五代十国的混乱时期，安南的封建主趁机拥兵割据，摆脱中国封建王朝的统治。经过一段时间的争夺，丁部领在968年建立大瞿越国，开启了越南自主王朝的新时期。宋朝建立后，宋太祖接受了丁氏的朝贡，并于975年封丁部领为"交趾郡王"，承认其为"列藩"。这样，在宋太祖时期，中越之间确立了宗藩关系，并逐渐形成了"其王初立，即封交趾郡王，久之进南平王。死者，赠侍中南越王"的制度。丁朝享国不久，被黎桓在980年建立的黎朝取代，史称前黎朝。黎朝击退宋朝军队的干涉后，又遣使向宋朝"上表谢罪"。宋太宗承认了黎桓政权，并于993年进封黎桓为交趾郡王。中越之间的宗藩关系进一步得到巩固。

丁朝和前黎朝是越南建立自主封建国家的开始，在统治制度上效仿中国。两朝都建立了中央集权制度，主要侧重于军事专制统治，使用严刑峻法统治人民，同时利用佛教势力维持国内秩序，让寺院拥有大量土地。贵族、官僚和寺院封建主成为丁朝和前黎朝的统治支柱。黎桓将高级僧侣召入朝中，委以重任，如杜法顺、万行、匡越等禅师曾在黎朝为君主出谋划策。其中匡越禅师在送别宋朝使者李觉时曾即席作《王郎归》①一首，这首词体现出当时越南人深厚的汉文功底，词中的"我皇"指宋朝皇帝，表现出中越之间的宗藩关系。

二、李朝

1010年，李公蕴建立李朝，将首都从华闾迁至地势开阔、水陆交通便利的大罗，更名为升龙。李朝是越南第一个存续时间较长的王朝，为越南的国家发展和

---

① 也称《阮郎归》："祥光风好锦帆张，遥望神仙复帝乡。万重山水涉沧浪，九天归路长。情惨切，对离觞，攀恋使星郎。愿将深意为边疆，分明奏我皇。"

文化繁荣打下了坚实基础。

李朝的统治机构和官制皆效仿中国。中央朝廷以国王为最高统治者，对内称皇帝，文武官员皆设九品。在行政区划方面，李朝为削减地方权力，将丁朝的10道改为24路，路的长官称"知府"，由文官出任。路下设州、府、乡、社等各级行政单位，其中"社"为最基层组织，设社官掌理户籍。李朝颁布了越南历史上第一部刑法——《刑书》，对越南法律发展具有重要意义。李朝重视军队建设，实行征兵制。丁男18至20岁的称为"黄男"，20至60岁的称为"大黄男"，须登入册籍，平时生产与习武相结合，战时派出作战。中央设禁军，额上刺有"天子军"字样，地方设番兵，二者不得混杂。李朝军事力量强大，野心勃勃，向北侵略中国，向南入侵占婆、真腊和哀牢，掠夺土地。

在宗教方面，李朝推行三教并重的政策。李朝在前黎朝后继续崇尚佛教，使之成为国教，并让僧侣参政。万行禅师曾帮助李太祖夺取政权，被封为"国师"，备受尊崇，后世君主亦模仿太祖的做法，甚至赐给僧侣封邑。李朝在全国各地大兴土木，兴建庙宇、寺塔，其中延祐寺（又称独柱寺）至今仍保存在河内市中心，成为著名的历史遗迹。李朝时期重要的佛教流派有草堂派和密宗，草堂派由中国禅师草堂创立，密宗的代表性人物阮明空、徐道行在越南的佛教史中占据重要地位，至今仍被越南人民所供奉。

李朝同样重视儒家思想，并开始实行中国式科举制度。1070年，李圣宗在升龙修建文庙祀孔子，塑周公、孔子及四配像，画七十二贤像，这是儒学在越南儒教化、孔子偶像化的开始。1075年，李朝举行"明经博学及试儒学"三场，中选者黎文盛随即获朝廷起用，"进侍帝学"，成为幼主李仁宗的老师，这是越南实行科举制之始。之后，李朝在京师设立国子监、孔子庙和翰林院，进一步推行儒学。1195年，李高宗举行儒、道、释"三教"考试，除在国都开试外，还在地方设"乡试"，以两级制的方式分级取士。此外，道教也得到李朝的重视，成为选拔人才的考试内容之一。朝廷还专门设立管理道务的道官，如"道录"、"威仪"、"都官"等。李朝统治者大都崇信道教，优礼道士，修建道观。史书对李太祖、李圣宗、李仁宗、李神宗等皇帝虔信道教之事皆有记载。

经过郡县时期汉文化的长期熏陶，越南的汉字文学在自主时期有了较大发展。李朝的汉文学深受佛教影响，因而"禅诗"盛行，如万行禅师的《示弟子》、满觉禅师的《告疾示众》、杨空路禅师的《鱼闲》等。此外，李常杰的《南国山河》表达出追求民族独立的意志，在后世广为流传。李朝时期也出现了汉语散文作品，现存有李公蕴的《迁都诏》、李仁宗时期阮公弼撰写的《大越国李家第四帝崇善延龄塔碑文》，反映出越南汉文散文在布局谋篇、语言文字运用方面达到了较高的水平。李朝的碑铭文献体现出中国文化与越南自身文化融合的特点，如李朝中叶的《奉圣夫人黎氏墓志》铭文内容典雅，使用中国汉文典故达11处之多。

李朝时期，朝廷兴修水利，保护耕牛，开发沿海和北部平原一带荒地种植水稻，农业取得很大进步。民间手工业和商业也得到发展，中越两国民间的海上贸易和边境互市（如在钦州、廉州、邑州等地设博易场）也活跃起来。宋朝的丝绸、铁器等产品不断传入越南，而越南的香料、药材以及热带动植物也进入中国。越南的音乐、歌舞、戏剧、水上木偶戏等艺术形式在李朝逐渐发展起来，成为独具特色的本土艺术。

三、陈朝

1226年，李朝末代君主李昭皇禅位给陈煚，陈朝就此建立。陈朝历时175年，是一个强盛的王朝。对内，陈朝推行儒教，强化中央集权统治，推动经济社会发展；对外，陈朝成功抵御元朝的三次入侵，维持国家独立，又南下侵略占婆，进一步拓展越南疆域。

为加强自身统治，陈朝在继承李朝典章制度的基础上又有了新的发展。政治上，陈朝为加强皇权，实行有利于政权稳定的"上皇制"。经济上，陈朝以农业为主，国王拥有全国土地的最高所有权，并把大量的土地分封给王室、贵族和功臣，赏赐给寺院。军事上，陈朝推行"寓兵于农"的政策，军队分为常备军和屯军。屯军平时耕种田地，战时迅速转入战备状态。律法方面，陈朝参照中国唐宋法制制定了多部法律，如《国朝刑律》（又称作《刑律》）、《徒罪法》、《勾讼例》、《皇朝大典》、《刑书》等，借此加强和规范陈朝的统治。

在宗教方面，陈朝前期继续执行儒、佛、道并重的政策，至后期儒教超过佛教和道教，在朝中占据统治地位。陈朝初期，多位皇帝痴迷佛教，陈仁宗出家为僧，号"调御觉皇"，开创竹林禅派。陈英宗也崇信佛教，并率先受菩萨戒，朝廷上下遂多效法。到了陈朝后期，统治者开始抑制佛教，儒家学者对佛教进行严厉批判，佛教势力被削弱。与此同时，陈朝采取多项措施推动儒学在越南的发展，如设立国学院，专门讲习儒学；修建国子监，以儒学大师主持管理；修建文庙，祀孔子和儒学先圣，将朱文安、张汉超、杜子平等越南儒学大师也从祀文庙，提高儒学的地位；开设以儒学典籍为考试内容的太学生和进士科考试，选拔儒士充任朝廷要职。这样，儒士阶层人数渐多，他们在政治及文化思想方面渐渐取代佛教僧侣的地位。

在儒学发展的背景下，越南汉字文学继续发展并兴盛起来。陈朝的禅诗继续盛行。陈太宗著有禅诗《寄清风庵僧德山》和佛学典籍《课虚录》等作品，陈仁宗撰有《大香海印诗集》，玄光、慧忠上士、法螺等僧人的诗作都达到了较高的水平。中越使节来往留下了多篇相互酬和的诗，其中陈艺宗为明朝使者所做的《送北使牛亮》写道："安南老臣不能诗，空对金樽送客归。园伞山青泸水碧，随风直入无云山。"陈艺宗作为越南的国王，自称"安南老臣"，承认越南是明朝的属国。此外，陈光启、范师孟、范伍老等将领创作的边塞诗和军旅诗以及阮忠彦、朱文安、阮飞卿等人创作的山水田园诗丰富了越南汉文诗歌的题材和内容。张汉超的《白滕江赋》、莫挺之的《玉井莲赋》、范迈的《千秋鉴赋》等作品代表着陈朝赋文的最高水平。陈国峻的《檄将士文》、《兵书要略》、《万劫宗秘传书》等成为越南著名的军事著作。陈朝时出现的《越甸幽灵集》、《岭南摭怪》等神话传说集对后世影响极大[1]。

喃字[2]是越南人民自己创造的民族文字，其具体形成时间不详，至陈朝时期已具备一定社会交际功能并在文学创作中得到使用。据吴士连所著《大越史记全书》记载："陈仁宗四年（1282年）……有鳄鱼至泸江，帝命刑部尚书阮诠为文投之江中，鳄鱼自去。帝以其事类韩愈，赐姓韩。诠善为国语诗，人多效之。"这是历史上较早的关于喃字的记载。韩诠的《飞砂集》、阮士固的《国音诗赋》、朱文安的《国音诗集》等都是喃字萌芽时期的重要作品。喃字和喃字文学的出现是越南民族自主意识在思想文化领域的体现。

---

① 这两部神话传说集是在民间口头创作的基础上经多人搜集整理而成，在后来传抄过程中又多次补充、删减和修改，其成书时间、作者、版本等问题还有待继续研究。详细论述可参看戴可来、于向东：《越南早期传说和古代史迹》，载《北大亚太评论》第4辑，1998年4月。

② 喃字，也称字喃，它利用汉字为造字素材，运用形声、会意、假借等方式表达越南的语言。只有先学会了汉字才有可能读、写喃字。喃字书写复杂，音义兼用颇不明确，很难普及，最终走向消亡。

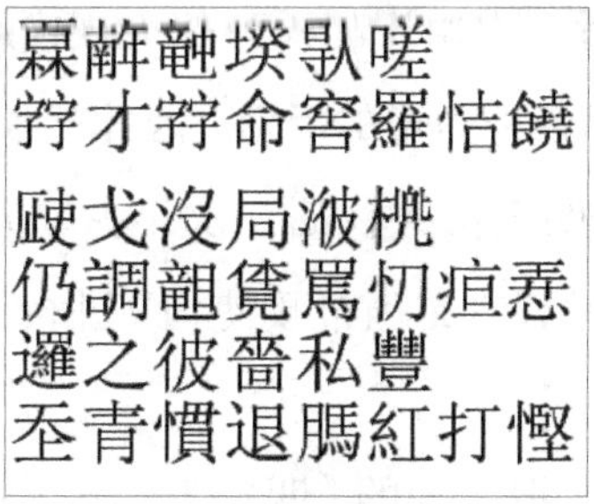

图2-1 喃字

陈朝的史学也取得了重要发展。1227年，黎文休编纂完成了越南最初的官修史籍《大越史记》[①]，记载了从南越王赵佗[②]至李朝时期的历史。14世纪后期成书的《越史略》[③]是现存越南最古老的编年史之一。在元越战争中投降元军的越南人黎崱在中国写成《安南志略》[④]，该书系统地介绍了越南从远古时期至陈朝的历史、地理、物产、风俗、制度、中越关系等方面的情况，是研究越南历史的重要资料。

陈朝采取一系列措施鼓励农业生产，如兴修水利、鼓励开荒等，耕地面积为之大增，深耕和增加复种指数的能力已达较高水平，平原地区的稻米每年可收获2～3次。陈朝手工业和商业也取得较大发展，开始出现专业的手工制作村，比如制陶、铸铜、炼铁等，中国和许多东南亚国家的商船在云屯等海港频繁出入。陈朝在军事技术、天文、历法、医学等方面取得相当的成就，火药及火炮至陈朝晚期已在军队中使用。

四、胡朝和属明时期

陈朝末年，皇室权力逐渐旁落。1400年，胡季犛废陈少帝自立，迁都至清化，建立胡朝，定国号大虞。胡朝曾准备实施新政以摆脱陈朝末年的危急局势，新政包括出版14篇《明道》，批判宋儒思想，主张限田限奴、发行纸币、革新课税、

① 共三十卷，原书已佚。
② 秦末，天下大乱，南海郡龙川县令赵佗（真定人）乘机于公元前207年"击并桂林、象郡"，建立了以广州为中心的地方割据政权"南越国"，在今越南中部以北地区设交趾、九真二郡。公元前204年，刘邦统一中国，建立汉朝，公元前196年，赵佗接受汉王朝赐予的"南越王"封号，称臣于汉，成为汉王朝属下的诸侯王，与中原地区有较密切的联系。越南史书把南越国列入王统，称赵佗为赵武王，推尊为开国之君实在是一厢情愿，缺乏基本逻辑。
③ 共三卷，原题为《大越史略》，作者不详。
④ 原书二十卷，现存十九卷。

驱散僧侣、限制宗室贵族等。但由于胡氏政权大规模屠杀陈朝宗室，对人民采取残暴的高压统治手段，引起各种力量的反对。因此胡朝的改革未取得预期的效果，人心离散。1406年10月，明朝出兵伐胡，次年占领升龙，胡朝灭亡。明朝按照内地的行政区划模式在当地设"交趾布政使司"进行直接统治，越南进入"属明时期"。

明朝在交趾开设学校，把中国的《四书五经》、《性理大全》等儒家典籍颁发给各州县做读本，并派僧道传播佛教、道教。此外，明朝致力招揽交趾各方面的人才遣送京师听用，明成祖朱棣在永乐五年（1407年）下令："交趾应有怀才抱德、山林隐逸、明经能文、博学有才、贤良方正、孝悌力田、聪明正直、廉能干济、练达吏事、精通书算、明习兵法、武艺智谋、容貌魁伟、语言便利、膂力勇敢、阴阳术数、医药方脉之人，悉心访求，以礼送赴京擢用。"[①]在这道命令下，明朝将领先后3次搜罗交趾人才共16 000余人送到南京或北京听用，他们为明朝的建设贡献了力量，促进了中国与越南的文化交流。在这些优秀的人才中，有的走上仕途，官至布政使、巡抚、侍郎、尚书，如邓明、阮勤、陈儒、黎琠等；有的成为某方面的专家，为中越科技交流作出了卓越的贡献，如阮安、黎澄等。阮安负责设计修建了当时的北京皇城，被称为建筑史上的奇才。黎澄是胡季犛长子，被俘后为明朝效力，推动了火器在军队中的应用，被尊称为"火器之神"。

明朝在统治越南的20余年里，推行中国的中央集权政治制度、封建经济模式以及科技文化，促进了越南封建社会的发展，同时也推动了中越之间的文化交流。

五、后黎朝和郑阮纷争时期

1428年，黎利击败明军建立黎朝，史称后黎朝。后黎朝大致可以分为两个阶段，第一阶段为1428—1527年，为中央集权时期（又称黎初时期），国家统一稳定，经济繁荣，文化兴盛，尤其是黎圣宗在位时（1460—1497）达到鼎盛；第二阶段为1528—1788年，后黎朝仅是名义上存在，权臣掌控朝政，国家南北分裂。先为莫、黎纷争，后为郑、阮割据。长期的内战造成社会动荡，经济萧条。

---

① 《明太宗实录》卷六十八。

后黎朝前期，越南封建社会进入高度发展时期，中央集权得到进一步加强。后黎朝通过废除宰相职位加强皇帝的专权统治，设置监察御史监督地方政权，削减地方官吏权力。黎圣宗颁行《国朝刑法》[①]，进一步强化皇权和封建统治。军事方面，后黎朝推行募兵制，选拔壮丁入伍，建立一支庞大的常备军，对占城和老挝发动了大规模侵略战争。[②]后黎朝疆域继续向南拓展，尤其是阮主利用杨彦迪、鄚玖等华人势力将疆域拓展至九龙江平原。土地政策方面，后黎朝推行均田制，把田地分配给农民耕种，同时注重兴修水利，奖励垦荒，农业得到恢复和发展。

后黎朝限制佛教和道教，儒教处于独尊的地位。后黎朝建立了一套相当完备的儒家教育体制，京师设有国子监、崇文馆、秀林局、昭林馆，各府、州、县等设有地方官学以及村学、社学和私塾等。后黎朝继续利用科举制度选拔人才，黎初时期共进行26次考试，产生了989名进士和20名状元。在此背景下，后黎朝发掘了一批造诣颇深的儒学名士，如阮廌、李子晋、阮梦荀、阮直、阮秉谦、冯克宽、黎贵惇等，他们在政治、外交、文化等方面作出了突出的贡献。

越南文学经历13、14世纪的发展，至后黎朝时期迎来了全面繁荣的局面，汉字文学和喃字文学都结出了丰硕的果实。汉字文学方面，黎朝开国功勋阮廌被誉为越南古典文学三大诗人之一，留下了《平吴大诰》、《舆地志》和《律书》等作品。李子晋、阮梦荀、黎少颖、朱车、阮直等都是当时著名的诗人。黎朝多位帝王能文善诗，尤以黎圣宗为最。黎圣宗组织"骚坛会"，与28位诗人酬作唱和，制成《琼苑九歌》（一卷）。阮秉谦堪称越南一代文豪，在16世纪的战乱年代，他创作的诗歌既抨击时弊，控诉战争，也充满了对社会现状和世间万物的思考，达到了很高的水平。阮秉谦的学生冯克宽和阮屿也是当时的名士，阮屿创作的《传奇漫录》成为越南第一部传奇文学作品。黎贵惇是后黎朝末期著名的史学家、哲学家和政治家，他学识渊博，涉猎甚广，被称为越南集大成的学者，留下了《黎朝通史》、《芸台类语》、《抚边杂录》、《见闻小录》等多部著作，此外还整理完成《全越诗录》和《皇越文海》，对越南汉文学研究整理工作贡献

---

① 也叫《洪德法》，依据唐律、唐令制定。其中父母遗产由子女平分，承认夫妻双方享有财产所有权等条款具有越南特色，反映了当时社会制度的特点。

② 1446—1471年间，黎朝三次出兵占领占城，并抓获占王，吞并了占城国三分之二的领土。1479年，黎圣宗发兵18万攻打老挝，占领了王都琅勃拉邦，设镇宁府。但连年的对外征战，给黎氏王朝带来了灾难性的后果。

颇大。后黎朝汉赋已相当盛行，阮梦荀、李子晋留下了多篇著作。此外，喃字文学在后黎朝也逐渐兴盛起来，朝廷统治者和文人重视用喃字创作，留下了很多喃字诗作，如阮廌的《国音诗集》、多人搜集整理完成的《洪德国音诗集》、阮秉谦的《白云国音诗集》等。这一时期还出现了《王嫱传》、《林泉奇遇》、《苏公奉使》等喃字叙事诗。

史学方面，潘孚先继黎文休后，编写了《大越史记续编》，记载从陈太宗至属明时期（1225—1427年）的历史。1479年，吴士连完成《大越史记全书》，成为越南官方史书的定本。①范公著编写了《大越史记本纪续编》。另外，阮廌的《蓝山实录》和《军中词命集》也保存了一些黎朝初年的历史资料。

后黎朝时期，越南手工业、商业发展较快。专业的手工业村发展迅速，尤其是传统的纺织和养蚕缫丝业。16世纪末，特别是到了17世纪，葡萄牙、西班牙、荷兰、英国、法国等西方国家的商人纷纷到越南购买蚕丝。越南的王室公卿纷纷投身到丝绸贸易中来，从中获取利润。值得注意的是，在这一阶段越南出现了一些专门从事贸易的村子和人群，产生了生产、贸易基地。由于商业发展，许多都市兴起，南方有会安、清河、咸水，北方有升龙等。

六、西山王朝

18世纪下半叶，越南国内矛盾激化。1771年，阮岳、阮惠、阮侣三兄弟在西山起义，很快蔓延到各地。阮惠率领起义军先后击退了暹罗和清朝军队，建立起西山王朝。但由于阮氏三兄弟各据一方，相互倾轧、内讧、火并，西山朝存在时间很短。1792年，光中帝去世，阮福映借助法国势力重新回到九龙江平原，并于1802年占领富春（即顺化），西山王朝灭亡。

西山王朝以摧枯拉朽之势结束了越南长达200多年的分裂局面，又成功击败了外国军事干涉，为维护越南统一和领土完整作出了重要贡献。阮惠称帝后采取一系列措施巩固西山政权，他完善行政机构，重置行政区划，加强王朝统治；颁布《求贤诏》，招揽前朝人才为己所用；改革赋税制度，减轻农民负担，推动农业发展，同时鼓励商业发展，拓展与外国的商贸往来。阮惠表现出很强的民族独立

① 戴可来、于向东：《越南》，南宁：广西人民出版社，1998年，第10页。

意识，他使用喃字取代汉字撰写官方文件，规定奏章只能用喃字书写，科举考试也使用喃字。阮惠还主张将所有汉文书籍都翻译成喃字，在1791年成立崇政院专门负责翻译工作。此外，阮惠实行自由的宗教政策，尊崇儒教的同时也不限制佛教及其他宗教的发展。但由于西山王朝存在的时间很短，阮惠的政策还没有发挥作用就被废除了。

七、阮朝

1802年，阮福映消灭西山王朝，建立阮朝，定都富春。这是越南历史上最后一个封建王朝。阮朝前期中央集权稳固，国家强盛，继续向南拓展疆域，控制了越南历代从未有过的广大疆土。后半期，由于法国殖民者的入侵，阮朝逐渐衰败，越南沦为法国的殖民地。

鉴于后黎朝末年社会动乱导致民生凋敝的状况，阮朝初年致力于恢复经济，重建封建统治机构，稳固政权。阮朝自嘉隆帝便推行君主集权制，以"四不"为其统治模式，即不设宰相、不选拔状元、不立皇后、不封赐王爵给皇族以外的人，立法、司法、监察、军政、执法之权均集于皇帝一人之手。阮朝以六部管诸事，在全国各地分设二十三镇及四营，每镇挑选兵丁以作防务，君主委任亲信担任长官，称为"五军都统"。法律方面，嘉隆颁行《嘉隆法典》（即《皇越律例》），以维护社会秩序。嘉隆帝还厘定丁税、田税，酌情减轻人民负担。阮朝崇尚儒学，继续推行科举，鼓励开展学术研究，推动文教事业发展。

这一时期[①]，越南汉字文学从繁荣的顶峰逐渐滑向衰落，作家作品在数量上远不及之前的历史阶段。生活在18世纪的邓陈琨创作了长篇汉语叙事诗《征夫吟曲》；阮攸留下了丰富的汉文诗歌，收录在《清轩诗集》、《南中杂吟》、《北行杂录》中；当时南方嘉定地区的诗人郑怀德、吴仁静等也创作了一些汉文作品。阮朝还出现了《越南开国志传》、《皇黎一统志》等汉文小说。

不过，从18世纪至19世纪中叶，越南喃字文学却迎来了历史上空前繁荣的时代。女诗人段氏点（1705—1748年）把邓陈琨的《征夫吟曲》译成喃字的《征夫

---

① 越南文学的发展阶段划分与朝代更迭并不完全吻合。在阮朝时期介绍的作者并非全部生活在阮朝，只是根据文学的发展特点，为了便于叙述才作此处理。下同。

吟演歌》;阮嘉韶创作了长篇诗歌《宫怨吟曲》;女诗人胡春香(生活于18世纪下半叶至19世纪初)的喃字诗通俗易懂,大胆尖刻,用犀利的笔锋向封建制度和礼教挑战,深受广大人民喜爱,代表作有《做妾》、《午睡的姑娘》、《非婚而孕》、《汤圆》等;阮攸是越南19世纪的大文豪,在中国青心才人的章回体小说《断肠新声》的基础上创作了《金云翘传》,被誉为越南诗歌艺术的高峰,至今仍深受越南人民喜爱;此外还有范泰、阮有整、阮公著、高伯适、高伯讶、李文馥、青关县夫人(真名阮氏馨)等一大批诗人和作家;这一时期也出现了大量的无名氏喃字叙事诗,如《石生传》、《潘陈》、《二度梅》、《氏敬观音》等。

越南史学、地理学、建筑学等在阮朝时期达到了新的高度。1802年,阮朝成立国史馆专门负责搜集整理古籍,编撰新的史籍。阮朝还设立类似于图书馆的古籍收藏存储机构。阮朝重要的历史著作有:《钦定越史通鉴纲目》、《大南实录》(前编和正编)等。阮朝时期还出现了地方志的编写高潮,从省至县乡纷纷编写地方志。郑怀德的《嘉定城通志》、裴杨历的《乂安志》保存了大量当地的珍贵历史资料,是其中的佼佼者。潘辉注编写的《历朝宪章类志》成为越南历史上第一部百科全书。阮朝时期出现的地理学成果有《皇越一统舆地志》、《大南一统全图》、《大南一统志》等著作以及全国和各地方的地图。阮朝模仿中国故宫在首都顺化建造的紫禁城成为越南建筑艺术最高水平的代表,目前已被联合国教科文组织列入世界文化遗产名录。

阮朝最终确定了越南今天的版图。越南人最初分布在红河、马江流域,即今越南北部和中部北区。在现今越南的中部曾经是占婆王国所在地,南部则先是扶南,后为真腊。越南建立自主封建国家后,通过不断的战争完全吞并了占婆,之后又侵占真腊的大片领土,使越南疆域直抵泰国湾。伴随着领土扩张,越南北方居民大批南下进入新开辟的土地,与当地居民融合在一起。占婆、扶南和真腊文化也融入越南文化中,成为其重要的组成部分。

八、占婆文化

占婆王国是占族人在今越南中部和中南部地区建立的古国。原始社会时期,占族人就创造了沙潢文化,在种植、制陶、捕捞、航海、手工业等领域达到了较高的水平。公元前111年，汉武帝在越南北部和中北部设立交趾、九真、日南三郡，日南郡即包括后来建立的占婆王国的部分领土。2世纪末，林邑国建立，至唐朝时改称环王国，五代以后又称占婆，本文通称为占婆。占婆王国在7—10世纪达到鼎盛时期，占据整个越南中部和中南部沿海地区，扼守海上交通要道，成为中国至东南亚、印度半岛海上交通的重要中转站，获利颇丰。但占婆在历史上与周边国家交兵不断，尤其是与后来独立的越南之间的战争极大地消耗了国力，由此导致逐渐衰落。1470年，越南黎圣宗亲征占婆，俘虏其国王，侵占大片土地。在此以后，占婆王国又多次遭到攻击蚕食，至越南阮朝时期被全部并入越南。

占婆王国是一个深受印度文化影响的国家，这些影响体现在宗教、政治、文字、风俗、思想、法律等各个方面。占婆居民除信奉印度教，崇信大梵天、幻惑天和大自在天等神灵外，还信奉佛教，常将印度教和佛教混而为一。其信奉的佛教以大乘佛教为主，也有小乘佛教，加上占婆原有的土生宗教和原始崇拜，占婆宗教信仰存在多元化的共栖现象。8世纪中叶以后，林伽崇拜十分普遍，即在石头上覆一层金属，其上饰以一个或几个人面像，象征着国王与湿婆神合为一体。在占婆王国晚期，伊斯兰教传入。其传播途径可能是从马来地区传入柬埔寨，而后又传入占婆。今天，生活在柬埔寨的占人都信奉伊斯兰教，而生活在越南的占人信奉伊斯兰教的约占三分之一。今越南中部广南省维川县的美山圣地（又名圣子修道院）曾是占婆王国的统治中心，目前保存有20多座寺庙及古塔，是现存占婆王国最古老最庞大的建筑群，已于1999年被联合国教科文组织列入世界文化遗产名录。越南南部芽庄市的婆那加塔也是占婆王国的寺庙，曾被印度教徒和佛教徒顶礼膜拜。

占婆社会的等级制度类似于古代印度的种姓制度，分为婆罗门、刹帝利、吠舍和首陀罗四级。婆罗门和刹帝利是特权统治阶级，国王和大臣多出自这两个阶层。吠舍和首陀罗为婆罗门和刹帝利服务，他们必须服劳役，将耕种土地收获的一部分交给封主，每年都要进山砍香木，以缴纳类似于人丁税的"更丁香"。在王权和神权的斗争中，似乎王权占据上风。国王握有生杀予夺大权，即位有王号，死后有谥号。王位继承依据印度教之俗，父死子继，子以嫡出者为贵。王太子号为瑜婆罗阇，继承人必须首先经由大人会议认可。①

占婆人的语言为占语，属于南岛语系的马来—波利尼西亚语族，今天越南和柬埔寨境内的占族人仍在使用。占语使用占语字母书写，这种文字是在南印度古文字的基础上创制的。占婆人使用从印度传入的塞迦历，以78年为始。在社会风俗方面，占婆的节日活动按照印度教历法的规定、依据印度的方式举行。占婆有"重女轻男"的风俗，《晋书》记载："贵女贱男，同姓为婚，妇先娉婿。"另外，占城稻在历史上鼎鼎有名。占城稻具有高产、早熟和耐旱的特点，于北宋初年传入中国福建地区。1011年，宋真宗因江淮、两浙地区遇旱少水，派人到福建取三万多斛占城稻，在长江、淮河以及两浙地区推广，并将种植方法贴榜告知民众。占城稻的传入与推广对长江流域的农业产生了重大影响。

随着占婆国的灭亡，越南北方人口移民进来，占婆人融入到越南社会中，成为越南民族大家庭的成员之一。占婆文化与北方文化在历史演变中融合碰撞，相互影响，成为丰富多样的越南文化的组成部分，同时也保留了自身弥足珍贵的文化特色。

九、扶南—真腊文化

越南南部曾先后是扶南、真腊等王国的领土，至18世纪才成为越南的一部分。经过漫长而复杂的历史演变和文化变迁，这两个王国的文化最终沉淀融入到了越南的文化中。

考古证明，越南南部的早期居民曾创造了自己的文化，具有的代表性的是铜器和铁器时代的同奈文化，分布在同奈河、西贡河和威古河流域，时间跨度约为公元前的1000年。1世纪，扶南王国建立，最强盛时其领土范围包括今天的柬埔寨、老挝南部、泰国东南部和越南南部一带，同时在周边地区还拥有一些属国，是古代东南亚面积较大的王国之一。7世纪，扶南逐渐衰落，被其属国真腊消灭。真腊因此一举成为东南亚的强国。8世纪初，真腊国分裂为北方的陆真腊（部分在今老挝境内）和南方的水真腊。今越南南部处在水真腊的统治范围内。802年，水、陆真腊又归统一，并建立了盛极一时的吴哥王朝，又称高棉帝国。1430年，

① 戴可来、于向东：《越南历史与现状研究》，香港社会科学出版社有限公司，2006年，第100页。

暹罗军队攻破吴哥王朝的首都，真腊被迫迁都金边。在以后的儿白年内，真腊国势日渐衰落，遭到周边暹罗、占婆的一再打击。越南在完全吞并占婆后，于17世纪继续南下开始侵占真腊领土，至18世纪逐步占领了直至湄公河三角洲的广大南部地区，形成了越南今天的疆域。

扶南国航海业发达，是从中国至印度海上航线的重要中转站。现今越南安江省境内发现的喔尧文化遗址在历史上就曾是扶南国的海港，一度非常繁荣。后因造船技术发展，商船可在远海长时间航行而无需靠港补给，扶南国海港的地位下降并逐渐衰落。扶南深受印度文化影响，信奉婆罗门教和佛教，使用塞迦历。扶南国使用的官方语言是梵语，而民间仍使用古高棉语。至6世纪出现了用古高棉文字刻写的碑文。古高棉文字是在印度南部文字的基础上创立的，也是现在柬埔寨文字的前身。扶南四季气候调和，盛产稻米，有金、银、铜、锡、金刚石等矿产，还有沉香木、象牙、孔雀、五色鹦鹉石和林木等物产。

真腊在征服扶南后，继续接受印度文化。宗教方面他们信奉婆罗门教，崇拜湿婆神，大乘佛教也非常盛行，情形与扶南略同；此外还有祖先崇拜、精灵崇拜等民间信仰。在语言和文字方面，真腊人仍然使用古高棉语和古高棉文字，且创立了独特的数字表达体系——高棉数字。高棉数字至今仍在柬埔寨使用，甚至比阿拉伯数字更普及。真腊是个封建王国，国王是最高统治者。王位父死子继，非王之正妻嫡子不得为嗣。王国的人民、土地、森林和山脉都是国王的财产。农民对土地只有使用权，且必须向封建领主缴纳一定的实物地租并服劳役。真腊人民在吴哥时期创造了灿烂的文化，宏伟壮丽的吴哥寺建筑群就是其突出的代表。高棉人民还创造了丰富多彩的物质财富，他们制造了耒、镰、锄等农用工具以及精巧的牛车和马车；可以利用海水制盐，用蜜糖、米饭等材料酿制各种酒；会用当地盛产的吉贝（一种乔木）织布。

伴随着越南军队的进入，大量北方移民进入原占婆和真腊的广阔土地，促进了当地的经济社会发展和各民族文化融合，逐渐形成了以越族为主、其他少数民族并存的局面。在这里，汉文化和印度文化相互碰撞与融合。与北部相比，南部受印度文化的影响更大些，但汉文化仍占据支配地位。可以说，北方的汉文化是先由中国统治者直接灌输、再由越南人自主吸收学习而来的，而中部和南部则是由接受了汉文化的越南人的再度传播。正因如此，越南南部疆域虽然形成较晚，但南部、中部和北部都属于汉文化圈，在文化上的差异不大，三地语言相通，只是在发音和词汇上略有不同，并不影响交流，这也是越南虽地域狭长但民族凝聚力和文化认同感并未受到影响的重要原因之一。

第四节　法属时期

法国殖民者早就觊觎越南，从16世纪下半叶开始，法国传教士和商人开始进入越南。18世纪末19世纪初，法国传教士帮助阮福映建立阮朝，其侵略野心已经暴露无遗。1858年，法国以保护传教士为名，勾结西班牙炮轰岘港，发动了对越南的侵略战争。阮朝被迫于1862年和法国签订了《西贡条约》，把南圻的边和、嘉定、定祥三省和昆仑岛割让给法国，并接受了法国提出的一系列丧权辱国的要求。1867年，法国又侵占了南圻西三省，南圻全部落入法国殖民者之手。之后法国又分别在1874年和1883年强迫阮朝签订《第二次西贡条约》和《顺化条约》，确立了法国对越南的"保护权"，从此越南完全沦为法国的殖民地。

在军政治理方面，法国把越南分为北圻①、中圻②、南圻③，连同老挝、柬埔寨组成所谓"法属印度支那联邦"。法国的殖民统治中心设在河内，由法国总督独揽军政大权。各圻实行不同的统治制度，分而治之，禁止越南人在三圻之间自由往来。阮氏王朝虽然被保留下来，在名义上有权统治中圻，但实际上只是傀儡。法国殖民当局于1904年推行"乡政改良"运动，企图把殖民势力渗透到越南的基层乡村，以便培植新的地主阶层，取代深受儒家文化影响的老地主阶层。在军事上，法国除派驻大量法军和雇佣军外，还征召越籍士兵充当正规军和地方军，落实其"用越南人打越南"的政策。

在教育科技方面，法国在越南推行殖民教育，改变越南官员、文职人员的培训方式，培养亲法势力。1905年，法国在越南建立起最初的3级普通教育，即小

---

① 也称"东京"保护地，派"统使"管辖。
② 也称"安南"保护国，派"钦使"管辖。
③ 也称"交趾支那"，派"统督"管辖。

学、中学、秀才。1919年，法国废除了越南的科举制度，[①]同时废除使用汉字和喃字，改用国语字。1917年，法国正式成立专门培养官员的学校，按西方的模式培养所需人才。此外，法国殖民政府还注重东方学研究，于1899年在河内成立法国远东学院，开展对占婆、真腊、高棉等印支古代文化的研究。

在文学艺术方面，法属时期，越南的汉字和喃字文学发展到了末期。在祖国沦陷的背景下，越南文人以手中的笔为武器，创作出一批以抗战为主题的作品。阮春温、潘廷逢、潘佩珠、潘周桢等都是抗法斗士，同时使用汉字创作了很多抗战作品。喃字文学方面，阮廷炤的六八体长篇叙事诗《蓼云仙》广受欢迎，他后半生的作品《芹灼义士祭文》、《渔樵医术问答》等表达了反法救国的主题。阮劝、秀昌的作品针砭时弊，讽刺了殖民者和贪官污吏的丑恶嘴脸。与此同时，越南的国语字[②]在19世纪逐渐成熟起来。开始时，国语字只在教会内部使用，官僚阶层和儒士对其采取抵制态度。法国殖民者为消除汉字和喃字的影响，极力推广法文和国语字。1867年，第一张使用国语字印刷的报纸《嘉定报》出版发行。受西方思想影响的知识分子看到了国语字易学易记的特点，开始主张推广国语字。"东京义塾"和越南共产党掀起了学习国语字的风潮。这样，国语字开始登上历史舞台。越南较早的知识分子开展了国语字的翻译工作。张永纪用拉丁化越语注译了《金云翘传》、《蓼云仙》和《潘陈》等喃字作品；张文永用国语字译介了法国的文学作品；阮有进、阮杜牡和潘继炳译介了中国的《三国演义》、《水浒传》、《西游记》、《封神榜》等作品。翻译工作丰富了越南语的词汇，使越南读者接触到了外国的文学作品。同时，越南作家也开始用国语字和越南语进行创作，阮伯学、范维逊、胡表正和黄玉柏等是其中较早的实践者。

在经济建设方面，法国殖民者集中投资矿山开采及相关产业。为了便于输送货物和原料，法国投资兴建了多个交通基础建设项目，如疏通南圻巴色河、

---

① 1918年乡试和1919年会试为越南最后两科科举考试，国语和法语题目占了三分之二，考试内容以越南历史地理、时务、算法、国语、法语等为主。

② 国语字，又称拉丁文字。16世纪以来，西方传教士为了传播教义，使用拉丁字母对越南语进行记音。这些记音方式经过不断整理、加工、改进，逐渐统一起来，形成了国语字。在这一过程中曾出现了亚历山大·德·罗德的《越—葡—拉丁词典》(1861年)、贝海纳的《越—拉丁词典》(1772年)和塔勃的《越—拉丁词典》(1838年)，对国语字的发展和完善起到了重要作用。

同奈河和北圻红河、太平河的内河航道、修建西贡—美萩铁路、河内—谅山铁路、河内—荣市铁路、西贡—芽庄铁路以及滇—越铁路，连接河内和西贡的铁路也在1936年投入使用，西贡港被建设成为东南亚地区的重要港口。殖民政府在越南大肆掠夺资源，如北圻的煤、南圻的橡胶等，大部分输出到外地或法国，只有很少供印支本地使用。农业方面，越南大片土地被殖民政府通过掠夺和强迫买卖的方式侵占，之后建立庄园或转给亲法的官僚地主经营。法国在西原大量种植茶、咖啡、橡胶、蓖麻等经济作物，以输出到国外，农业产品开始成为商品。对于广大农民，法国殖民者施行愚民政策钳制其思想，通过密探和官僚体系管控其人身自由，通过苛捐杂税盘剥压榨农民的血汗。可以说，农民的生活境遇十分凄惨。

在法属期间，越南社会面貌发生了重大变化。城市面貌焕然一新，市内交通更加便利，市镇的商业逐渐繁荣起来。在大城市可以见到从西方传入的新事物。西贡有大型酒店、教堂、现代化剧院等设施，河内有大型的商场。电报、电话、报纸、照相馆等也在城市出现。出于贸易和度假的需要，殖民者也兴建了不少新城镇，如西原的大叻。

第五节　现当代

从法国殖民者入侵越南之日起，越南人民的反抗斗争就没有停止过。1885年，封建士大夫掀起"勤王运动"，武力对抗法军，坚持战斗多年。1904年，潘佩珠成立"维新会"，号召恢复越南，成立独立政府。潘佩珠还领导"东游运动"，组织越南青年到日本留学，培养革命人才。1907年，梁文干、阮权等共同创办"东京义塾"，宣传维新思想，教授科学文化知识，提高民智。1908年，潘周桢等领导的中圻维新运动，运动最终发展成中圻各地的抗税运动。1912年，潘佩珠等在广州建立"越南光复会"，组织"光复军"进行武装斗争，走民主革命的道路。经过多次失败后，胡志明领导的越南共产党①登上历史舞台，带领人民进行了艰苦卓绝的斗争，于1945年领导"八月革命"取得成功，建立了越南民主共和国。此

---

① 1930年2月3日，在胡志明的领导下，越南共产党在香港成立。在不同时期，越南共产党还使用过"印支共产党"、"越南劳动党"等名称。

后，义先后打败法国、日本和美国的侵略，恢复了国家的独立和统一，建立起越南社会主义共和国。1986年，越南共产党"六大"决定实行革新开放政策，营造和平稳定的国内外环境，集中力量发展社会主义市场经济，自此越南进入平稳发展的新时期。越南文化从历史走来，进入革新开放新时期，在其原本特色的基础上出现了新的演化和变革。

"八月革命"后，越南的土地政策经历了三个阶段。在抗法时期，越共实行"耕者有其田"的政策，把土地分给农民耕种，调动其革命积极性，这也打破了越南封建社会存在了千余年的"公田"、"公土"制度。在北越获得和平后，越共于1956年开始对农业、手工业、资本主义工商业进行社会主义改造。高度集中的农业生产模式有利于集中人力物力争取抗战胜利，但也存在生产盲目、农民积极性不高等弊端。革新开放后，越南开始实行家庭承包制，农民对土地的使用权得到保障，可以自行安排生产，其生产积极性完全被释放出来，越南从一个长期依赖粮食进口的国家一跃成为粮食出口国。

在语言文字方面，越南共产党在成立之初就重视推广国语字，提高民众的识字率和文化水平，在抗战时期曾举办多期扫盲培训班，取得了显著成效。获得独立后，越南以国语字为官方文字，以越南语为官方语言。随着对外交流的增多，英语、汉语、法语等外语在越南日益得到重视，学习的人越来越多。

在教育方面，越南实行义务教育制，在全国建立起完整的从小学、初中、高中到大学的教育体系，教育水平正在逐步提高。

在文学方面越南国语文学经过20世纪初的发展，至三四十年代迎来了繁荣时期，出现了无产阶级革命文学、批判现实主义文学和浪漫主义文学。无产阶级革命文学由越南共产党发起，旨在宣传党的思想，号召广大民众投身革命，其代表作家有胡志明、陈辉燎、海潮、春水、黎德寿等。这一时期的批判现实主义文学积极揭露当时的社会黑暗，反映民间疾苦，取得了辉煌的成就，涌现出一大批作家和作品，如阮公欢的《金枝玉叶》、《男角四卞》、《穷途末路》，吴必素的《熄灯》、《草棚和竹榻》，武重奉的《暴风骤雨》、《红运》、《决堤》、《妓女》，元鸿的《女盗》，南高的《月亮》、《志飘》、《残生》等。浪漫主义文学是在西方文艺思潮的影响下产生的，主张追求自由和个性解放，代表人物有刘仲庐、世间、春妙、辉瑾、碧溪、韩墨子和阮春生等。从20世纪40年代到70年代，越南文学以抗法、抗美战争文学为主，宣传了越南人民在战争中的英雄壮举和崇高形象，代表性作家和作品有：元鸿的《地狱和火炉》、《海口》，素友的《从那时起》、《越北》，阮庭诗的《决堤》等。20世纪80年代以来，越南文学迎来了多样化的局面。越南作家在展示战争残酷、追忆越南人民巨大牺牲的同时，也把视角转至当下，开始关注新时期越南社会出现的新情况和新矛盾，民主精神和人本主义成为这一时期的文学作品的重要内容，代表性作者和作品有：阮凯的《岁末的会晤》，朱文的《星转斗移》，阮明洲的《疾行船上的妇女》、《来自故乡的客人》，麻文抗的《叶落园中》，阮氏玉秀的《下季的种子》等。

在文化事业方面，至2010年，越南有约706家媒体机构，包括178种报纸和528种杂志。越南有67家电视台和广播台，其中3家为中央电视、广播台，分别是越南电视台（VTV）、越南之声广播电台（VOA）、越南多媒体通讯总公司（VTC）。互联网在20世纪90年代进入越南后获得迅猛发展，信息获取、在线娱乐、在线交流和电子商务等功能不断得到拓展，在越南人民工作和生活中日益发挥重要的作用。越南国产和从外国引进的电影、电视剧、音乐作品日益丰富，深受越南人民喜爱。越南的选美大赛、"越南好声音"等娱乐活动如火如荼地开展，体育事业日益繁荣。美国篮球职业联赛、欧洲足球比赛等赛事在越南拥有很多观众，在奥运会、亚运会等国际比赛上都能看到越南选手的身影。

随着越南革新开放事业的深入推进，社会主义市场经济迅速发展和西方文化的大量涌入，对越南传统文化和价值观念带来了巨大挑战。针对这一状况，越南首先重视保存和发展民族特色文化，开展健康文化宣传，大力提倡传统美德和淳风美俗。越南积极保护古代物质和非物质文化遗产，保护濒临灭绝的传统艺术，将其列入国家文化遗产保护对象。其中顺化遗址建筑群、会安古街、美山圣地、升龙皇城遗址区、胡朝都城还被列入世界文化遗产；顺化宫廷音乐、北江北宁官贺民歌、雄王信仰、筹歌、西原钲锣等传统艺术和民间信仰被列入人类口述和非物质遗产名录，对越南传统文化的保护和发扬起到了极大的推动作用。其次，越南以与时俱进的姿态对传统文化进行适当改造，有选择地剔除腐朽的、不合时宜的陈旧文化，如将传统的五幅长衣^①改进成独具特色的越式旗袍，作为越南的国服，同时取消染黑齿等习俗。最后，越南积极吸收健康和先进的外来文化，使之融入到本民族的文化中。大量的外来语词汇进入越南语，自由、平等、独立的思想逐渐被年轻人接受，西方先进的科技和理念等被越南引进，成为推动越南社会进步的动力。

---

① 五幅长衣就是前襟和后襟由四幅布竖并连缀缝制在一起，同时在前襟还多缝一幅小襟用以遮挡右边胸部，一共五幅，故称"五幅长衣"。

第三章　民间信仰

民间信仰不同于宗教，但往往为宗教所吸收和利用。民间信仰比宗教信仰范围更广泛，有的已经渗透在风俗习惯之中。民间信仰与宗教崇拜、风俗习惯、迷信活动等之间的关系十分错综复杂。它是民族文化特征中最引人注目的部分。[①]民间信仰一般分为自然神信仰、社会信仰和其他神灵信仰。民间信仰是越南人情感和精神的主要源头，尤其体现在如何处理人与自然、社会的关系方面。在越南，最普遍、最重要的信仰是祖先崇拜和城隍信仰，其他较特别的还有四不死信仰、母神信仰等。

第一节　祖先崇拜

祖先崇拜是一种尊崇祖先亡灵，并认为他们有能力对儿孙保佑赐福的信仰。宗教学理论认为，祖先崇拜是人类信仰生活中一种极为普遍的文化现象，它源于原始人类自然宗教的灵魂观念和冥世观念，当始于原始社会后期家庭制开始形成后，是灵魂崇拜与家族血缘观念结合的产物。祖先崇拜在越南有着悠久的历史和深厚的社会基础，在越南人的心目中占有崇高地位，是越南民间信仰文化的一个极为重要的组成部分。

一、祖先崇拜的由来

祖先崇拜普遍存在于各民族的原始信仰之中，有学者甚至认为它是一切宗教的起源。[②]考古学的资料证明，祖先崇拜是从母系氏族社会的女性祖先开始的，它是灵魂和鬼魂崇拜的升格，也是图腾崇拜发展的结果。随着原始社会母系氏族向

---

① 谭家健：《中国文化史概要》，北京：高等教育出版社，1997年，第407页。
② 吕大吉：《宗教学通论新编》，北京：中国社会科学出版社，1998年，第494～496页。

父系氏族的过渡以及父权制的确立，女性祖先逐步被男性祖先所替代。此后在漫长的年代里，父系祖先崇拜一直占据着主导地位。在以血缘关系为纽带而组成的氏族社会里，对血缘祖先的崇拜进一步演变为对氏族首领和英雄人物的崇拜；随着社会的发展和变迁，氏族祖先崇拜又演变为家族和个体家庭的祖先崇拜。[①] "从根源上说，祖先崇拜乃是以血缘关系为纽带的社会体制在宗教上的表现，只要社会体制存在着血缘宗法关系，祖先崇拜就是必然出现和存在的宗教现象。"[②]

汉民族的祖先崇拜是沿袭原始古人的祖先崇拜逐步演进发展而来的。周代在殷人祖先祭祀的基础上已经建立了以嫡长子继承制和"五世而斩"为基础的宗法淘汰原则，强调家庭成员祭祀祖考的权利。春秋末年产生的儒家思想视祭祀祖先为孝道的具体表现，巩固了祖先崇拜的道德基础，将以父系血缘为主体的祖先崇拜观念以伦理纲常的形式整合、固定下来，并相应设立了一套完整的礼仪系统。而以家庭和宗族为基本群体结构的中国社会结构，更与祖先崇拜互为表里结合成坚不可破的深远传统。秦汉以后，汉族民众的宗教心态已主要寄托于以祖先崇拜为核心的家庭宗教上了。

对于东南亚的早期古代文明，许多人类学者做出过研究：美国著名的人类学家克罗伯曾把东南亚古代文化的文化特质归纳为26种，祖先崇拜为其中之一。此外还包括重祭祀、多种信仰等。[③]法国学者赛代斯认为，东南亚古代早期文化在宗教方面表现为泛灵信仰、祖先崇拜和土地神崇拜。[④]前辈学者在人类学和考古学方面的研究成果使我们有理由相信，在汉文化开始系统地向越南地区渗透之前，越南原始社会应该已经存在着人类学意义上原始的祖先崇拜。随着时间的推移，当地自给自足的小农经济类型和以小型家庭为细胞，以血缘关系、地缘关系聚居的农村公社的社会组织形式，为固定并保留这一原始的宗教观念意识和初级形式创造了一定的条件，并使祖先崇拜后来在越南的发展与兴盛成为可能。同时，这些社会文化特点使得后来汉文化的嫁接成为一个与"源文化"的

---

① 前揭吕大吉：《宗教学通论新编》，第497～507页。
② 前揭吕大吉：《宗教学通论新编》，第505页。
③ 见［美］A·L·克罗伯：《菲律宾人民》，纽约，1943年英文版。转引自贺圣达：《东南亚文化发展史》，昆明：云南人民出版社，1996年，第100页。
④ 见［法］乔治·赛代斯：《东南亚的印度化国家》，1971年英文版，第9页。转引自前揭贺圣达：《东南亚文化发展史》，第101页。

整合过程。

秦汉之际越南并入中国版图后，中国中原地区的文化开始传入越南，使越南"于秦汉之际臣服于中国，其生活及一切建制悉仿自中国"[①]，促进了当地的经济发展和社会进步。据越南学者考证，越南古人与东南亚各民族一样，本无姓氏。越南人的宗族姓氏源于中国。可能是汉朝统治越南时为建立户籍制度而将宗族制度引入越南。起初，他们极可能是以聚居地而不是按照血缘关系来决定姓氏。上千年后，越南人逐渐习惯了按家族血缘关系聚居在一起。

在越南，姓氏是与宗法制相结合的。汉文化将越南农村公社体制一定程度上血缘宗法化的影响是显而易见的。越南建立独立自主的封建国家之后，仍在统治制度的各方面效法中国，逐步确立了封建中央集权制度。其历代王朝更加主动、自觉地吸收和融后中国传统文化。至李朝开始重视儒教，到后黎朝初年，儒教与其封建集权的制度兴盛相适应，越南进入了独尊儒教的时期。这样一来，中国传统的儒家思想以及中国传统社会赖以存在的核心——祖先崇拜和血缘关系结合的血缘宗法的政治制度，不可避免地对越南的社会政治制度、伦理纲常及人们的精神生活产生了深刻的影响。

比如，最迟自李朝李太祖封长子始，越南就有了长子继承制。越南学者范琼芳认为，可能也就是从这个时候起，越南人就有了明确的种族延续和重视家庭在社会中地位的意识，财产继承权意识也或多或少的形成了[②]。

至后黎朝时期，黎圣宗参照隋唐律例，颁布《洪德法典》，同时还制定《二十四训条》，倡导忠孝节义，规定父子、夫妻、婆媳、男女、师徒、乡党、军民等各方面的关系，用儒家的伦理确定家庭、乡里、乃至整个社会的尊卑关系，诏谕全国官军民等一律奉行，违者重治。《黎朝刑律》中对祖先崇拜的信仰已有明文的规定和保护措施，如第399条和第400条是对"香火田"的规定："家境贫困，亦不得违法变卖香火田，被举发者获不孝罪。若香火田为族人所购，则购田款罚没；若为外族人所购，则卖者可以赎回，购者不得强留。"

实际上，在汉文化的影响下，越南人祖先崇拜的思想观念、价值趋向和组织仪式均以儒家思想为规范。比如昭穆制度、祭祀仪规等组织仪式全部遵照中国

---

① 黎正甫：《郡县时代之安南》，北京：商务印书馆，1945年，第169页。
② ［越］吴德盛：《信仰与越南信仰文化》，河内：社会科学出版社，2001年，第44～45页。

《礼记》和《朱文公家礼》的有关规定实施。中国传统的儒家思想将越南原始形式的祖先崇拜彻底地系统化、礼仪化和体制化了，它为越南祖先崇拜的保存和延续提供了深刻的思想、道德、哲学及法理基础，并使祖先崇拜受到了历代封建王朝的保护。诚如越南学者邓严万所言："正是儒家思想给当地这一朴素的观念（指祖先崇拜）以哲理、组织、仪式以及深刻的信念。"时至今日，当我们亲眼目睹越南人家庭祖先供桌的陈设、祠堂的汉字对联以及他们对祖先崇拜的虔诚程度时，不禁会感叹汉文化对越南人祖先崇拜影响的深远，甚至会发出"礼失而求诸野"的感慨。

二、祖先崇拜的内容

在越南，不论在农村还是城市，不论是普通群众还是党政干部，家家都祭祀祖先。越南学者范琼芳在《祖先崇拜》中的统计数据可以从侧面反映越南祖先崇拜的普遍性。该数据出自越南具有代表性的5个地区即河内、胡志明市两大城市以及河西、和平和芹苴的3个农村地区的调查结果，反映的是20世纪90年代越族祖先崇拜及亡魂信仰的情况：（1）无论在农村或城市，100%的家庭都有祖先供桌，其中96.75%的家庭将供桌置于家中最庄重的位置，95.85%的夫妇都分别记得自己祖父祖母和祖先的忌日；100%的农村家庭经常上坟扫墓，而在河内为则85%，在胡志明市为89%。（2）祖先崇拜的各种仪式（包括葬礼和祭礼）在经历了很长一段时间因战争和经济等因素的限制而简易化之后，现阶段又开始变得复杂而讲究，并重新受到人们的重视。比如在葬礼中许多家庭会请法师到家中为亡魂诵经超度，这些家庭在胡志明市占61.22%，在河内占48%，在河西农村占4%，芹苴农村则占3.13%；另外越来越多的家庭将家中的亡魂寄予佛门以使其能经常享受寺院的香火，这种情况在河内的比例为28%，胡志明市为28.4%，河西农村占3%，芹苴农村占1.56%。这里体现了佛教对于祖先崇拜的渗透。（3）宗族的祖先信仰也得到复兴。家庭成员在祖先忌日时团聚在农村被认为是理所应当的事，持这种观点的家庭在河西农村占91%，和平农村占88.5%，芹苴农村占86%；由于城市居民的工作性质和环境不同于农村，他们在祖先忌日团聚的比例与农村相比要低得多。调查显示这一比例在河内和胡志明市分别为27%和18.4%。许多地方还有互相攀比竞相重修祠堂和坟墓的现象。总之，宗族在越南当代社会关系中已经成为一个不可小视的因素。(4)在祭祀仪式的实施者方面,传统家庭中的祭祀仪式完全是由男性主持的,妇女只负责祭祀前的一些准备工作。随着社会的发展进步和民主化趋势的加强,家庭祭祀的行为模式也有了一些改变。对红河平原敏舍村和南江村的调查显示,有20%的妇女于每月朔望之日在自己的家中(一般为核心家庭)经常性地主持祭祖仪式。(5)关于祭祀祖先的原因,100%的家庭给出了下列3种理由:饮水思源、希望得到祖先的庇佑和对家庭成员进行传统教育。关于修建祠堂及坟墓的必要性问题,只有4%的家庭认为没有必要,96%的家庭则认为非常必要。

总的来看,当代越南社会的祖先崇拜是全国性和全民性的。但就程度和数量而言也呈现出地区之间的不平衡态势,其中农村多于城市,北方强于南方(南方的家庭一般只供3代)。而深受儒家传统文化熏陶的北部越族地区的家庭祖先崇拜是最普遍、最稳定同时也是最深刻的。越南人认为,人死但灵魂不灭。人死后,灵魂会经常回家,驻于供桌上。他们会时刻关注人世间的亲人,并在需要的时候保佑他们。越南人还认为,阴间的生活与阳间完全一样,阳间的人怎样生活、需要什么,阴间也是如此。因此,须"事死如事生",按时祭祀以保障祖先的"生活"需要。需要注意的是,在越南文化语境中,祖先、鬼、神分属三个意义不同的象征系统。首先,在越南人的心目中,神灵与祖先的界限是分明的。他们分属不同的意义系统:祖先主要代表的是家族的本源、历史和人伦秩序,而神是被赋予某种神秘力量和或崇高精神的象征符号。它们之间的差异是很明显的,比如驱鬼辟邪的功能需要由神灵来完成,这项工作祖先无法胜任,人们也决不会想到要请祖先来驱鬼。其次,祖先也不是"鬼"或"鬼魂"。在越南,广义的鬼是指因各种原因仍然长期留在尘世间而对人的正常生活产生影响的灵魂,它与"祖先"有着分明的界限和本质的区别。越南人认为,"鬼"主要指那些在人间无亲无故或没有直系亲属的孤魂。因此,在越南人的心目中,祖先不是神,也不是一般意义上的亡魂,更不是鬼。他们是不能以人的形式存在但仍与后代保持永恒的密切联系、合乎一般道德规范的直系亲属的祖魂。

然而,在越南的文化语境中,祖先与神灵这两个意义系统又存在着交叉:祖先崇拜中包含有一定的宗教意义。人们相信祖灵有神通,可以福佑子孙,所以子孙后代要敬祭祖先,以求家人平安。而神灵信仰中又包含有一定程度推崇道德规范的意义，神灵需具备 定的品格和功德，才能成为人们祭祀的对象。所以，在越南的家庭生活中，祖先与神灵这两个意义范畴互相支持并相互确证，共同满足着越族人的精神需求。

祭祀祖先分家祭和族祭。族祭一般在宗族的祠堂里举行，家祭则在家中举行。

条件好的家庭会专设一个房间作为家祠，一般家庭都是在家中设立供桌，而经济困难的家庭有时只用一块木板架在墙上来代替。供桌一般设置于正屋中心的位置或家中其他重要位置。供桌的布局大致可分为两部分：摆放祖先牌位的主体部分和放置供品的香案。长子的家庭一般摆放4代祖先的牌位，其余家庭不拘。香案上面放着祭祀用的各种器皿，如香炉、酒器、蜡烛（或灯）、花瓶、果盘等。有的家庭还摆放祭祀专用的铜制器皿。

祭祖的固定时间为祖先的忌日、节日①以及每月的朔望之日等。另外，如家中有事，不管是喜是忧，家主都会向祖先汇报并拜祷，如：生子添丁、孩子满月、孩童上学、参加考试、结婚、立功、建房、家人远行以及家人生病、家庭变故、遭遇困难等。

祭祀一般由家长主持。祭祀时须摆放供品，焚香祷告，有时还要诵读焚烧祭文。较重要的祭祀场合，家中的每个成员都须轮流到供桌前祭拜。一般情况下，家长、女主人或家中其他一两个人祭拜即可。当所有人行过祭拜礼，并在香烧过一柱之后，家长再行谢礼。因为民间认为，燃香的时候正是祖先享食祭品的时候。行谢礼是祭祀者答谢祖先回家享用祭品并领受了子孙们的孝心。谢礼之后，方可撤下供品享用。

祭祀祖先的供品需清洁，并需专门操办，家人不能随便接触。祭品准备好后必须先供祖先，供完后家人方可享用。人们认为吃供祖先的食物会得到祖先的庇佑。祭品可繁可简，往往根据主人家境情况和祭祀场合而定，常包括槟榔、酒、水果、香、清水等。当遇突发事件需祭祀祖先而来不及准备供品时，有时只需一杯清水及一炷香就可以了。复杂的供品往往包括糯米饭、茶、沙糕、香蕉和荤供。

祭祀时，诚敬之心是最重要的。祭祀祖先时，心若不诚即为不孝。人们相信"心动鬼神知"，祖先们将洞悉一切。

祖先忌日的祭祀最为隆重。忌日的前一天，须先拜祭土公并上坟致祭。拜祭

---

① 如在春节、元宵节、清明节、端午节、中元节、中秋节、新稻节、灶君节等重要节日，祭祖都是节日的重要仪式，不可或缺。

土公是为了征得他的批准，让祖先的灵魂能在第二天回家享祀，上坟则为恭请祖先次日回家。亲人去世后一年的忌日称"小祥"，第二年称"大祥"，以后各年称"吉祭"。每当"吉祭"之日，子孙后辈们会准备丰盛的宴席，聚在长子家，一起缅怀逝去的祖先。

刚刚去世的亲属是不能享受与祖先同样的祭祀规格的。[1]家中若有未婚的年轻人非正常死亡，特别是死后托梦或通过其他形式让活着的亲人感应到，则这些亡魂将被认为是非常灵验的。他们在越南传统的家庭信仰中也占有重要地位。这些亡魂在去世3年后可与祖先共用享祀，但因他们的辈分较低，因而也要区分开来。[2]

作为一种历史悠久的民间信仰，祖先崇拜在越南有着深厚的文化渊源和广泛的社会基础。历史上，历代封建统治者都对其采取积极鼓励和倡导的态度。法属时期，法国殖民主义者为了冲淡或消除汉文化对越南的影响，曾试图改变越南人祭祀祖先的习俗，但由于祖先崇拜在越南社会根深蒂固，这一传统民间信仰得以完整地延续下来。甚至在越南的天主教信徒中，也仍保持着祖先崇拜的习俗。几个世纪以来，罗马天主教廷一直试图改变越南信徒这一有悖于天主教义的做法，但收效甚微，最终不得不作出让步，允许越南的天主教徒按照其传统习俗在家中祭祀祖先。

越南民主共和国成立后，特别是在1956年前后的破除迷信运动中，祖先崇拜曾一度受到冲击，但很快又得以复兴。至20世纪90年代初，越南政府大力宏扬传统民族文化，祖先崇拜也被作为一种传统的"淳风美俗"得到肯定倡导并发扬光大。现在人们普遍认为，奉祀祖先是人的本分，是越南社会公认的道德准则。

三、祖先崇拜透视

（一）祖先崇拜的象征意义

祖先崇拜对越南传统及现代生活的影响是广泛而深刻的，它已经成为越族人

---

[1] 祭祀刚去世的人要用单独的供桌，这是为了方便对他们从"初七"到"终七"的祭拜。这类供桌与祖先的供桌相比会简陋些，只有牌位、遗像（或塑像）和花瓶等一些必要的祭器，供桌两边挂有对联和亲朋好友赠送的悼词。

[2] 他们的供桌一般要低于祖先供桌，有时置于祖先供桌底下，只有一个底座，上面放着牌位，甚或连牌位也没有。祭器也相对简陋，只有一个小香炉、酒杯、水果盘以及灯烛等。除了忌日，家庭也会在每月朔望、节气和节日里祭祀这些年轻的亡魂。另外，家中如遇小孩灾病，人们也常常祭祀他们，求他们保佑。祭祀时，香案上只供槟榔和清水，家长焚香祷告而不行礼，因为祭祀对象的辈分一般都低于自己。有时家长会让子孙们代为行礼。

日常生活中不可或缺的"淳风美俗",并将代代相传。在这一习俗中,蕴涵着越南人为人处世的基本伦理道德以及对家庭、进而对社会构架的认识和看法,成为越南人价值观、世界观永恒的象征符号。

首先,祖先崇拜使家庭成员的角色关系以及家庭伦理秩序观念得到不断的确认与强化。丧礼中的"立丧主"、"成服"等仪式重新确立了逝者家族中生者之间的人际关系。在越南,丧主一般为长子,如果长子已去世则立逝者的嫡孙或是正式继承逝者家产的男子为丧主。这实际上是对家中格局的一次重新调整和确认,以适应逝者去世后所带来的家庭成员及关系的变动。通过丧主的确立,因逝者去世而被暂时打乱的家庭秩序重新建立起来。丧主同时拥有了逝者在世时的权利和义务。成服礼则通过丧礼中家庭成员衣着装束的差别以及行礼时列队次序的不同,体现家庭中新的上下长幼及亲疏关系。它是在确立丧主的基础上对其他家庭成员关系的再度定位,也是对家庭成员之身份、年龄和性别等秩序观念的强调。

祭祖仪式的意义则在于它确认了生者与祖先(逝者)之间的社会关系。它意味着被祭祀的祖先仍然存在于生者的社会网络之中。虽然过世人与现世人的存在方式不同,但人们与祖先之间的关系是连续而不是中断的。现世人与过世人之间仍然保持着联系,这种跨越阴阳的交流通过丧礼与祭礼而得以实现。出殡的时候,家人会在回家的路上撒冥器作记号,以便让祖先记得回家的路,随时都能与家人团聚。越南人认为,虽然祖先已经去世,但他们的灵魂从来不曾离开自己的子孙,不仅仅在家庭举行重大仪式以及过年过节的时候祖先们会在场(如过年前家人要去扫墓并请祖先回家过年,正月初三或初四再烧冥器送祖先回到阴府),家庭成员所发生的任何变故,小到身体的病痛,大到生子、升学等等,祖先都会分享他们的喜怒哀乐。人们还认为,香烛是沟通这种阴阳阻隔的桥梁,缕缕青烟可以帮助实现阴间阳间的对话。人们的种种观念及仪式都表明,祖先与后代的关系只是现世生活中父母与儿女关系的另一种存在形式而已。在越南家庭中,家庭成员的纵向组成包括了家中所祭祀的历代祖先在内,他们从来都是家庭的一员,是家庭秩序与权威的象征。

其次,祭祖体现了家庭中代际互惠的亲缘伦理关系,这种亲缘关系表现在子女的孝心以及祖先对子女的养育和福佑两方面。祖先在世时于子女有生育和养育之恩,作为回报,子女也要终生服从他们的命令并侍奉、赡养他们至终老。这种代际互惠关系的永恒性，通过丧、祭仪式的经常性示范被反复强调，并得以世代相传。在这些象征代际互惠关系的仪式中，祭祀者的诚心与孝心是最核心的因素，它含有返本报恩，慎终追远的深意。几乎所有的仪式象征符号都是以此为核心的，正如范琼芳所说："（在丧礼中），所有严密的规定都是以表露人们深厚的孝道思想为目的的。"①

越南人的丧、祭礼仪源于中国，但经过本土化之后，它们已经带有了丰富的民族文化内涵。其"孝"道思想已经超越了儒家思想的伦理纲常，具有一种平易与质朴的深刻性，这种深刻性寄寓于人们祭祖的仪式与观念中。比如向祖先供奉餐饭，为祖先烧纸制冥器等。如果我们滤去这一现象的迷信因素，那么它正是现世生活中子女细心尽孝道的体现。如今，随着社会的发展和文明的进步，虽然人们已经意识到类似烧冥器之举的荒诞性，但因实施它并不会带来什么危害，而如果不实施的话则会让为人子者自觉有愧于祖先而无法心安，所以人们还是沿袭这一习俗。可见，仪式象征符号的原始宗教意义在现代文明中已经逐渐褪色，它的真正意义在于满足生者表达其孝子之心的需要，使其内心世界得到安慰。它们是承载生者"诚心"与"孝心"的文化符号，是生者精神寄托的物质载体。当子女们通过丧、祭仪式的方式将自己的孝心敬献给祖先的同时，祖先们也见证并"完成"了他们对于子女的"福佑"，尽管这种见证和福佑只是存在于生者的精神领域之中。

因此，在越南传统家庭的近祖崇拜中，对祖先进行丧、祭仪式的意义是重新确认家庭成员（包括祖先）之间的关系，重温家庭成员之间由身份、年龄、性别等所带来的秩序观念，并重温代际间慈与孝的血缘互惠关系。这两种伦理关系是维系越南传统家庭纵向关系的基本纽带，而其中慈与孝的纵向关系则形成了家庭中横向关系"悌与顺"的基础。在人们心理需要的驱使下，家庭之"网"通过其对家庭成员的深刻影响而延伸到社区和社会中，使得家庭成员之间的关系进而成为社会中个人与他人之间人际关系的基础，家庭观念也因之而社会化。越南著名史学家陶维英曾说道："在我国社会，个人淹没在家族之中，所有一切的伦理道德、文宪制度、政治法律都以家族主义为本。"②越南著名民俗学家吴德

---

① [越]吴德盛：《信仰与越南信仰文化》，河内：社会科学出版社，2001年，第74页。
② [越]陶维英：《越南文化史纲》，胡志明市出版社，1992年，第322页。

盛也指出：“越南社会和社会关系的特征之一在于以‘家族’作为基本的社会交际框架。”①

越南民族重家族、重血缘亲情，他们把这种家庭伦理社会化，用家庭、家族中的各种秩序关系、血缘关系去认知、阐释并构建社会关系。这种家庭关系社会化的特点从其民族对称谓语的使用上明显地表现出来：表示越南家庭成员关系的称谓语如爷爷、奶奶、叔叔、伯伯甚至爸爸、妈妈等被广泛运用于社会交际中。这样一来，家族、家庭成员中尊卑有序、等级有差的秩序观念以及“血浓于水”的亲情观念也成为了处理社会中人与人之间关系的潜规则。

祖先崇拜是在血缘基础上对人伦关系的关注，它实质上是对血缘关系（包括近祖和远祖）的崇拜，它寄托着人们最基本的人文关怀。这种人文关怀一经社会化，一切都被纳入“类血缘”关系的范畴之中。由此，泛化、抽象的血缘观念以及在血缘基础上产生的“饮水思源”的思想意识也随之被运用到越南民族对“类血缘”关系的崇拜中。

（二）祖先崇拜与越南人的“恩义”观

越南学者悛映指出：“越南人承认任何一种宗教，只要其教条不与民族的根本道德和祖先的遗训相违背，它即是我们东方世界道德基础的精髓：仁、义、礼、智、信。”②可见，当儒家文化的基本精神转化为越南文化的内在特质时，儒家文化的伦理价值观也相应成为越南民族所尊崇的神圣价值，这一价值的在越南文化中的本土渊源即越南民族饮水思源、友爱互助、报本答恩、“为他”等朴素的仁义思想意识。这种意识根植于越南农耕文化的语境中，是在越南农村公社的背景下，从民族的土地意识和血缘情结中产生的一种处理社会关系的潜意识，以及对自己“根源”的依恋心理。它因契合了儒家的“仁义”道德思想体系，因而得以被上层文化强化、系统化和伦理化。

越南民族的恩义观念正是在民间朴素的文化意识与上层儒家文化的互动中孕育并发展的。在越南人的观念中，“义”首先是“报恩答义”，是对“根”的追忆；“义”是通过“礼”来实现的，“礼”是道德的实践层面。受人恩惠要记恩，得人帮助要报答。“报恩答义”是一种对源头的追忆与怀念，也是对现实生存状态的反

---

① ［越］吴德盛：《信仰与越南信仰文化》，河内：社会科学出版社，2001年，第775页。
② ［越］悛映：《旧习俗——越南信仰》，西贡：开智书社，1970年，第11页。

思。"报恩"文化心理是越南民族一种普遍的、深刻的文化心理，它在很大程度上支配着越南人民的精神生活，成为世代遗传的"文化基因"。在民间信仰的精神文化生活中，报恩的文化心理及恩义观正是信仰者怀抱的理念和信仰对象需具备的品格。

越南以祖先崇拜为核心的家庭信仰体系具有深刻的伦理性。越南先民对血缘关系的崇拜以及浓厚的土地意识孕育了越南民族"饮水思源"的朴素意识和恩义观念，并将它们固化于越族世代的祖先崇拜等民间信仰中，成为其中最稳定的质素，并为祖先崇拜及其他民间信仰的世代延续在思想意识和观念上提供了源源不断的动力支持。它对儒家"孝悌是为仁之本"的孝道思想作出了最好的本土化诠释。

越南人认为，孝顺的子女是懂得报答父母养育之恩的人，而孝敬父母，就意味着也要孝敬祖父母和祖先，即自己的"根"。当父母在世的时候，子女要奉养他们，听他们的话，按照他们的意愿行事，时时处处都让他们满意。当他们去世的时候，除了办丧事外，还要祭祀他们，如同祭祀更早的祖先一样。

我们看到，在"孝道"观和祖先崇拜的信仰中包含着越南人深刻而朴实的"感恩"、"报恩"思想。正如悛映说："供奉祖先是出于子女对过世的父母、祖父母和曾祖父母的诚敬和感恩之心。"[①] 越南学者潘继炳在其《越南风俗》一书中也写道："我们祖先崇拜的习俗十分虔诚，这也是我们的不忘本之心，是人们的义举。"除了祖先崇拜，在越族传统的家庭信仰体系中，对祖师的崇拜也体现了人们知恩图报的观念意识，信仰对象"施恩"、"有恩"或"有功"于信仰者与信仰者以祭祀的方式"报恩"之间的双向互动即构成了信仰本身。而如果我们在越南人强烈的"报恩"观念中解读其民间信仰，则其信仰的功利目的亦是通过"渴望施恩"与"受恩"后"报恩"的方式实现的，这里体现了祭祀之"礼"与"恩"的关系。

概言之，越南人的祖先崇拜受汉文化的影响很深，儒家思想是它深厚的思想基础。对祖先的崇拜实际是在血缘基础上对人伦关系的关注，其实质是对血缘关系的崇拜。它在很大程度上支配着越南人的精神生活，决定了越南人普遍重家族、重血缘亲情的文化心理以及习惯用家庭、家族中的各种秩序关系、血缘关系去认

---

① ［越］悛映：《旧习俗——越南信仰》，西贡：开智书社，1970年，第22页。

知、阐释并构建社会关系的家庭伦理社会化倾向，同时也强化了越南人"报恩答义"的社会交际理念。

祖先崇拜在越南有着悠久的历史和深厚的社会基础，估计将长期存在并继续在越南人的精神生活中占据重要地位。不过，鉴于社会组织形式和经济形态对民间信仰的制约作用，随着越南经济的不断发展和城市化进程的加快，越南人的祖先崇拜有可能会发生某些变化。比如由于生活节奏不断加快和个人可支配时间的日益不确定，其表现形式也许会趋于灵活或简约。

第二节　城隍信仰

城隍信仰在越南有悠久的历史和深厚的社会基础，在越南人的心目中占有崇高地位，是越南民间信仰文化的一个极为重要的内容。

一、城隍信仰的由来及演变

越语的"城隍"一词属汉语借词，越南的城隍信仰也来源于中国。① 中国最早载于史册的城隍庙是三国时期吴国赤乌二年（239年）修建的芜湖城隍庙，距今已有1700余年的历史。至南北朝时期，城隍的影响渐大。《北齐书·慕容俨传》所载的北齐大将慕容俨被困郢城、危在旦夕之际前往祈求城隍冥佑、果获灵验的事便是明证。到了唐代，商业繁荣，城市经济空前发达，城隍信仰随之进一步发展，所有郡县皆祀城隍。宋以后，奉祀城隍的习俗更加普遍。明太祖洪武三年（1370年），又正式对各府、州、县的城隍神作了规定，从而使奉祀城隍的习俗进一步普及而且制度化。

我们知道，历史上从秦汉到五代的一千多年间，现在越南中部以北的地区属于中国的版图。在三国时期该地属于吴国。当赤乌二年（239年）吴国修建芜湖城隍庙时，当时的越南是否已有了祀城隍之俗因史无记载，不能妄断，但唐代越南已有了祀城隍之俗却是确凿有据的。

---

① 在中国，城隍神是城市的守护神。在古汉语中，"隍"的本义指没有水的护城壕。中国古代称有水的城堑为"池"，称无水的城堑为"隍"。据说由《周礼》腊祭八神之一的"水庸"演化而来。据《礼记·郊特性》："天子大腊八，祭坊与水庸，事也。"郑玄注云："所祭八神也，水庸七。"又云："水庸，沟也。"《陔余丛考》卷三十五则称："水则隍也，庸则城也。"由此可知，"城隍"是由"水庸"演化而来，作为城市守护神的城隍神则是由最初的护城沟渠水庸之神演化而来。

9世纪，当时的越南属中国唐代的安南都护府，安南都护李元喜、节度使高骈都曾将当地的苏沥江神奉为其都府大罗城的城隍神，号曰"都府城隍神君"。① 越南脱离中国封建王朝统治而建立独立政权以后，基本都沿袭了在其京城升龙城（今河内）奉祀都城隍的做法。李朝皇帝将苏沥江神封为"国都升龙城隍大王"；陈朝皇帝则将其加封为"报国镇灵定邦国都城隍大王"。至黎朝，黎仁宗还曾专门设坛祭祀这位"都大城隍"。②

阮朝建立后定都富春（今顺化），仍承袭了以前诸朝的祭祀都城隍之俗。《世祖实录》卷三十七载："嘉隆八年（1809年）正月，建都城隍庙于京城之右。置庙夫五十人，以富春民充之。岁春秋以庚日令官致祭"。③另外，阮朝还在各省城、府县建立城隍庙，并将各省城城隍的牌位放置在都城隍庙内享祀。

越南奉祀城隍的上述做法与中国基本相同，均属于一种国家行为，由各级政府实施。这种奉祀城隍的制度于19世纪随着越南最后一个封建王朝阮朝的覆灭和法国殖民政权的建立而消亡。但是在越南乡村，城隍信仰则蓬勃发展，经久不衰，成为一种影响深远的重要传统信仰。

在越南，每村都奉祀自己的城隍。越南乡民将城隍视为村庄的保护神，其职能相当于中国乡间的社神——土地神。在当代越南，除了极个别通晓有关历史文化知识的专家知道城隍本为城市的保护神，而且越南历史上最初只在京城和省城奉祀城隍之外，绝大多数越南人对此一无所知。在他们的心目中，城隍神就是他们的"村城隍"，就是他们村庄的保护神。④

由于越南史书对奉祀城隍的内容记述甚少，因此我们今天已很难搞清城隍信仰由城市到农村的具体演变细节。可能，最初人们只是仿照京城奉祀自己城市保护神的做法在乡间奉祀自己村庄的保护神，并沿袭"城隍"一词来指称之；也极有可能越南乡间本来就有自己信仰的保护神，由于受汉文化的影响，人们借用"城隍"一词来指称之。久而久之，约定俗成，"城隍"遂成了村庄保护神的统一尊号。

① ［越］武玉馨：《越南民俗库藏探索》，河内：民族文化出版社，1999年，第54页。
② 前揭［越］武玉馨：《越南民俗库藏探索》，第54页。
③ 转引自朱云影：《中国文化对日韩越的影响》，台北：黎明文化出版社，1981年，第620页。
④ 越南现在广泛使用的2部权威《越语词典》以及最新出版的《越语大词典》在"城隍"一词的释义中，均只字未提城隍原为城市的保护神，而只解释为村庄的保护神。不仅如此，在1915年问世的越南最早的一部系统介绍越南风俗的书《越南风俗》中，"祀神"一节也只写了乡间奉祀村城隍的内容，其他的只字未提。可见越南乡间城隍信仰的广泛性及影响力。

越南乡村的城隍信仰始于何时？尚难以确定。但根据史料推测，最迟在15世纪，越南乡村已有了城隍信仰。①在越南城隍信仰的发展历程中，有一件事必须提及：后黎朝洪福元年（1572年），黎英宗遣翰林院东阁大学士、进士阮炳审定全国各乡村所祀城隍的神迹（即灵异事迹）和神谱（即履历功绩）。因当时越南乡村的城隍信仰已蔚为大观，但各地所祀城隍光怪陆离、十分庞杂。朝廷乃令各地上报所祀城隍的神迹、神谱，由朝廷统一审定。阮炳兢兢业业，历经数十载，从加强封建王朝统治的需要出发，以儒家正统思想为规范，对这些神迹和神谱精心删改修订。然后，由朝廷根据不同情况将各地城隍分别敕封为上等神、中等神和下等神三等。②

各地城隍的神迹、神谱多源于民间传说，包含有极多离奇甚至荒诞的内容。其神谱大都是千篇一律的模式，包括以下几个部分：

投胎：其母梦见莲池洗浴时流星入怀或洗浴时被蛟龙缠身；或其足踏入一个奇异的脚印而怀孕；

初生：出生时身形不凡、聪颖过人或有异相（如不哭，不说话等）；

行状：腾云驾雾、呼风唤雨，有非凡神通；

功绩：给皇帝托梦、帮助朝廷抵御外侵，安邦定国；或开辟新行业、建立新家园等；

化神：死后升天、现出原形（多为蛇身）或被斩首后仍续头再行但遇卖水妇人而死（越南民间认为出行遇妇人不吉利）。

由于各地上报的神迹、神谱初稿均为儒士所撰，又经阮炳精心审定，所以均符合儒家正统思想的规范。特别是城隍经皇帝敕封后，成了皇权在精神信仰领域的化身。从此，越南乡间的城隍信仰被纳入了为封建统治服务的轨道。同时，此举也使越南乡间的城隍信仰走向了规范化、制度化、正统化的道路。当然，由于城隍信仰有着非常深厚的乡土文化渊源，所以仍明显具有各地的本土文化特色。

---

① 据武玉磬所著《越南民俗库藏探索》记载：仙侣县庚获社㕓舍村亭（属今兴安省）有一通石碑，记述该村城隍段尚曾被陈太宗封为福神。陈太宗于1225到1258年间在位。如果此说属实，则可断定最迟在13世纪，越南农村已有了祀城隍之俗。可惜该石碑并非立于陈朝，而立于1563年；且该说又无其他史料佐证，故可信性大打折扣，只好暂且存疑。而另一个可以作为确证的记载是：北宁省良才县福寿社臻津庙有一石碑立于1487年，由进士阮廷峻撰文。该碑记述了当地的城隍由福寿、岭梅、广南、广布四社共同供奉。

② ［越］陈国旺：《越南文化基础》，河内：教育出版社，1998年，第94页。其中"阮炳"为音译。

二、形形色色的村城隍

越南乡村城隍信仰起于民间，其内容古今搀杂，兼收并蓄，种类繁多，十分庞杂。考其信仰对象，大都是各种自然神与人神，其中人神占大多数。自然神大都起源于原始的灵魂信仰或各种民间传说，如传说中的天神（扶董天王、褚童子、东海大王等）、自然现象神祇（风神、雨神、雷神等）、山川河湖神祇（山神、河神、湖神等）、动植物神（虎神、蛇神、五谷神等）；人神则大都是与本地有某种关系（如在本地出生、死亡或生活过）的、越南历史上实有的人物，如古代帝王、民族英雄、忠臣义士、清官廉吏、科考名流、行业大师，以及在当地垦荒建村过程中有功者、在某重大事件中贡献卓异者等等。

一般而言，每村都奉祀一位城隍，但也有个别的村奉祀两三位、甚至五六位城隍。同时，由于生活背景及文化观念相同或相近，又有许多地方奉祀相同的城隍。如曾在黎圣宗时代做官的阮复，于17世纪被嘉禄县（属今海阳省）芳萍社奉为城隍。后来又在南方的许多省份被立为城隍。根据黎朝礼部的统计，黎朝当时有944个乡村，1 026个亭、庙将"雄王"、其亲属或部将奉为城隍。由于越南地形多山，故山神崇拜非常普遍。据统计，现在越南全国有3 536处奉祀的城隍为山神（尊号为"高山大王"的达2 017处，为"高阁大王"达的1 519处）。[①]

有趣的是，有些地方还将一些稀奇古怪的神奉为城隍，如乞丐神、孩童神、拾粪神、盗窃神、瞎眼神、噎死神、无头神等；有的城隍甚至是妖神、淫神、邪神。但这些城隍因非正神，均不能得到朝廷的敕封。

如上文所述，16世纪后黎朝皇帝将各地城隍根据不同情况敕封为上、中、下三等。以后各朝基本上延续了这种做法。分等的依据大致如下：

上等神：某些名山大川神祇如伞圆山神、苏沥江神；某些天神如扶董天王、东海大王、柳杏公主等。这些尊神名声显赫，事迹灵异，经常现身显灵保国佑民、抵御外侵，或托梦示警使人避免灾祸。另外，一些生前安邦定国、功勋卓著的历史人物也被封为上等神，如李常杰、陈兴道、李翁仲、范五老、二征姐妹等。

中等神：为乡民奉祀已久，有功于本土，有时遇朝廷祈晴祷雨亦间有灵验但只知姓名不知业绩，或只知官爵不知姓名，甚至只有尊号但亦有灵异的城隍。

下等神：除上等神和中等神外的其余正神。这些神业绩不明但由乡民奉为城

---

① ［越］吴德盛：《对越南民间信仰中伞圆圣的几点认识》，载《民间文化》，1997年第1期。

隍，朝廷亦遵从民愿封为下等神。

朝廷可根据各地的请封对这些城隍的等级进行调整，如将下等神提升为中等神，中等神提升为上等神等。对于上等神，则可酌情加封名号。

以宗教学的观点分析越南各地的城隍，可以看出有些信仰对象的信仰成分发生较早，当起源于当地古代的原始信仰，如图腾崇拜和生殖崇拜等。究其信仰对象的来源则除民间俗神外还有佛教神和道教神，反映了佛、道两大宗教对越南民间城隍信仰的影响。至于儒家思想的影响，上文已经提及，更是不言自明。

通过上述内容我们可以看出，越南民间的城隍信仰有2个明显的特点：

（1）具有突出的功利性。作为一种民间信仰，城隍信仰的实质是求吉、禳灾。其所有的信仰活动，都是从现实生活需要出发的。供奉和祭祀，目的无非是趋吉避凶。只要能实现这一目的，其他的都是次要的。这一点在奉祀妖神、邪神上体现得最为明显：明知妖神、邪神的本性是害人，却仍照祀不误。无非是想通过奉祀获得神的好感，使自己免遭祸殃而已。

（2）具有极强的包容性。我们看到，城隍信仰的对象兼收并蓄，无奇不有。凡为我所用者，都被加以供奉。佛道神祇、民间俗神、远古神、现代神、本地神、外来神，互相容纳，并行不悖。这是由其功利性决定的，也是受多种文化影响的结果。

如上所述，城隍是村庄的保护神。在越南人的心目中，城隍是直接管理全村并保佑全村平安兴旺的一位神祇。他（或她）明察秋毫、惩恶扬善，决定着人们的祸福。因此，奉祀城隍历来被视为全村至关重要的大事。

在越南，每村都有一个叫作"亭"的公共建筑。它既是处理村务的地方，也是村民聚会活动的场所；如有上级官员来，则在此起居；但是最重要的，这里是供奉、祭祀城隍的地方。①因此，各地的村亭都建得高大敞亮、飞檐瓦顶，很有气派。②

---

① 也有个别的村专门另建小庙作为城隍傍依之所，但举行祭祀活动仍在村亭。

② 条件富足或有特殊背景的村子甚至雕梁画栋、描龙漆凤，亭柱及其他木构件均选用上等名贵木材，象宫殿一样富丽堂皇。北宁省仙山县的廷榜村廷是红河平原地区村亭的代表作，全部选用上好的格木和乌纹木建造，其建筑和雕刻技艺都代表了越南十八世纪的最高水平。廷榜村亭除了奉祀本村城隍——高山大王（土地神）、水伯大王（水神）、白丽大王（种植神）和本村六祖（15世纪建村有功的六位祖先），还一度奉祀李太祖及李朝诸位皇帝（俗称"李八帝"）。

三、城隍信仰透视

首先，越南是一个农业国，自然条件较差。以种植水稻为主的劳动密集型生产方式决定了生产者必须团结互助才能生存。长期以来，越南农村特别是北部平原农村一直保留着农村公社的经济形态。直到"八月革命"前（1945年），越南仍实行着已流传了上千年的公田公土制度。我们知道，土地是农民赖以生存的最重要的生产资料，公田公土制度无疑会使乡村具有极大的内聚力。[①]

其次，旧时越南乡村组织管理方面最突出的一点是内籍、外籍制，即严格区分正贯民和寓居民。正贯民指祖居本村的居民，寓居民则指寓居本村未足三代的外地人。正贯民男子年满18岁可以入"甲"，成为丁壮；有权分得田地，并享有其他应有的政治权利；到60岁可以升为耆老，受人尊敬且对村中事务有发言权。而寓居民则没有任何权利，地位卑贱，只能作佃户或从事正贯民所不屑的低贱行业。此举造就了越南人极强的安土重迁观念，也使村民对本村有一种强烈的依赖和归属感。

另外，各村都有自己独立的"法律"：村例或乡约。这些法规对村界地界、生产耕作、村内治安、组织管理、村民奖惩、权利义务等内容都有非常详尽的规定，操作性强，对村民有极大的约束力。以致于越语中有"王法不敌村例"的俗语。这一俗语体现了一种必须有历史观才能充分体会到的、有其独特含义的民主和自治。

正因为如此，越南的乡村有着极强的群体内聚力和高度的自治性，俨然是一个小独立王国。历史上，陈朝及黎朝都曾在乡村设立"社官"，法国殖民主义者也曾实行"乡政改良"，直接插手乡村的管理，试图改变农村的自治性，但最后都以失败告终，足见这一历史传统的强大生命力。

极强的群体内聚力和高度的自治性是越南乡村两个最重要、最具概括性的特点，它们互相依存，互为表里，可以说是一个问题的两个方面。而城隍信仰则是这两个特点的具体体现。

我们知道，村亭是乡村的行政中心、文化中心和宗教中心，是乡村所有方面

---

① 公田公土制度是村里留出约四分之一的土地作为公田，分给无田者或缺田者耕种。公田是村民的共同财产，任何人无权独占，也不许买卖。另外，村里还有一部分"半公半私"田，如佛田、祀田、后田、资文田等。这些田由村里推举产生的权力阶层集体决定分给需要的村民耕种。

最集中、最有概括性的象征。同时，它还是村民对本村感情寄托的最终归宿。对于村民而言，城隍神支配全村的物质生活和精神生活，是全村历史、风俗、道德、法规和希望的集中体现，也是将乡村凝聚成一个有组织、有系统、紧密整体的一种无形力量。

祭祀活动[①]使村民对城隍的崇拜得到不断强化。尽管有不少乡村奉祀相同的城隍，但村民仍认为本村的城隍是他们独有的，是完全排他的。[②]在村民的心灵深处，城隍是全村最高精神权威的象征，也是村民自豪感的象征和集中体现。[③]在农村城市化的进程中，许多村庄变成了"城市中的乡村"。但不少村民在成为市民后，仍保留村亭，祭祀城隍。河内市遗迹管理委员会1984年统计显示，河内市区仍有579座古亭，许多地方仍延续着传统的祭祀城隍习俗。[④]由此可见，城隍在人们心目中占有何等重要的地位。

城隍信仰作为一种起于乡村的民间信仰，农村的大背景是其直接而深厚的文化渊源。反过来，城隍信仰又起到了强化越南农村社会形态和文化特色的作用。正如越南著名学者武玉磬先生所言："越南乡村存在上千年以来，实赖它（城隍）造就、保持了乡村的传统。城隍与村亭是塑造乡村传统、心理不可或缺的要素和象征。"[⑤]越南自古是一个农业国，农业人口至今仍占70%左右。因此，越南农村的文化背景对越南全民族性格及心理的塑造、思想观念的形成具有极为重要的影响。

越南自古有笃信鬼神的传统。作为一种历史悠久的民间信仰，城隍信仰在越南有其深厚的文化渊源和广泛的社会基础。如上所述，自从民间有城隍信仰以来，历代封建统治者都对此采取一种鼓励、引导的策略。法国殖民主义者入侵后，作为国家行为的城市奉祀城隍制度被取消，但乡村的奉祀却蓬勃发展，经久不衰，显示出强大的生命力。

越南民主共和国成立后（1945年），特别是"土改"以来，城隍信仰也受到一

---

① 制度性的村亭祭祀，强化了城隍乡村保护神的地位。而最隆重的祭祀一般在庙会时进行，其时，全村上下齐心协力、满怀虔诚，用庄严的祭礼把城隍深深铭记于心，并再次确认"这个"共同体中个体的身份，从而强化了村民对本村的归属感，增强了全村的凝聚力。

② 越语中有"各村的赋税各村缴，各村的城隍各村供"的俗语。祭祀城隍的村庙会自然成了乡民不可或缺的精神需求。

③ 比如，当村民离开本土，到异地开辟家园时，他们要做的第一做事，就是在新家园建一个村亭，供奉一个与故乡相同的城隍。17—19世纪越南先后征服占城和水真腊，北方的移民南迁时就是这样做的。如今南方城隍多与北方相同，盖源于此。

④ 越南文化通信部：《传统文化价值与当今农村基层的文化生活》，河内：民族文化出版社，1998年，第17页。

⑤ ［越］武玉磬：《越南民俗库藏探索》，河内：民族文化出版社，1999年，第57页。

定冲击。1956年前后，越南曾有过一场破除迷信运动，城隍信仰被禁止，神像被破坏、石碑被砸毁或扔进池塘，村亭被改为人民委员会驻地。但自20世纪60年代起，城隍信仰又得以逐渐恢复；20世纪80年代初有较大发展，但伴随一些迷信异端等消极因素；20世纪90年代以来，城隍信仰则有了一个爆发性的发展。在反对迷信异端的同时，一些传统庙会得以全面恢复，而且还增添了许多新的庙会。①这是传统文化强大生命力的体现，也是经济发展、生活改善的产物，当然更重要的，是政府积极提倡的结果。

第三节 "四不死"信仰

"四不死"是越南民间文化中的四位神圣人物，即伞圆山圣（山精）、柳杏公主②、扶董天王和褚道祖（褚童子）。他们在越南家喻户晓，在民间被广为奉祀。

一、由来和演变

目前所知，"四不死"最早出现在越南后黎时期阮廌所著《舆地志》③中。其中18世纪时阮宗乖④对《舆地志》所做的注释第32条（编号VHv.1772/3，第13a页）写到："清人称伞圆大王之自海往山；扶董天王之骑马腾空；褚家童子之杖笠升天；宁山徐道行之印石投胎。谓安南四不死云。"⑤

19世纪末20世纪初的越南学者乔莹懋在《仙谱译录》一书的按语中写到："我四不死之名，明人以伞圆，扶董，褚童子，阮明空；此时仙主未降，故未及世人所传，文献可综。今续之。"⑥

---

① 前揭越南文化通信部：《传统文化价值与当今农村基层的文化生活》，第123页。
② 柳杏公主，又称柳杏圣母，是越南民间信仰体系中最重要的神祇之一，不仅位列"四不死"，还是母神崇拜的"第一女神"。柳杏公主从后黎朝开始不断得到封建帝王的敕封，至阮朝已经成为"万民之母"，其影响直至今天。在本章第四节还有深入的分析。
③ 该书收录在《抑斋遗集》中，越南汉喃研究院编号VHv.1772/3，第六卷，嗣德年间（1868年）由福溪印刷厂印制。该版《舆地志》是一项集体成果，经由当世和后世多人编写、加工、修改和注释。
④ 阮宗乖（1692—1767年），又作阮宗奎，号舒翰，后黎朝中兴时期的教育家、诗人，曾两次出使中国清朝。
⑤ 参看维基百科"四不死"条目，原文为："Người đời Thanh nói: Tản Viên Đại Vương đi từ biển lên núi, Phù Đổng Thiên Vương cưỡi ngựa bay lên không trung, Đồng tử nhà họ Chử gậy nón lên trời; Ninh Sơn (nay là Sài Sơn) Từ Đạo Hạnh in dấu vào đá để đầu thai.Ấy là An Nam Tứ bất tử vậy."
⑥ 参见乔莹懋所著《仙谱译录》，1910年出版，编号AB.289，第4a页。原文为："Tên các vị Tứ bất tử của nước ta, người đời Minh cho là: Tản Viên, Phù Đổng, Chử Đồng Tử, Nguyễn Minh Không.Đúng là như vậy. (Vì) bấy giờ Tiên chúa (Liễu Hạnh) chưa giáng sinh nên người đời chưa thể lưu truyền, sách vở chưa thể ghi chép.Nay chép tiếp vào. (Án: Ngã Tứ bất tử chi danh, Minh nhân dĩ Tản Viên, Phù Đổng, Chử Đồng Tử, Nguyễn Minh Không.Đương chi nhiên; thứ thời Tiên chúa vị giáng, cố vị cập thế nhân sở truyền, văn hiến khả trung.Kim tục chi."

以上是汉喃研究院所藏汉喃古籍中关于"四不死"神的记载。到了近现代，越语材料中关于"四不死"的记载逐渐增多，影响较大的有：阮遵（1910—1987年）在《伞圆山之上》一文中写到："……在幽灵世界的四位不死之神是：伞圆圣、柳杏公主、褚童子和扶董天王。"何整（1922—1995年）在《山精传说》一书中写到："在越南我们有四位不死之神：扶董天王、褚童子、柳杏公主、伞圆山神。"武玉磬和吴德盛在专著《四不死》中介绍的四位不死之神包括：伞圆山圣、褚道祖、扶董天王和柳杏圣母。

如此看来，在各个时代和各种材料中，伞圆山神、褚道祖和扶董天王作为四不死神的成员一直固定不变，而在柳杏还未降生时，徐道行和阮明空曾被列入四不死神之列。大约在17世纪，随着时代的发展，越南民间在思想、哲理、信仰等方面出现了新的变化，柳杏逐渐取代徐道行和阮明空进入"四不死"神的名单。

二、神迹

"四不死"神的神迹主要来源于越南古代史书、民间传说、神话故事。《岭南摭怪》《越甸幽灵集》对此等都有记载。其中，伞圆山神、扶董天王和褚道祖的神迹都与雄王时代的传说有关，柳杏公主的故事至16世纪才出现，四位神灵的神迹如下：

伞圆山神：相传十八世雄王有女名媚娘[1]，姿色绝代，远近闻名。雄王欲为女儿选婿，山精、水精都来求婚。雄王与约：具聘礼先至者即嫁女与之。翌日，山精携聘礼先至，娶得媚娘，迎回伞圆山。[2]水精后至，不见媚娘，大怒，率水族攻打伞圆山，欲夺取媚娘。山精在山上抵御水精进攻，水涨多高，山就升多高。山精又用雷电反击，水精被迫退水逃窜。自此山精与水精结仇，每年大战一回，给民间带来无穷痛苦。这个传说可能是因为越南北部每年6月、7月间为雨季，常有洪水从上游而下，淹没稻田，人们便想象出是山精和水精相互攻打造成的。

扶董天王：相传六世雄王时，殷军[3]来侵，甚为强大，无人能敌。雄王遂命

---

[1] 一说名玉花公主。
[2] 伞圆山为古称，现名为Núi Ba Vì，有巴维、三围、波维等多种译法，本书使用"巴维"译法，位于今河内市巴维县。
[3] 越南一般把"殷军"解释为中国殷朝的军队，这种解释是没有依据的。殷朝当时的活动范围在黄河流域，距离越南北部甚远，在当时的条件下，其势力难以抵达红河平原地区，且关于"雄王"的记载本就缺乏史料根据，双方交兵更不可信。

使者在国内寻访有才之人御敌。武宁部扶董乡（今北宁省武江县）有一对老夫妇贤德善良，六十多岁生得一子，小儿已经三岁还不会说话，不会走路。听说使者来到，小儿马上开口说话请使者来见。小儿请求为其铸造铁马、铁剑、铁笠，他便可退敌。使者禀明雄王，雄王批准照做。三者成，小儿摇身一变，即高达一丈，于是戴笠骑马持剑前去杀敌，遂大破敌军。小儿在平寇后行至朔山升天不见。雄王感其恩，命在扶董乡立祠奉祀，后封为扶董天王。

褚童子（褚道祖）：相传三世雄王时，大江边褚舍乡褚童子与父亲相依为命，家遇火灾，财物尽失，仅存一条裤子。父亲病逝后，褚童子把裤子给父亲陪葬，自己身无寸缕，只好在夜间捕鱼度日。一日三世雄王的女儿仙容公主驾船游玩至此，褚童子连忙躲进芦苇丛，埋藏在沙中。仙容公主见此处景色优美，便命人用帷帐围起芦苇丛，在其中洗浴。洗浴时水逐渐冲散沙土，露出了赤身裸体的褚童子。仙容惊讶之余，问明情况，以为这是天意，遂与褚童子结为夫妻。雄王知道后大怒，与仙容断绝关系。褚童子与仙容开铺立户，发展贸易，富甲一方，民众也安居乐业。后来褚童子随人出海经商，经琼园山向高人学法，并获赠一杖一笠。回去后，褚童子和仙容逐渐觉悟，开始学道远游。一日，二人露宿中途，将枴杖立于身旁，把斗笠盖在身上，半夜变出城郭、宫殿、街市、金银珠宝、仙童玉女等，遂成一国。雄王闻之，率众攻打。褚童子和仙容等升天不见，其地陷成大泽，曰一夜泽。后人立祠祭拜。

柳杏公主：相传后黎朝天佑元年（1557年），玉皇大帝之次女因跌碎玉杯而被贬放人间，出生在山南镇天本县云葛社的黎太公家中，取名降仙。降仙18岁时与桃郎成亲，育有一子。21岁那年三月初三，降仙无疾而终，返回天庭。但尘缘未满，不能忘情，玉帝又封其为"柳杏公主"，再次送回人间。柳杏公主在人间周游天下，历览名胜，后与转世的桃郎再续姻缘。待期满后又回天庭，玉帝许其第三次来到尘世，柳杏公主与桂、柿两名侍女降临于清化镇石城县庸葛社。柳杏在此地大施法术，民众纷纷立庙祭祀。大约在后黎朝末期，柳杏公主回归天庭，其侍女则一直留在人间，作为沟通圣母和人世的媒介。

三、象征意义

在越南人的思维中，数字"4"泛指某一范畴内的重要事物，且具有代表性和时代性，如"朝廷四柱"、"山西四贵"等。"四不死"神的组合也具有这一特点，在越南人信仰中具有特定的寓意。

在越南民间信仰中，"四不死"神相互关联，构成有机的整体。伞圆山神是越南人最古老的神祇。伞圆山又称巴维山，阮廌在《舆地志》中称之为"祖山"，由三座高高的山峰组成。伞圆山神是自然神的代表，象征着越南以农业为基础，团结一致共同应对自然灾害（洪水）的不屈精神。褚童子出身贫苦，娶仙容公主为妻，率领民众发展起繁荣的都市，带给人们富足的生活，象征着民众对幸福美好生活的向往。同时人们还把褚童子与来自中国的道教结合起来，并融入越南民间信仰的特色，尊称褚童子为褚道祖，使之成为越南道教的重要神祇。扶董天王作为抗击外侵的英雄，代表着越南民族不屈不挠、争取民族独立的精神。柳杏公主则被赋予很多象征意义，包括孝敬父母、忠于爱情、仁爱、宽容、怜悯百姓、救苦救难、惩治恶人、教人向善等，被尊称为"万民之母"。

第四节　母神信仰

母神崇拜是越南最具特色的民间信仰之一，其基础是越南重"阴"的文化特性和民间对女神的崇拜。在越南人看来，国家就像一个大家庭，同一个血统，每个家庭都应有女主人而不仅仅只有男主人。根据天地自然的法则，母亲不仅是孩子的生育者，还是孩子的养育、教育、抚育者，在家庭中居于中心地位。由此推论，不仅生物皆有母亲，那些无知无觉之物也应有母亲，如大地母、水域母、山岳母、森林母、水稻母等等。这些对生灵万物的诞生和成长起着中心作用的"母亲"当然应被推崇，被景仰。这可能就是越南民族母神信仰朴素的心理基础。

越南语中的"母"字来源于汉语，代指生育后代的女性，也是对生育自己的人的称呼。此外，母还表示对女性的尊称，如妪姬母、柳杏母等。母神都是女神，但并不是所有的女神都是母神，只有那些非常重要的女神才被尊称为母神。越南人的母神被赋予创造世界、保护民众的重任，还具有繁殖崇拜的内涵，因此越南大多数母神不是年轻漂亮的少女，而是年纪较大的"婆婆"。

母神崇拜因被视为本土民间信仰而受到越南人的偏爱和推崇。越南北部、中部、南部和西原高原等地都有供奉母神的祠庙，这使得不同地域的女神走进了母神崇拜的神殿，如顺化地区的天雅那圣母，西宁地区的灵山圣母等。

一、由来和演变

越南先民雒越人一直以种植水稻为生，他们曾经历原始社会母系氏族时期，有过对"女阴"崇拜的历史。越南人认为，自然界的山川、河流、水火、树木等都是由母神创造的，因此存在着地母、水母、稻母等。

2、3世纪，中国的道教传入越南，由于与当时的生产力和社会状况比较适应，因而逐渐成为越南社会的主要信仰。道教对母神信仰产生了较大的影响，中国道教视为至高无上的玉帝也进入越南的母神信仰中，成为一位主宰万物的民间化帝王①。

母神的故事最早来源于神话传说和民间故事,《越甸幽灵集》《岭南摭怪》等神话故事集收录了部分母神的神迹。后来儒家知识分子在已有神话故事的基础上进行再创造，使之符合统治思想的要求。典型的有越南朝臣整理母神神迹为国王封神服务，如段氏点（1705—1748年）、阮公著（1778—1858年）记录创作柳杏圣母在越南北部的事迹，潘清简（1796—1867年）搜集创作天雅那圣母在中部的事迹。这样，一些女神被越南封建王朝敕封为国母、王母和圣母等，如妪姬母、扶董天王之母、倚栏元妃（1044—1117年）、四位圣娘等，历史上的女英雄、公主、皇后、某一家族的女性祖先、某一行业的女性祖师等也逐渐被神话，进入母神序列。

除了上述全国性的母神外，还有许多地方性的母神。其起源、行迹、功绩及灵应性更加丰富多彩。尤其是不少真人被列入母神，比如，潘氏袁为夫殉节，成为烈女，被供奉在河静省香山县的安邑庙内；被淹死的姑娘显灵驱逐恶龙并击退洪水，因而在清化省寿春县海泽乡立庙供奉；还有二征时期卫国除寇的女中豪杰八难、春娘、莲香和黎娘等。

15世纪以后，出现了三府、四府的母神供奉形式并逐步趋于稳定，使得越南

---

① 柳杏圣母即为玉帝的女儿。

母神信仰更加规范。这一时期出现了柳杏圣母，柳杏圣母具有明确的"越南"特质。首先，相对于二征姐妹，赵妪等英雄人物，人们觉得柳杏更加平易和亲近，她既有神异的本领，又非常普通。[①]其次，柳杏成为生命自由解放的象征，其自由意识和女性的仁慈之心深入人心。第三，柳杏身上没有儒教、佛教、道教的影子，闪烁着越南人文精神的光芒。她有一颗诗人般的心和倔强的生命力，她懂得爱并深爱，她既叛逆又贤淑，她即是诗人又是战士。这可能就是柳杏在越南被推崇备至的原因。后黎朝至阮朝各封建帝王对柳杏不断加封，到阮朝已经被称为"母仪天下——万民之母"，从而成为越南最重要的母神之一，其影响直至今天。

在越南民族从北部进入中部和南部的过程中，母神信仰也随之南下，传播到各地。越南母神信仰与各地的民间信仰交融，吸收占婆、高棉和老挝等民族的文化，使各地的女神都进入母神信仰中，这也使越南母神信仰在北部、中部和南部地区都带上了地域特色。如中部的母神信仰主要信奉天雅那圣母、四位圣娘、五行婆。南部母神信仰对女神和母神的区别没有北部那么明显，这是因为南部是越南人后来开发的土地，北部移民带来的信仰传统与当地信仰交织在一起，使得母神信仰更加丰富和多元。

二、神谱和神殿

越南母神信仰有着相对完备的神灵体系，所供奉的60多位神灵自上而下依次为：观音、玉皇、圣母（3或4位）、官人（5～10位）、圣婆（4、6或12位）、皇子（5～10位）、侍女（12位）、侍童（10位）以及五虎神、蛇神等。

圣母是母神神灵体系的核心。越南人认为，宇宙（包括天界、地界、水界和山岳）是由各位女神掌管的，各界女神之首即为圣母。圣母的位数决定了母神崇拜所供为"三府"（上天母、地母、水母）还是"四府"（天母、地母、水母、山岳母）。柳杏公主是母神崇拜中的重要神灵，位列圣母之首。她常常扮演上天母的角色，有时也化身为山岳母或地母。

母神信仰具有完备的神殿[②]、神像、神迹、神规、神乐、神舞，时间安排和设

---

① Tiếng Việt nói bà là "Phi thường mà rất bình thường và không tầm thường".
② 值得一提的是，在越南的不少宗教场所，在主神的神像背后（一般为背靠背安放，中间有到顶的隔断）还安放主神的"夫人"像供人祭拜。如河内山西市唐林乡（Đường Lâm）的 chùa Mía（一般译为甘蔗寺）里，就有多处女神供奉。据传，Mía 本为雄王之女，因为发现并教会本地人种植甘蔗而被称为"甘蔗公主"。她死后，唐林乡乡民建庙侍奉。后来儒教、佛教和道教的神也陆续进入该寺，成为一个多宗教神祇的祭祀之所，长年香火不断。

供等，各项活动按照相关规定有条不紊地进行。母神的神殿除供奉神像外，还给跳神留有空间。神殿多为开放式的，所有人都可自由进入参观供拜，欣赏跳神表演，感受那神秘的氛围。参观者有时还会得到"神"颁发的一份礼物，多为香蕉、香烟等物品。

以供奉柳杏公主为主的庙宇称作"府"。越南最大的府是柳杏公主家乡南定市务本县的然府（含仙香府和云葛府），此外河内的西湖府也很有名。每年农历三月，越南各地举行庙会祭祀柳杏公主。越南民间俗语称"八月祭父，三月祭母"。"父"指陈朝抗击元军入侵的民族英雄陈兴道，"母"即指柳杏。此外许多家庭还自己设立祭台来奉祀母神。

跳神（越语称"候影"、"上童"）是母神崇拜的主要仪式。它是三府、四府中的各位神灵附身于巫师、巫婆（越语称"童公"、"童婆"），以达到训导劝戒，驱邪治病，颁赐福禄于信徒的一种宗教仪式。跳神伴随有音乐和唱词，唱词介绍各位母神的容貌、来历、事迹，其中不免进行渲染修饰。童公、童婆候影过程中不断更换的衣服具有类似萨满教"面具"的功能。除三位圣母外，经常显灵附身的神灵还有第一、第二、第三、第五大官，第二、第六侍女，皇七子、皇十子等。[①]值得一提的是，在有些地方的"四府"母神崇拜中，还存在一个"陈朝府"——越南陈朝名将、民族英雄陈兴道作为与圣母相对应或高于圣母的"父皇"角色走进了母神崇拜的神殿。在候影仪式中，陈兴道往往于圣母之后、各位官人之前显灵附身，其功能是驱邪、治病。

三、文化意义

越南的母神信仰具有丰富的文化意义。首先，人们怀念"于国有功"的女神，如妪姬母、二征姐妹等，增进了越南民族的爱国热情，体现了饮水思源、心怀祖先的美德，有利于增强民族凝聚力，是对越南传统美德的一种传承。其次，母神信仰的祭祀活动丰富多彩，成为越南人文化生活的重要组成部分。借此机会，人们相互走访，观看表演，参加娱乐活动，起到了愉悦身心的作用。再次，母神的传说故事丰富了越南民间文学，祭祀活动的服装、舞蹈、音乐、唱词等具有深刻的文化内涵，神殿和神像在建筑和雕刻方面也具有很高的美学价值，值得人们深

---

① ［越］吴德盛：《母道》，河内：社会科学出版社，2007年，第69页。

入挖掘。

近年来，随着越南推进革新开放，人们生活水平日益提高，母神信仰越来越得到推崇，祭祀规模越来越大，围绕母神信仰出现了不同意见。有人认为，供奉母神活动带有浓厚的封建迷信色彩，浪费了大量时间和钱财，不宜提倡。另一种意见认为母神信仰植根于越南的本土文化，人们借此祈求安康幸福、祛病消灾，是一种积极向上的活动，不应该进行限制。实际上，在母神祭祀活动中出现藏污纳垢、骗取钱财的情况也是存在的，这需要越南政府和民间共同努力，推动越南母神信仰朝着健康的方向发展。

第五节　征兆、禁忌及其他民间信仰

一、征兆和禁忌

凡意外的偶发的现象无不可视为预兆，而应用象征的原理以猜详其结果。[①]某些无生物的偶然的异状，如兵器的断折；某些动物的怪异举动及人类自己的偶发的动作，如眼跳、心跳；某些反常的自然程序，如不合时令的花果、陡发的怪风、日月蚀、地震等……凡此种种，在迷信者观之都是吉凶的预兆。总之，征兆更多体现个体的主观性，难以进行体系化描述。禁忌则因为文化和习俗的规定性呈现出一定的系统性，描述相对可行。

禁忌的存在大致反映了人对自然的敬畏心态。[②]世界上各个民族，几乎都有本民族的禁忌，有的民族禁忌还很多。越南各民族都有自己的禁忌，这些禁忌还可以细分为：行为禁忌、语言禁忌、饮食禁忌、婚丧禁忌、居住禁忌、谋生禁忌，以及其他日常生活禁忌。越族是越南的主体民族，越族的禁忌有时会向其他民族蔓延，成为越南各民族共同的禁忌。以下是越族的一些禁忌。[③]

行为禁忌：越族人忌讳当众挖鼻子、掏耳朵；忌讳别人拍自己的肩膀——因

---

① 林惠祥：《文化人类学》，北京：商务印书馆，2011年，第256页。

② 世界上许多禁忌在今天看来毫无道理，其禁忌表征和"不祥"指向之间的联系十分牵强，但是它能长时间存在并为本民族民众自觉遵守本身就反映了人对自然的敬畏心态。同时也要看到，禁忌往往也是容易遵守、容易做到的。总的来看，禁忌与文明程度成反比关系，文明程度越高，禁忌越少。

③ 越族禁忌之语言禁忌、饮食禁忌、婚丧禁忌、经商禁忌和其他日常生活禁忌主要引自张加祥、俞培玲：《越南》，北京：当代世界出版社，1998年，第172～174页。

为越族人认为"双肩有神灵";忌讳用手指着人大声呼喊;忌用脚指物;席地而坐时,忌用脚对着人;忌从坐卧的人身上跨过去;忌睡在妇女的房门口和经常来往的过道上;忌进入主人的内室;忌三人一起照相——将对站在中间的人不利。

语言禁忌:年初、月初忌发脾气、说粗话,忌说可能带来霉运的词,如死、猴等,怕带来全年、全月的厄运;忌说小孩子胖或漂亮——怕遭鬼嫉;孩子忌直呼父母、祖父母的名讳。

饮食禁忌:孩子上学忌吃锅巴,怕变得愚笨;小孩上学期间忌吃鸡爪,怕写字难看;经商、打牌、出远门的人都忌吃煮糊了的饭,怕不吉利;在庙里忌吃狗肉等。

婚丧禁忌:牛月不嫁娶,怕夫妇俩像牛郎织女一样分离;婆婆怀孕时家里不娶儿媳妇;忌一年之内嫁两个女儿;忌父母送女儿到婆家;家有丧事,忌红颜色;守孝的人不吃槟榔,不参加喜庆活动,不穿丝绸衣服;忌穿死者生前穿过的衣服;忌睡死者生前睡过的床;忌外村的人抬死人经过本村的地界,特别忌讳外村抬死人经过本村祠堂。

建房禁忌:年底、月底不建房,怕不吉利;建房间数不能是双数,只能是3、5、7间——因为双数属阴,单数属阳;房屋大门不能正对着别家的大门,怕生口角;房屋的堂屋不能正对池塘的角、祠堂的飞檐和别人家的屋顶;建房埋柱子,忌木柱根梢倒置;忌别人在自家门前盖房;年初村里举行动土仪式之前,不能挖土,不能动碓臼。

经商禁忌:商店开门要选吉日;经商忌碰倒水烟筒、鱼露和石灰桶;经商忌赊账;忌债主在年初、月初讨债;[①]经商忌说猴、绵羊、虎、豹等词,怕货卖不出去。

其他日常生活禁忌:年初、月初忌穿白色、蓝靛色衣服——此为丧服颜色,怕因此引来厄运;喜庆和祭祀活动中,忌穿白色衣服;夫妇之间忌互相递牙签;忌共用一条毛巾;忌床上的席子反着铺;忌背对供桌而坐;忌在屋内戴斗笠;妻子怀孕时,丈夫忌杀生或打桩;孕妇忌宰杀鸡鸭;孕妇忌靠近死者、忌参加葬礼(自家有丧事除外);忌用拼接起来的布为小孩做衣服;忌夜晚摘水果;忌大树底下小

---

① 年初、月初被讨债,欠债人怕整年整月有人上门讨债,因此还不起债的人往往在除夕之前出外躲债,过了午夜才回家。但是债主也总是要尽力在年三十之前把债收回来。一般而言,厚道的债主如果年前讨债失败也往往要等欠债人过完新年再行追讨。

便，怕遇鬼。

在越南，所有禁忌之集大成者为正月初一的各种禁忌。比如早上忌不吉之人冲家①；忌扫垃圾——担心把财运扫走；忌打骂孩子——否则一年将不和顺；忌讨债放债——否则将亏本受损失；忌给火要火——因为"火"象征红运，给火意味着失掉好运；忌借东西给人家——借出意味着失财；忌打碎碗碟茶具——象征破碎、不祥；忌说"失去"、"死"之类的不吉利的话——否则这些话将变成事实；忌横坐于门前——因为门象征着通顺、顺利；忌互相拍肩膀——否则会互相沾染晦气；忌供桌上的香灯无油自灭——这意味着生活丧失生命力；忌哭叹忧郁——否则一年都会惨淡；有丧事在身的人忌到别人家去——否则将视为对逝者的不孝，并将自己的不幸带给了其他人等等。上述行为之所以成为禁忌，是因为在越族人的观念中，新年的第一天是神圣的、具有预示性的；同时它又是过渡中的、不稳定的，任何不慎都将给一年的命数带来不利的影响。

越南的少数民族也大都有自己的禁忌，带有普遍性的禁忌有：不准进入坟山、鬼林，更不能在鬼林打柴，若打了柴，也不能带进村里；不能触动神树（龙树）、寨门、村边路旁的祭品；不能触动家里的供台和火塘三脚架；家里有人生病、生小孩或在祭鬼时，门口挂有绿树枝，外人不能进入；在祭寨时，村口挂有绿树枝等标志，外人不能进入；喝酒不能倒扣酒杯；不能靠着正房的中柱坐立；不能在中柱或门上钉钉子；不能把青叶子带进家；不能摸别人的头；不能到姑娘住的房间里；席地坐卧的人家进屋要脱鞋等等。

少数民族中，泰族禁忌最多，而且也最繁琐。比如，在屋内，有的泰族家庭会设两个楼梯，一是男人和客人用的，一是女人用的，不能混淆；进屋要脱鞋；可以将红纸、红布带入室内，但不能铺开，其他红色物品则不能带入室内；不能在供家神的供台上及两侧挂东西；不准在中柱和墙上靠人和挂东西；各家祭鬼的地方不能动，也不准打扫卫生；不准挂白色蚊帐；不准跨火塘，也不准在火塘边烘烤鞋袜和裤子；家里生小孩，门口要挂青竹叶，不许外人进屋；在屋外，外人

---

① 冲家也称冲年喜，是越南人于除夕之后进行的重要仪式之一。新年第一位到家拜访的外人称作"冲地客"，这位客人非常重要，他被认为会对家主整年的命运产生深远的影响。在人们的观念中，这位冲地客是上天派来的，人们根据他能预知家庭在新年的祸福。尽管事先定好"冲地客"的做法丧失了"命由天定"的意义，但为了避免"坏魂人"到家冲地，人们还是以这种主动的方式提前预定自己在新年的幸福。不过，也因为越南人的这种观念，所以除非事先约好，除夕之后人们是不会随便去别人家串门的。同样，如果是关系异常亲密的朋友互相拜访，也不能将自己看成是普通客人，而要以正式的"冲地客"的身份出现。也有的家庭只是象征性地演绎该仪式：冲地客由家长自己或由儿子充当，这样他必须于除夕前离开家，待放鞭炮仪式完毕之后再走进自家的大门。

不准进入"龙山"、坟山，更不准去拾柴、动土；在村头或门前设置竹笆和绿树枝等时，表示村内或家里正在祭祀或有人生病，禁止外人进入；不准骑马由村寨通过；不准摸小孩的头。

苗族忌讳说菜里盐不够；不准用脚踩炉灶或在炉火上烤衣物；人死后要停尸家中，让亲友吊唁，如下葬时尸身发了臭，不得掩鼻嫌臭。

其他民族的禁忌也不少。如岱依族不准外人进入内室，在神座面前不能乱讲话。芒族不准站在家门口，不准从家里向外泼水，在家里不准脚朝厨房方向。侬族忌讳外人触动烧火用的铁三角架，正月初一不准戴帽子——认为会遮住太阳以致遭灾。瑶族不准外人靠近供奉祖先的神台，家内不准挂白色蚊帐和带进黄色物品，不吃狗肉。占族中的白尼人忌吃猪肉，加非尔人忌吃牛肉。高棉族忌用左手行礼、进食、递物和接物。南方有些山区少数民族忌说主人的庄稼长得好，认为说了就会变坏。

二、自然崇拜

自然崇拜是指人们对某一自然物或自然现象的崇拜，它是人类最初和最普遍的宗教形式。在越南人的多神信仰体系中，自然神占有相当的比重。

首先是天神，越南人供奉的天神有时间神、天母神和日月星辰等。民间传统观念认为，每年都有一位时间神下凡看管尘世的生活，这些神共有12位，对应十二地支，名为"当年行遣"。[①]他们每年轮流下界，负责执行玉皇大帝的命令，并向玉皇大帝汇报人间发生的事情，主宰一年中人间（家庭、村社、国家）的祸福。每位当年行遣神都各有一位判官协助他们的工作，负责记录世人的功过。这些天神交接的时间与灶神上天和下凡的时间重合，即每年阴历腊月二十三和三十。因东南亚"重阴性"的文化特点，除时间神外，许多家庭常在院子的一角设露天供桌，祭祀天母神，即九重母神或九天玄女。越南人还认为，星辰会对人的命数产生影响，因而在特定的场合人们也祭祀不同的星辰，一般于年初或每月在寺庙或家中举行祭星（解星）仪式，祭祀的对象包括太阳星、太阴星、木德星、土秀星、太白星等等，通过"祭星"来化解星辰在新年里对自己的不利影响。

---

① 按十二地支即子、丑、寅、卯、辰、巳、午、未、申、酉、戌、亥的顺序对应的当年行遣神分别是周王、赵王、魏王、郑王、楚王、吴王、秦王、宋王、齐王、鲁王、越王和刘王行遣。

其次是地神，地神是天界和水界之外的山川土地的掌管者。①其中土地神是地神的主体，一般根据其管辖的方域命名。在许多地方，人们还在家中专门供奉土地神，它是一位有着老者形象的神灵：圆圆的肚子，面目和蔼，笑口常开。在越南南方，人们将土地神的供桌置于地上，或将其等同于财神，与财神供在一起。掌管山岳的神为山神，越南的大部分山都有山神庙。住在山区的人们为了方便祭拜，也常常在家中祭祀山神。在越南人观念中，神界亦有阴阳分野，因此，还供奉地母神。②此外，越南普遍祭拜的灶君（灶王），俗称土公，其本质也是地神。

再次是云、雨、雷、电等自然现象。这些自然现象对于农耕而言具有重要意义，因而也同天、地一样被拟人化为女神加以崇拜。佛教传入越南后，这些女神穿上了佛教的外衣，被塑造成"四法"：即法云、法雨、法雷、法电，自李朝时期就得到了上、下层文化的尊崇。

最后是动植物。越南人有"一鸟、二蛇、三鱼、四象"的说法。越南民族起源传说《鸿庞氏传》中的"鸿庞"即"大鸟"，体现了农耕文明对鸟的崇拜。越南人自称为"龙子仙孙"，"仙"即是"鸟"的化身，而越南龙的形象则来自于东南亚较多的蛇和鳄鱼。此外，越南人还崇拜五虎神③，在越南家庭中常贴有五虎神（或白虎神）的民间画。民间认为虎是神圣的生灵，是万物之王，是力量的象征，能够驱赶妖魔鬼怪，保护人类的躯体和灵魂。越南沿海地区的居民还供奉鲸鱼、海龟等为海神。在植物崇拜方面，越南人认为巨木、古树能成精，信奉稻神、树精（神）——"榕树神，稻树鬼"，体现了其朴素的万物有灵的思想。

三、生殖崇拜

生殖崇拜是农耕文化的特征之一，也是东南亚普遍的文化现象。从功能上看，生殖崇拜是以庄稼获得丰收、人类得到繁衍为目的的民间信仰行为，前者是维持生活的必需，后者则是生命延续的前提。两者将天地、男女等因素结合起来，体现了阴阳和谐的生命观。

---

① 地有土公，河有河伯。
② 与天母神相对的是地母神，天母、地母与水母共同构成了母神信仰中的"三府"。
③ 即根据阴阳五行的颜色和方位绘出的五只虎：中间为黄色虎，四周分别为白虎、黑虎、赤虎和青虎。

生殖崇拜在越南有两种表现形式，即生殖器崇拜和生殖行为崇拜。生殖器崇拜是生殖崇拜的初级形式，往往通过石柱、石洞(缝)、木石像、木石刻、墓地装饰(西原地区)以及祭祀习俗等表现出来。其特点是往往同时供奉男、女生殖器形象或象征器具。如北宁省慈山县同忌村供奉一男一女两位淫神为城隍，每年正月初六庙会有迎男女生殖器(木刻)习俗。将淫神从村庙迎到村亭时，走在迎神队伍前面的村老手里拿着两只木制生殖器，边唱边做交配的动作："怎么做，这么做。这样的事，怎么做。"庙会结束后，需将其化成灰并分给村民，村民将木刻生殖器灰烬洒到自家田地里，这一行为被认为具有"给庄稼传递繁殖力"的巫术功能。按老一辈的说法，如果哪一年不举行这个仪式，那一年就会发生对村民不利的事情。越北其他地区也有类似迎、抢生殖器象征器具的传统习俗，人们认为这是吉祥、富足的象征。

生殖行为崇拜一般通过人或动物交配的雕刻、图案或象征性的仪式、游戏来体现。越北出土的铜缸和铜鼓上的鳄鱼—龙图案以及太阳、鸟、舂米等象征交配的图形、甚至铜鼓本身都被认为是东山文化时期生殖崇拜的典型代表。[①] 用于舂米的传统器具杵、臼也被认为是生殖崇拜的遗留和象征。越南传统的"舂臼迎亲"习俗则将舂臼仪式的生殖象征性与对年轻夫妇早生贵子的美好祝愿联系起来。而庙会中的灭灯习俗、男女青年捉泥鳅比赛、男女青年撞挤、触摸、对唱、舞蹈等游艺活动都带有浓郁的生殖崇拜色彩。比如在永福省永祥县文征村的捉泥鳅比赛要求男女青年边拥抱边在大缸里捉泥鳅。参赛的每一对男女必须每人腾出一只手来拥抱对方，另一只手在水缸里捉泥鳅。评委是村里的长老，他们的任务是观察每一对男女的动作。泥鳅捉得多、嬉戏方式又创新的那一对为胜方。富寿某些地区还保留着古老的"咚咦"舞蹈：庙会中成对男女青年手持男女生殖器象征器具，每听到"咚"的鼓声，他们就要将器具碰撞一下，这一舞蹈的意义在于祈求全村人丁兴旺、庄稼获得丰收。

---

① 关于铜鼓的生殖崇拜象征性，越南学者陈玉添总结道："首先，铜鼓的形状从舂米的臼发展而来；第二，敲铜鼓的方式模仿的是舂米的动作；第三，铜鼓鼓面中心是光芒四射的太阳，其光芒象征男性生殖器，光芒之间带有裂缝的叶状突起象征女性生殖器；第四，铜鼓四周常装饰有蟾蜍雕刻，蟾蜍能带来雨和庄稼丰收，是生殖崇拜的象征；第五，铜鼓的声音类似雷声，也有上述象征意义。"参见［越］陈玉添：《越南本色文化探寻》，胡志明市出版社，2001年，第239~240页。

四、祖师崇拜

在越南，各行各业的祖师①也受到后人的祭祀和尊崇。越南的行业祖师一般都是历史上真实存在的人物。他们或是某行业直接或间接的发明创造者，或对某行业的发展传播做出过重大贡献，或是曾做过某种行业的历史名人。某一行业在不同时期可能有不同的祖师，如舞台表演行业的祖师曾有范氏珍重、陶晋和高文楼等。某一行业在不同地区也可能有不同的祖师，如：山水石雕刻行业在岘港五行山郡供奉的祖师为黄伯适，在同奈省边和市宝隆坊供奉的祖师为武丁，而在宁平省华闾宁云村供奉的祖师又是黄崇。有时同一人物也可能是多个行业的祖师。

在越南，供奉行业祖师被视为本民族的优良传统，此举表达了对祖师创业和发展传播该行业的感恩之情，体现了"喝水不忘挖井人"的精神。人们认为，祖师既然创立了这一行业，便会一直关注本行业的发展，并保佑后辈们经营顺利，出行安全，将行业继续发扬光大。对同一祖师的祭祀无疑增加了本行业人员的团结和凝聚力，有利于该行业的发展壮大。

越南有着共同职业或同一行业的人往往聚合为"坊"，坊里专门建有祖师庙，供奉祖师神像或牌位。每逢祖师生辰、忌日、朔日、望日和其他节日都要进行祭祀。祖师忌日的祭祀活动尤其隆重，被称为"坊祭"。除了在庙中集体祭祀祖师外，"坊"里的每个成员还在家中供奉祖师。很多祖师甚至还被奉为村里的城隍。

值得一提的是，不仅教育、印刷、制陶、纺织、丝绸等正当行业有祖师，一些低贱行业也有祖师。如娼妓业就有自己的祖师，为白眉神。在阮攸的《金云翘传》中，当马监生把翠翘卖给秀婆后，就有秀婆让翠翘跪倒叩拜祖师的情节。原文写到："中间香案整齐，上方张挂白眉神像。青楼古今同俗，皆尊白眉作为祖师。"②

在当代，越南的祖师崇拜越来越受到重视。根据越南农业与农村发展部的统计，越南全国有400多个中央和地方行业协会，各行各业都在探寻本行业的祖师和源头。现有的2 000多个行业村中，60%的村子都供奉祖师。2009年底，越南年鉴有限公司宣布，该公司将联合越南电视台、越通社出版社、各行业协会和组

---

① 越南又称之为"先师"、"艺师"。

② 原文是："Giữa thì hương án hẳn hoi/Trên treo một tượng trắng đôi lông mày/Lầu xanh quen thói xưa nay/Nghề này thì lấy ông này tiên sư."

织开展为期4年的"寻找越南行业祖师之旅"活动。该活动将研究梳理各个行业的祖师和发展历程，搜集整理全国各地行业祖师的祭祀情况，最终将于2014年在宁平省古都华闾和南部某个省份建立规模宏大的行业祖庭。这里不仅供全国各行业人士前来祭拜，还将展出丰富的关于行业祖师的图片和文字材料。可以预见的是，越南的祖师崇拜将继续得到重视并发展下去。

五、灶神

越族的灶神又称灶君，是土地神的一种，其任务是看管家宅，定家庭之祸福，驱鬼避邪，并向玉皇客观陈诉人世间所发生的事，通常被认为是家宅神。在越南，灶神是"三位一体"的神灵体系，祭祀对象有三位，分别是土公、土地和土祇。

越族关于灶神的传说为灶神及祭灶习俗提供了推源解释：从前有一对夫妇，丈夫名重高，妻子唤氏儿。有一天重高打了氏儿，氏儿离家出走，遇到一人名范郎，范郎将氏儿带回家两人遂成为夫妻。重高在氏儿出走后亦外出寻妻但一直未果。一天重高来到一户人家乞讨，发现女主人正是氏儿，氏儿也认出了重高。两人十分悔恨。此时范郎正好回家，氏儿让重高暂时藏进稻草堆里。范郎为取草灰做肥料点火烧掉稻草堆。重高葬身火海，氏儿悲恸欲绝也跳进了火堆自尽。范郎见状，也追随妻子跳进火堆中毙命。这样三人全都被火烧死。玉皇见三人都有情有义，于是一并封为灶君，但每人各司其职：范郎为"土公"，掌管厨房事务；重高为"土地"，掌管家庭事务；氏儿为"土祇"，掌管集市和菜园事务。每年腊月二十三灶君都要上天朝拜，陈诉人世间的善恶是非。受汉族灶神信仰的影响，他们也被奉为"第一家之主"。

腊月二十三是一年中最重要的祭祀灶神的日子。这一天越南家家都要举行送灶君上天的仪式：在供上祭品①、读完祭文、行过祭拜礼之后，人们将当年供灶神用的纸钱、帽子、衣服和靴子②或牌位③焚化，然后将事先买好的三条或一条活鲤鱼放生到江河或池塘中，据说鲤鱼放生后会化成龙送灶君上天。

---

① 祭品需要供荤，包括果酒、鸡肉糯米饭、猪蹄等。
② 一般用三顶纸帽，其中两顶男帽、一顶女帽象征性地代表这三位神灵，此外还各配有衣服和靴子，神主的颜色根据每年五行的颜色而定。
③ 上书"定福灶君"或"本家东厨司命灶府神君，本家土地龙脉尊神，本家五方五土福德正神"。

　　灶神是越南家庭中最重要的神灵，因其"生前"重情重义，"化"为神灵后又以玉皇大帝判官的身份来定夺家庭的祸福，祭灶因此变得庄严而神圣。[1]人们在腊月二十三日将这三位"一家之主"送上天，一方面是出于对其"有德能司火，无私可达天"（祭灶对联）之神格的推崇；然而更深层的象征则是，人们试图通过这一仪式创造出一种区别于往常的人间（家庭）"无主"的隔离状态，这一状态是对宇宙重获新生前所经历的"死亡"状态的模拟。在人们潜意识中，宇宙在年终前的 7 天会暂时死去，因此从这一天开始，人间的一切日常社会经济活动都要停止：任何人不准进入山林砍伐或采集（有的地方还要举行封林仪式），旧时朝廷和国家的各级行政机关也要在这一天封印等等，总之人间应开始进入完全的休眠和静止状态，直至新年之始宇宙才会复活，人间才能恢复新的生机。人们认为，这是宇宙存在与运行的通则。[2]这种观念无疑体现了东方哲学中阴阳相生相克的深刻哲理，而"七"作为集体记忆中的结构要素之一，应是印度或西方文化影响的结果。[3]

---

[1]　越南人灶神信仰的深层象征是对三石鼎足式火塘的崇拜，它存在于汉式灶神信仰影响今越南地区之前，在汉族民间信仰的影响下实现了其自身职能的系统化；它暗含了人们对土地的崇拜意识，灶神同时也是家庭土地神。

[2]　［越］黎忠字：《越南人的传统春节》，河内：文化通讯出版社，2002年，第97～98页。

[3]　关于"七"的说法在我国和越南本土文化中似无渊源可寻，《旧约·创世纪》中有七日创世说，印度佛教中也有佛祖走七步即遍布整个世界的说法。陈国旺先生认为，七是象征宇宙的神圣数字，指代全体。

第四章　宗教

越南是一个多种宗教信仰并存的国家。由于历史上与中国、西方的特殊关系以及地理条件的便利，东方的佛教、儒家学说[1]、道教、伊斯兰教以及西方的天主教、福音教等在不同时期传播至越南，成为越南宗教信仰体系的组成部分。此外，产生于本土的高台教、和好教以及其他民间信仰等在越南也有广泛的影响。

据统计，越南信教人数约占越南人口总数的80%。信众[2]人数较多的六大宗教，分别是佛教、天主教、高台教、和好教、福音教、伊斯兰教等，共计约两千万人。具体为：佛教信徒（皈依佛教"三宝"者）有近1千万，分布于全国各省、市，较为集中在河内、北宁、南定、海防、海阳、顺化、岘港、广义、平定、庆和、胡志明市、同奈、林同、朔庄、茶荣、芹苴等地。天主教有信徒约600万，分布于全国50个省市，信众人数较多的有南定、太平、海防、乂安、河静、岘港、崑嵩、多乐、庆和、同奈、胡志明市、前江、永隆、安江、芹苴等省市。高台教有信徒约240万，主要分布于越南南部，如西宁、永隆、安江、槟椥、胡志明市、芹苴、建江、金瓯、安江等省市。和好教有信徒130万左右，主要集中在越南西南部，如安江、芹苴等地。福音教有信徒约100万，主要集中在岘港、广南、胡志明市、槟椥、永隆、安江、林同、嘉莱、多乐、多农、平福以及北方一些省份。伊斯兰教在越南又称为回教，有信徒约7万人，几乎都是占婆族和高棉族人，还有一小部分是马来西亚、印度尼西亚裔以及南印度裔的教民，集中分布在胡志明市、西宁、同奈、安江、平顺、宁顺等地。[3]

六大宗教之外，源自中国的道教和儒家学说在越南也有相当的影响力。道教

---

[1]　儒家学说是东亚文化的重要组成成分，以致于常常被看做一种思想体系和区域现象。就称名而言，"儒家"主要强调其作为一个学派的属性；"儒学"强调其学术体系的属性；"儒教"则强调其作为一个教化体系的属性。从伦理—宗教的意义出发，就实际的功能而言，越南及东南亚的华人社会倾向称儒学为"儒教"。

[2]　本书中，信者者与信众是有区别的，信众指宗教皈依者，信者者则一般指有宗教信仰的人。比如，越南有许多人崇信佛教教义，并在生活中践行佛教规训，也自称佛门弟子，但是不皈依佛教，不是严格意义上的"佛教徒"。其他宗教也有类似的情形。

[3]　本段数据根据越南政府宗教委员会编撰的《越南宗教和宗教政策白皮书——2006》整理，因为原数据只提供到2005年的数据，所以笔者在2005年原始数据的基础上略作调整给出上述数据。该数据应被视为参考数据，而非精确数据。

传入越南后很快与其本土的巫术等传统结合在一起，对越南民间信仰的神灵起到系统化的作用。儒家学说对越南社会和文化产生过巨大而深远的影响，在当今社会仍然是越南重要的思想资源，是越南传统文化的重要组成部分和源头之一。"儒教"不像其他宗教那样有固定的宗教组织和教职人员，但是在宗教功能方面却与上述正式宗教异曲同工。

最后，一些少数民族地区还保留有图腾崇拜、拜物教、萨满教等原始宗教形式。一些地方宗教或新成立、新引进的教派，如净土居士、宝山奇香、四恩孝义、祖先正教、婆罗门教等也是越南宗教信仰体系的有机组成部分。

第一节 佛教

佛教在越南历史上扮演过重要角色，曾被尊为国教。在越南现在的宗教体系中，佛教也占有重要地位。它对越南文化和社会有深刻的影响。

一、由来和发展

越南学界普遍认为，佛教于公元初年就已通过海路从印度传入越南。中国学界一般认为佛教传入越南的可信时间为2世纪。东汉末年，战乱频繁，"独交州差安，北方异人咸来在焉"。避居交州的过程中，大批中原士民和僧侣给交趾地区带去了北传佛教。牟子就是其中最早且成就最显著的代表。他奉母流寓交州，潜心佛学，力图融儒、释、道三家观点于一炉，并于交州完成了著作《牟子理惑论》，在当时影响极大。

3世纪，西亚僧人康僧会、支疆梁，印度僧人摩罗耆域、丘陀罗等先后从海路经扶南或从陆路经由缅甸、云南到达交州，奉译佛经，建造寺院，弘扬佛法。中国高僧西行取经，也多取道交州。由于地理位置特殊，交州郡的首府嬴陵成为当时重要的佛教中心。如果说早期越南佛教曾受到南传佛教影响的话，那么6世纪之后，越南佛教主要是受北传佛教的影响。其时，越南属中国郡县，各方面均受中国深刻影响，而隋唐时期中国佛教的兴盛也促进了交州佛教的发展。这一时期，中国的禅宗^①、净土宗和密宗传入越南，其影响力远远超过了南传佛教。

在唐代，除了来自中国以及南亚、西亚的僧侣外，交州当地也出现了不少名僧，如运期、解脱天、慧琰、智行等。一些交州僧人也应邀到长安讲经。^②

总之，早在越南建立自主封建国家之前，佛教就已在今越南北方广为发展。968年，丁部领建立"大瞿越"国。在此后长达4个世纪的时间里，越南统治者笃信佛教，优容僧侣，佛教迎来了其创新、发展和鼎盛时期。

建国之初，因缺乏治理国家的人才，越南丁、前黎各朝均重用佛教僧侣。971年，丁先皇定文武品秩时，对僧道品阶也作了规定，定"僧统"为佛教官职之首，下设"僧录"管理僧侣事务。当时被丁先皇封为僧统、僧录的分别是匡越大师和张麻尼。匡越大师（933—1011）是无言通禅派的第四代传人，"匡越"二字即丁先皇所赐，意即"辅助越国"。前黎朝黎大行得帝业后，对匡越大师"尤加礼敬"，"凡朝廷军国之事，师皆与焉"。^③除匡越大师外，在前黎朝辅佐朝政的还有杜法顺（915—990）和万行。杜法顺为毗尼多流支禅派第十代传人，博学多才。万行为毗尼多流支禅派第十二代传人，精于禅法，曾为黎大行的顾问，"黎大行皇帝军国之事必依万行言"。李朝初年，万行因以符谶之言支持李公蕴夺得政权而被李太祖尊为国师。

李陈时期（11—14世纪初）是越南佛教发展的鼎盛期，佛教被尊为国教，以佛教为代表的神权与封建王朝所代表的政权更加紧密地结合起来。僧侣集团形成了强大的社会势力：经济上，寺院拥有大量寺田、食邑和田奴，僧侣持度牒享有免除赋税徭役之特权；组织上，形成了上有国师、僧统、僧录，各府有教门公事的严密的僧团制度；政治上，则具有参与朝政、左右政局甚至影响国君废立之权势。当时辅佐朝政的高级僧侣除万行和尚外，还有满觉禅师、圆通国师、明空法师、玄光禅师等。

---

① 公元580年，在中国承袭了中国禅宗衣钵的印度僧人毗尼多流支从广州到达交州，在法云寺（北宁顺城）创立了"灭喜禅宗派"，是为越南禅宗之始。820年，唐代广州籍僧人无言通到达安南北宁扶董村建初寺，在那里传授禅学，并创立了越南第二支禅宗派"无言通禅派"。无言派是越南佛教的主要宗派。

② 梁志明：《略论越南佛教的源流、发展及其在李陈时期的历史作用》，载《东南亚历史文化与现代化》，香港社会科学出版社有限公司，2003年，第202页。

③ 参见［越］《禅苑集英》，载《越南文学集总集Ⅱ》，社会科学出版社，1997年版，第190～191页。

李朝各代国王均大力推崇佛教，亲身传播禅宗佛学。[①]陈朝建立后，各代帝王继续推崇佛教。[②]陈朝第三代国王陈仁宗（1279—1293）更是笃志禅学，以至弃位出家，在海阳东潮县安子山花烟寺出家修行，并正式创立了竹林禅派，是为越南竹林禅派的初祖。竹林禅派是由越南人创立的第一支禅宗流派，被认为是真正越南化的佛教宗派，受到陈朝皇室的大力提倡，并成为以后若干世纪越南佛教的主要流派。它继承无言通派，将儒、释、道学说综合到禅宗完整的心性中，借鉴了中国禅宗"见自性"、"无杂"、"无念"的思想，不尚礼仪，宣扬"佛在心，心即涅盘，即佛"，实际上是中国禅宗的翻版。

在民间，佛教影响至深。陈朝儒臣黎适欲明儒道而排佛，"卒不能行"，不解于"佛氏之福祸动人，何其得人之深且固矣"，并对当时的崇佛景象概括道："上至王公，以致庶人，凡施于佛事，虽竭所有，顾无靳啬。苟今日托付于寺塔，则欣欣然如持左券，以取明日之报。故自内京城，及外州府，穷村僻巷，不令而从，不盟而信。有人家处，必有佛寺，废而复兴，坏而修复。钟鼓楼台，与民居怠半，其兴甚易，而尊崇甚大也。"越南很多大型的著名佛寺如佛迹寺（北宁）、普宁寺（南定）、广严寺（原河西，今河内）、安子寺（广宁），以及上文提到的延佑寺等均始建于这一时期。

佛教信徒数量的激增和佛教势力的恶性膨胀引起了越南统治阶级的忧虑和惶恐：寺庙成了藏污纳垢之所，淫荡奸邪之地；一些高级僧侣甚至干涉朝政，决定国君的废立。统治阶级因此不得不采取一系列压制政策，通过勒令还俗、服兵役、没收土地、降低僧侣身份等方法打击佛教。事实上，到陈朝中后期，随着儒士阶层的日渐崛起，僧侣便逐渐失去了其在国家政治生活中的重要地位，僧侣人数锐减。15世纪黎朝建立后，越南的政治体制从之前的贵族君主制转向了官僚君主制，封建统治制度高度发展；与之相应，儒家思想取代了李陈时期

---

① 《大越史记全书》记载：李朝开国皇帝李公蕴在"宗庙未建，社稷未立之时"，便"创立八寺，又重修诸路寺观，而度京师千余人为僧"。李太宗在位时（1028—1054）大力修建寺院，1049年因梦见观音佛坐莲花台而命造延佑寺，也就是如今著名的独柱寺。李圣宗（1054—1072）在攻获占城时发现了客居占城的中国禅师草堂，备加赏识，赐其居于升龙开国寺，封其为国师。草堂禅师创立了越南禅宗第三派系——"草堂禅派"，主张"禅净一致"，把禅宗和净土宗结合起来。草堂禅派传五代十八祖，李圣宗、李英宗（1138—1175）、李高宗（1176—1210）分别是草堂禅派首传、第三代和第五代弟子。随着李朝的衰亡，草堂禅派也走向衰落。

② 陈太宗（1225—1258）下诏"国中凡有驿亭、皆塑佛像事之"，其著有《课虚录》和《禅宗指南歌》，前《课虚录》是越南竹林禅派的基本著作之一。

崇佛和三教并尊的思想，在越南社会中占据了正统性和支配性地位，越南封建社会从此进入了崇儒重道、独尊儒学的时期，宫廷佛教开始走向衰落。1500年，朝廷下令只许庶民信佛。

佛教虽告别宫廷，但在乡村中仍保持其原有地位，寺庙仍是善男信女们寄托信仰和希望的地方。佛教的因果报应论越来越深入人心。吃斋、受戒、诵经、放生、赈济、建庙、修塔、塑像、印经等仍是众多信徒的必行功课，以为自身及家庭积下功德。这一阶段，氏敬观音和南海观音作为佛在越南的本土化形象开始在大众信徒的精神生活中占据重要位置。

16世纪时，禅宗和净土宗融合为莲宗派。17世纪，以拙公和尚[①]和元韶禅师为代表的中国禅师到越南北方和南方弘扬佛法[②]，北传佛教在越南继续发展。南北纷争时期，郑主、阮主为了笼络人民，开始扶持佛教，传教活动逐步恢复。禅宗和净土宗进一步结合，并于17世纪起陆续形成了拙公派、水月派、莲宗派、元绍禅派、了观禅派、宝山奇香派等六个新教派。

18世纪，越南国内阶级矛盾日益尖锐，政权腐败，连年灾荒，农民起义不断，国家危机重重。儒家思想已不足以成为百姓安身立命的思想基础，儒学虽然仍为官学，但其实际地位已经下降，民间和上层社会又刮起了崇佛、崇道之风。

法国殖民时期是佛教发展较为坎坷的阶段。1928—1935年，南圻佛学研究会、安南佛学会、北圻佛教总会等先后在西贡、顺化和河内成立。佛教徒和知识分子共同致力于收集经书、讲经说法、修复寺院、出版各种越文译本的佛教经典和杂志等活动，拉开了越南佛教振兴运动的序幕。1948年，统一越南佛教徒协会成立。1950年，中越、北越成立了联合性的新佛教协会。1951年，国家佛教会议在顺化召开，大会成立了"越南佛教总会"，以统一所有的佛教协会，重组佛教教会活动。

但随着1954年日内瓦协议将越南一分为二，越南佛教的统一之路也因此受阻，南越佛教界也因总统吴庭艳信奉天主教而遭受歧视，南越佛教徒掀起了非暴

---

① 拙公和尚以河内、北宁为中心，广泛传播中国临济禅宗思想，并创立了竹林新派——拙公派。
② 在中国侨僧的影响下，17、18世纪的越南"南方佛教带有浓厚的广东特色"，"越南中部寺院建筑则深受中国寺院建筑的影响，屋顶普遍以筒瓦覆盖。"

力佛教反抗运动，在军警的镇压下，牺牲、自焚者众多。1963年12月31日，统一越南佛教大会在舍利寺（由南越佛学会所建）开幕，大会决定以"统一越南佛教教会"的名义统一越南佛教，总部设在印光寺。统一越南佛教教会成立后，大力弘扬佛法，并对南越政府进行了长期的批判，这一阶段越南佛教徒剧增。1975年南越解放后，越南的佛教宗派和组织再次得到统一，次年成立了全国统一的"越南佛教联合会"。1981年越南佛教教会作为越南佛教界唯一的官方机构得以成立，分设两个办事处于河内馆使寺和胡志明市舍利寺，由三个宗派即北宗、南宗及乞士宗组成。

2007年12月，在河内友谊文化宫举行了越南佛教第六次全国代表大会，制定了2007—2012年的行动纲领和主要活动计划，大会肯定了越南佛教团结、和谐和与民族同行的精神和传统，主张遵循"道法、民族、社会主义"的方针，弘扬佛法、传播佛教道德，为建设贤善、幸福、安乐的社会，消除各种消极腐败、抢窃暴力等而努力奋斗。大会还选举了越南佛教新一届领导机构和领导成员。

如今，佛教是越南的第一大宗教。主要修行法门以净土为主，禅宗次之。全国有75%的人受过佛教教育或影响，农历初一、十五，民众去寺庙烧香拜佛者甚多。

二、越南佛教的特点

相较于其他国家的佛教，越南佛教有三个比较明显的特点：综合性、灵活性和明显的入世色彩。

第一，综合性。佛教被越南人接受后，很快便与越南传统的民间信仰结合在一起。比如，越南的四法寺实际上是供奉云、雨、雷、电等自然神的寺庙体系；并且，越南寺庙普遍的建筑风格是"前佛后神"，寺庙除了供奉佛教神灵外，同时也是供奉神灵、圣人、土地城隍和民族英雄的场所。而在越南人民眼中，佛祖同时也是一位无所不能的神，他通晓宇宙中的一切事物，并能在任何需要的时候出来惩奸除恶，救助心地善良的人。其次，佛教的各教派也互相结合，使得在越南没有一个纯粹的佛教派别：毗尼多流支派中掺杂密宗派，这一派别中的万行大师、阮明空法师、徐道行法师等均精通法术；李朝的草堂派将禅宗和净土宗合二为一，把自身修行和借助外力结合起来；禅宗本主张不立文字，但越南的禅师们却留下了许多颇具价值的著作。

第二，灵活性。农业文明赋予了越南人明显的实用主义心理，他们更多关注的是一种实际的生活态度及生活方式。民间俗语有云："在家修行为第一，集市修行排第二，寺庙第三。""救人一命，胜造七级浮屠。"与拜佛相比，他们更愿意孝敬父母。有歌谣云："修行不如在家，孝敬父母乃真修行。"这种实用主义心理也使得佛教徒不拘形式。比如，越南北方寺庙往往将不同宗派的佛祖、菩萨、罗汉等塑像供在一起；在南方，大乘和小乘佛教关系密切，很多寺庙形式上是小乘，即供奉释迦牟尼，僧侣穿黄色袈裟，但却信奉大乘教义。许多清规戒律也都根据实际需要来删减或保留。为了留住村社的寺庙，有些地方的村民甚至给住持组织婚娶仪式，使得寺庙几乎变成村社的家户。[①]

越南佛教的灵活性还体现在其本土化方面。首先，在形式上，越南人供奉的佛祖受到东南亚地区妇女地位较高等文化特色的影响——不仅来源于印度的释迦牟尼等佛教神灵被女性化，并且还诞生了南海观音、氏敬观音、妙善观音等本土化的女性佛教神灵。其次，在越南人的观念中，佛祖无异于传统民间信仰中的神灵，其职能是救苦救难于人间，赐一方福祉于百姓，风调雨顺于农业，救度超脱于亡灵等等。

第三，明显的入世色彩。由于特殊的历史和社会发展状况，越南佛教在追求"出世"的同时，表现出了极其明显的"入世"特征，佛教与政治、国家有密切关系。封建时期，僧侣们积极参与朝政、外交和文化教育事业，对越南封建社会制度的建立和完善作出了巨大贡献。到近现代，寺庙和僧侣成为抗法救国运动的基地和主要力量之一。如1898年武著领导的抗法起义，得到了富安、平定两省广大佛教徒的支持。1945年"八月革命"期间，僧侣和佛教团体通过《慧火报》提出了"拥护人民政权"、"反对一切侵略"、"越南完全独立"等口号，并投身于民族解放事业。吴庭艳、阮文绍在南方执政期间，南越佛教徒遭到歧视和迫害，他们中的释广德、释善美、妙光等人通过自焚的方式反抗南越政府的统治和宗教不平等政策。

到了当代，越南佛教协会奉行"团结、和谐、服务祖国、保卫和平"的理念，积极从事爱国和慈善活动，在宣传越南共产党的方针路线、国家的法律政策和革

---

① ［越］陈玉添：《越南本色文化探寻》，胡志明市出版社，2001年版，第470页。

新开放事业方面，以及在消除饥饿、减少贫困、维护社会安定、预防社会灾难、建设文化生活等方面发挥着重要作用。

此外，越南佛学教育与越南国民教育体系并行，佛教教育对提高国民素质、推动越南社会、文化事业起到了很好的促进作用。

第二节　天主教

一、由来和发展

天主教由基督教西部教会发展而来，是基督教三大主要派别之一。16世纪越南后黎时期，随着欧洲殖民势力向海外扩张，天主教开始在越南传播，由此开启了越南与西方的文化交流。天主教在越南传播的初期（16—17世纪），宗教和贸易是其主要目的。是时越南正处于北莫、南黎的"南北朝"对峙以及"郑阮纷争"的长期割据时期，为了争取国外势力、发展经济、增强各自的军事实力，越南各封建集团十分欢迎西方传教士的活动。1615年，法国在越南成立"法国耶稣会"；1624年，在越南传教多年的法国传教士亚历山大·德·罗德（Alexandre de Rhodes）返回欧洲向罗马教皇争取法国在远东地区传教的权利。1658年，教皇封两位法国传教士帕吕（Pallu）、朗贝尔·德·拉莫特（Lambert de la Motte）为越南南、北方主教。1664年，法国国外传教会成立。法国逐渐垄断了天主教在越南的传教活动。传教士活动从宗教、贸易领域逐渐转向政治领域，传教士以扩大传教区域为名对越南进行殖民侵略。

18世纪末，阮主和西山王朝之间的内战给法国国外传教会的扩张以及法国殖民者的入侵创造了机会。越南南部教廷代表—法国传教士百多禄积极为阮福映集结武装力量，助其扑灭西山农民起义。这进一步扩大了法国在越南的宗教和政治影响：宗教方面，至1802年，越南北方教民人数已达30万，南方有教民6万，共由6个主教统管；政治方面，在法国传教士支持下而称帝建元的阮福映，即位后即使用一些法国人作为朝廷顾问，使法国殖民势力迈出了其侵占印支半岛的第一步。

尽管受恩于法国传教士，但是依靠外国侵略势力起家的阮朝也十分担心天主教的发展将会给民族的道德习俗以及国内的政治稳定带来负面影响。加之巴黎传教会中一些传教士的活动不够光明磊落，且天主教的教义与越南传统的风俗习惯相冲突，导致阮朝实行了闭关锁国外交政策和维持现状的宗教政策，规定修缮教堂需经呈批，并禁止修建新教堂。1847年，绍治皇帝在一封治罪谕旨中称天主教为邪教，嗣德年间实施了更加严格的禁教政策，如对教民行黥面之刑等。

上述举措不仅未能阻碍法国殖民者的步伐，还为他们进一步武装侵略提供了借口。在传教士的积极运作下，1858年，法国殖民者炮轰岘港，侵占嘉定。迫于压力，1862年，阮朝与法国签订了《壬戌条约》，条约规定越南割让东南部三省，并取消禁教政策。这一事件引发了中部的"平西杀邪"（平西敌，杀邪教）运动。获得了传教权的法国传教士与殖民者亦步亦趋，利用传教来实现政治企图，巩固殖民统治。天主教势力进一步扩大，在越南建立了广泛的社会基础。但直至1933年，梵蒂冈教廷才赋予越南教会以自管权，并第一次封越南人阮伯从为主教。20世纪50年代初期，越南抗法战争接二连三取得胜利后，一大批越南主教才开始代替法国人主持活动。

1954年越南赢得了"奠边府大捷"，法军撤出越南，越南暂时分裂为南越和北越。在殖民者散布的"主已南下"的谣言影响以及南方吴庭艳政权的大力支持下，北方约65万天主教徒逃亡至南方，使越南南方成为天主教的活动中心。越南天主教分别在河内、顺化、西贡成立了由3位越南主教负责的三个省级教区，越南的教堂也升级为正座。到了1966年，越南南、北两地已有教区11处、天主教信徒300万人。

1975年越南南北统一后，政府采取了一系列强制措施，下令外国传教士限期离境，加强对各地教会组织的管理，严格教堂法规和传教活动等。1976年，河内总教主陈如奎接受了红衣主教头衔。1980年，越南天主教教主理事会成立，争取为爱国主义和社会主义建设服务。1983年，河内召开越南天主教徒国民大会，成立了天主教团结委员会。革新开放时期，天主教在改善越南同西方国家的关系过程中表现十分活跃。

二、越南天主教的特点

如今，天主教是越南第二大宗教。但相比于天主教在亚洲和世界其他国家的影响而言，其在越南的影响仍然有限。究其原因，首先天主教在越南的传播和发展的历史就是一部法国入侵越南的殖民史。胡志明称其为"教会主义"，它使越南历史上第一次出现了"教民"和"良民"的对立。天主教知识分子李政忠分析道："教会肩上有一笔沉重的遗产：成立之初含糊暧昧的性格，一个世纪公开与侵略者的妥协，一个故意或无意的愚民政策。（这使得）教会的在场对于越南人而言如鲠在喉。"①其次，与其他外来宗教（如佛教、道教）不同，天主教带有浓厚的西方文化传统，在相当长的时期内无法与越南文化相融合。从形式到内容，从仪式到信仰，从拉丁经文到崇拜对象，从教堂建筑风格到宇宙观，天主教都与越南已有的信仰形式相对立。其中最为突出的矛盾是，天主教相信上帝是唯一的真神，而祖先崇拜则是越南人不可动摇的信仰。

当然，为了融入越南社会，天主教也不得不进行本土化。受越南重女性传统的影响，圣母玛利亚的形象多次出现在越南天主教中，越南天主教徒甚至还创造了自己的圣母——罗旺圣母（Duc me La Vang）；在教堂建筑、装饰风格方面有的也根据民族传统风格加以改造，这类被越化的教堂风格被越南民间称为"南教堂"。

天主教作为西方文化的代表，在越西文化交流过程中对越南建筑、文学、艺术、文字、报刊、教育以及生活方式等领域都产生了重要影响。文字是天主教对越南文化最大的贡献。为了使传教活动更有效率，传教士将越语拉丁化，并添加若干符号，创造出国语字；同时，大量借词进入越语，极大丰富了越语词汇；越语语法也在一定程度上受到印欧语系的影响。

第三节　高台教

一、由来及发展

高台教全称为"三期普渡大道"，是20世纪20年代出现于越南南方的一种新兴宗教。

高台教产生于越南抗法爱国运动不断遭到镇压、封建统治江河日下的社会背景中。传统的儒、释、道思想不能帮助广大南圻人民摆脱苦难，各种求乩降笔道

---

① ［越］陈玉添：《越南本色文化探寻》，胡志明市出版社，2001年，第531页。

术盛行，人们渴望新的、更强大的超自然力量出现。曾担任过殖民地官员的吴文昭利用民间的泛神主义思想，假托高台下凡，宣传教义。1926年，高台教在西宁省慈林寺正式宣布成立。

成立之初，高台教就分裂为无为派和普渡派两大派系。虽然遭到统治者的封杀，但各支派积极传教，刚成立就有教徒1万多人，影响遍及南、中、北三圻；1930年信徒猛增至50万，1935年上升至100万；到1946年，高台教已发展成为拥有200万教徒、21个支派的大教。高台教一创建就带有浓厚的军事和政治色彩。它在每一个宗教村社、区、县、省都建有武装义勇队，20世纪40年代时已形成一支不容忽视的军事力量。法国殖民者担心其对自身统治构成威胁，于是查封了西宁教廷。在法国的压力下，高台教各派形成了反越盟的西宁教派、反法反共的黑婆山教区、力主抗法的明真教派等各种支派。

日内瓦协定签署后，高台教西宁教派继续反共亲美，吴庭艳对其采取了分化、收买的策略，致使西宁教派势力大为削弱；其进步支派明真教派则号召高台教各支派联合抗美，为抗美救国事业作出了积极贡献。吴庭艳去世后，高台教得到恢复，不仅组建了自己的政党，还在南方政府内阁中安插了自己的代表，并于1972年创建了高台大学。

越南南北统一后，越南政府曾一度将高台教视为反动势力，禁止其宗教活动，直到1992年才正式承认其合法地位。目前高台教各派仍处于分裂状态，但基本教义、信奉的教主和供奉的对象是统一的。

二、教义、神谱、机构

高台教信奉的"高台"是上帝的化名，表示"最高的存在"。高台教教义的核心内容是"三期普渡说"。该教认为：自从有人类以来，上帝曾两次创立各种宗教以普渡众生；[①]这些宗教虽然同源同归，但由于较为分散，时常产生矛盾和冲突，未能带领人类脱离苦海；如今，条件皆已具备，上帝决定进行"第三期普渡"，即在统一所有宗教的基础上创立一种新的宗教，并亲自担任教主，自称"高台仙翁大菩萨嘛哈萨"，简称"高台"。

---

① 第一次为各种宗教的前身，第二次为儒、释、道及基督教、伊斯兰教等。

　　高台教的宗旨是"天人合一"、"万教一理"，主张三教（儒、释、道）同源、五支（孔子的仁道、姜太公的神道、耶稣的圣道、老子的仙道以及释迦牟尼的佛道）合一。它把儒家的道德、道家的法术、佛教的慈悲以及天主教的形式融合在一起，试图建立一种跨民族、跨国界的超级宗教。高台教有两个法门，即普渡和无为，前者注重肉身，后者注重灵魂。

　　在祭祀对象方面，高台教崇拜所有的三教五支神灵，是地道的多神教。在高台教的祭台上，最上层是三教始祖：释迦牟尼位于正中，老子位左，孔子位右；下一层是辅佐高台普渡众生的"三镇威严"：观音代表佛教居中，李太白代表道教位左，关圣代表儒教位右；再下一层是天主教的耶稣；最下层是代表神教的姜太公。此外还有印度教湿婆、梵天和毗湿奴神以及东西方诸神。高居在这一切之上的是描绘或悬挂在殿堂最高处的一只"左眼"。眼睛是心灵的象征，左为阳，象征天，"左眼"即"天眼"，是高台教的标志，象征无形的心灵世界。它洞察一切，知晓一切，信徒看到"天眼"就仿佛看到自己的内心。在高台教圣殿内还悬挂"三圣"像，分别是越南先知阮秉谦、维克多·雨果及孙中山，在三圣像中，三位弟子分别用汉文和法文写下了人类的共同愿望，即仁爱、爱情和真理。①

　　高台教信徒可以供奉祖先，但不能供荤，不能使用纸马。要忌杀生、忌贪欲、忌荤、忌色、忌粗口。每日6点、12点、18点、24点要焚香诵经。

　　高台教的主要宗教活动是"求乩降笔"，它是高台以及为其服务的先圣与高台教的弟子们沟通联络的方式。"高台"常常以越南国内外的历史名人如潘清简、段氏点、姜太公、李白、雨果等的身份出现，通过乩笔降旨传教。高台教将各位先圣的降笔文字合辑成一部《圣言合选》，是为该教的主要经书。

　　高台教有一套复杂的组织机构和类似天主教的等级制度。其组织系统与其建筑结构类似，包括八卦台、协天台和九重台三部分。八卦台是供奉"天眼"和上帝的所在，同时也是高台教的立法机构；协天台是"求乩降笔"的场所，是司法机构，其职能是提出本教的路线主张；九重台是举行礼仪的地方，是指导实施行政事务的行政机构，拥有九个院。八卦台由李白代表高台掌管。协天台为首的是护法，护法之下设上品、上生两名高级职敕，他们负责法、教、世三个支

---

① ［越］陈玉添：《越南本色文化探寻》，胡志明市出版社，2001年，第564～565页。

系并各有四名职敕辅佐。九重台为首的是教宗，教宗掌握着高台教的实权，其下设三位掌法代表佛、道、儒三教，分属太、上、玉三个支系，分别着黄、蓝、红色服饰。出家信徒也被分成佛、道、儒三个群体，进行宗教仪式时分别着黄、蓝、红色教服。[①]

三、高台教的特点

综上所述，我们不难看出，高台教具有包容性、世俗性以及自治性等特点。其包容性表现在高台教建立在儒释道三教文化的深厚根基之上，并从天主教及其他宗教信仰中汲取营养。它不违背任何一种宗教教义。这种综合性、传统性使其获得了广泛的群众基础。高台教组织的政治性，以及它在特定历史阶段从事的社会、政治、军事活动反映了其世俗特征。而其完善的组织模式和职能分工也使其具有较强的自治性。此外，高台教还有尊重妇女的传统，提倡男女平等，男女弟子享有同等的权利。许多地方还同时供奉高台和佛母。

另一方面，我们也看到，高台教虽然力图包容一切，但事实上它并没有建立起一个统一的、同质的、深刻的宗教思想体系，只是对各种宗教教义进行了简单的借用和拼凑。这决定了高台教的信众绝大多数是农民，并且始终只在其发源地越南南部发展，而未能成为全国性的宗教，其跨民族、跨国界的超宗教目标也难以实现。

高台教产生于越南南方，是越南土生土长的本土宗教，它对越南尤其是越南南部社会文化的发展具有积极意义。我们知道，越南南方是17世纪后随着华人以及北部越南人的南迁而被逐步开发的。与北方主要通过村社公田公土来增强村社共同体的凝聚力不同，南方人在自发的垦荒、劳动生产、建村立邑的过程中，宗教作为一种强势的群体组织对于集体意识的形成起到了至关重要的作用。人们通过宗教聚集、定居，进而形成稳定的村落共同体；同时，宗教在南方人的生活方式，丰富物质、精神文化生活等方面发挥了不可忽视的教化作用。在这一方面，高台教与下文将要谈到的和好教情况类似。

---

① 雷慧萃:《越南的高台教》，载《东南亚纵横》，2003年第11期。

第四节　和好教

一、由来及发展

和好教全称为和好佛教。它是在佛教教义理论基础上，融合越南祖先崇拜和爱国主义传统而发展出来的佛教革新教派，是一种新兴宗教。

和好教的创立者黄富数（1919—1947），出生于朱笃省和好乡（今属安江省富新县）的一个地主家庭，幼年时多病，常到寺庙中修行。1939年，越南佛教界掀起"佛教复兴运动"，黄富数在继承了南部宝山奇香派佛教的基础上，以家乡地名"和好"为名创立了和好教，同时也取"孝和"、"交好"之义。和好教创立后，在越南南方引起了强烈反响。在反法抗日的背景下，和好教成立了民兵组织——保安队，更于"八月革命"胜利后组建了自己的宗教政党——越南民主社会党。1946年，和好教信徒人数已达100万。1947年，黄富数失踪，法国殖民者趁机制造越南共产党杀害黄富数的言论，以挑起矛盾，和好教走上了亲法反共的道路。吴庭艳执政后，和好教遭到压制，和好教的军事势力被剿灭，教会和民社党也停止了活动，和好教陷入低谷。吴庭艳政府倒台后，和好教在美伪政权的拉拢下又东山再起，20世纪70年代信徒达200多万。但由于之前的反共行为，1975年越南共产党统一全国后曾禁止和好教公开活动。直到1999年，和好教的合法地位才得到越南政府的承认，但它并未发展成为广泛的宗教。目前有信徒100多万，主要集中在越南南方西部的农村地区。

二、教义、修行、组织、特点

在教义上，和好教以净土宗为法门，以"学佛修人"为宗旨，以"四恩"为教义。"学佛修人"即按照佛教基本教义进行自身的修行（包括恶法、真法、善法等三个主要法门）。"四恩"即报答父母祖先恩、祖国恩、三宝恩和人类同胞恩。其中父母祖先恩位于"四恩"之首，体现了越南人传统的伦理道德观；报答三宝（佛、法、僧）恩是佛教徒普遍遵循的原则，被置于第三位；教义第二条要求信徒报答祖国恩，为民族独立和民族解放事业而斗争，体现了和好教浓厚的爱国主义、民族主义色彩；同时，人类同胞恩又强调民族间的相互依赖性，体现了和好教的包容精神和国际视野。

在修行方式上，和好教主张在家修行，不建寺修塔塑像，避免一切繁文缛节，反对迷信活动和铺张浪费。家庭堂屋正中设佛台，佛台下设九玄七祖供桌，屋外设通天台，分别祭佛祖、祖先和上天。佛台上挂一块深棕色布条——象征和谐及禅宗，供品为一盅清水、一束鲜花、一炉清香，象征纯净、高洁。每月的阴历十四、十五、二十九、三十这四天为和好教的斋日（如遇小月则以下个月的初一来代替上月的三十）。

在组织形式上，和好教不分宗教等级，不设神职人员，信徒在原则上是平等的。建有省—县—乡—村各级管理委员会，负责处理教内外日常事务。管理委员会没有圣职，会长由信徒代表大会选举产生，任期2～3年。

和好教将佛教教义与越南儒学的忠孝观（忠于国家，孝顺父母和人民）相结合，积极入世，迎合了越南民族意识发展的需要和越南人的文化心理需求。和好教与其他宗教最大的不同在于它有明确的政治主张、有自己的武装力量，动员教民反抗外侵。尤其是在越南民族饱受殖民侵略的特殊历史时期，高举爱国主义和抵御外侵大旗的和好教吸引了大批信众。同时，和好教还搁置抽象难懂的佛教经典，主张简单易行的修行方式等。其民族性、入世性和灵活性等特点使其显示出强大的生命力。

第五节　福音教

福音教指的是基督教三大派别中的新教，它深受资产阶级民主思想和个人自由主义倾向的影响，不承认教皇的领导权，没有自己的权力中心，废除了天主教的教阶制。因此，福音教在新大陆——美国吸引了更多的追随者，美国成为福音教的大本营。福音教视耶稣为救世主，信奉上帝，崇拜圣经。福音教的节日如圣诞节、复活节等都与天主教相似，但在观念和组织方法上两者存在一些差异。福音教的教职人员有主教、牧师、长老、传道员等。

一、由来及发展

基督教分三大派别，即罗马公教、东正教和新教。罗马公教在传入中国，继而传入越南后被称为"天主教"或"公教"。新教是16世纪初以来所有脱离罗马公教、提倡改革的新宗派的统称，通常称为基督（新）教，传入中国后被称为"耶稣教"。越南的福音教主要由美国的基督（新）教组织传入，得到美国"基督（新）教传教联会"的大力支持，美伪时期在南部地区广泛传播，有坚实的社会基础。

福音教于19世纪末由联合福音教传教会传入越南。1911年，第一个福音教圣会分会在岘港成立，开启了越南福音教传播的新篇章。1916年，联合福音教传教会在越南设立了16个分会，其中北圻5个、中圻6个、南圻5个，皆隶属于东法福音圣会。1920年，河内建成了第一个福音教印刷厂，越语版的《圣经》、圣歌以及传教印刷品得以大量发行。1921年，岘港成立了第一所圣经学校。1928年，牧师大会决定在越南成立北中部教区和南部教区；1931年又拆分为北、中、南三个教区。1940年，越南福音教已成立了189家分会，拥有信徒15 000人。日本入侵印支半岛时期，大部分传教士被召回，许多圣会停止了宗教活动。1945年日本法西斯投降后，圣会更名为越南福音圣会，直到1948年，北、中、南三区的宗教活动才恢复。1954年，越南福音教信徒达6万人，牧师80名。

1954年，随着日内瓦协定的签订以及越南暂时被分为南越和北越，北越福音教会的大部分牧师和信徒移居南方，北方只留下了约5 000名信徒、10名牧师，在河内单独成立了一个"越南福音圣会"。越南福音圣会于1958年被越南民主共和国正式承认为教会组织，并作为越南祖国阵线的成员，按照"敬主和爱国"的进步方向和"热爱祖国、保卫和平，实现公平、博爱、自由、平等、劳动"的宗旨组织活动。

在南越，福音教得到了美国和吴庭艳政权的大力支持，进入快速发展的时期。南越福音教会在这一时期建立和完善了教会的三级管理机构，即总联会—各教区—各基层支会，大规模建立传教士培训基地，把岘港教会学校升级为"神学院"。许多福音教神职人员和信徒得到南越政府的重用，在政坛上十分活跃，甚至在西贡驻军中建立了福音宣慰体系。到1975年初，越南南方共有28个不同的福音教教派组织，信徒总数约为25万人，有800名牧师和传教士，500座教堂。这一时期南越福音教会以美国为靠山，成为美伪政权迷惑和麻醉南越人民，反对越南民族解放的工具和帮凶。[1]

---

① 唐桓：《福音教与越南的民族分离问题》，载《世界民族与宗教》，2004年第5期。

1975年4月，南方解放，越南全国统一。越南政府采取强制措施命令福音教外国传教士限期离境，南越福音教会被查禁，许多越南教职人员和信徒跑到了美国，福音教会的影响大打削弱。20世纪80年代后期，越南实行革新开放，对民族、宗教政策作了一些调整，国内宗教环境变得相对宽松。借此机会，一些福音教传教士重返故地恢复传教，美国基督（新）教组织也重新开始在经济上资助、在传教策略上指导越南福音教会以求重整旗鼓，发展和壮大福音教会。同时，以美国为首的敌对势力也在经济和政治上暗中支持越南福音教会在少数民族地区发展势力，进行民族分离主义活动。他们主要把文化程度低下、物质生活贫困、精神生活空虚的少数民族作为传教重点对象。到1997年，越南福音教会已经有约500传教士、40余万信徒，450座教堂。2001年，"南越"福音教会得到越南政府的认可。2003年1月，越南政府允许被查封20余年的原芽庄神学院重新开课培训教会神职人员。

二、越南福音教的特点

越南的福音教大致有以下几个特点：

第一，分布不均。由于历史的原因，福音教信众在越南的分布很不均匀。如今，越南福音教的组织机构、牧师及信徒大部分隶属南方福音圣会。据《越南宗教和宗教政策白皮书—2006》，越南福音教体系最为复杂，有多个分支，具体包括：福音教圣会总会（北部，有信徒约6500人），北部山区各省福音教会（信徒约11万人），福音教圣会总联会（南部，信徒约50.5万人），基督传教会（信徒约2.2万人），西原各省及平福福音教会（信徒约30万人）。

第二，南北分立。抗美救国期间，北方福音圣会作出了突出贡献，许多牧师投身到抗美救国运动中，甚至献出了自己的生命。革新开放时期，北方福音圣会又投身到"报恩答义"、"发展生产"、"消饥减贫"，尤其是越南祖国阵线发起的"全民团结建设居民区文化生活"以及"为穷人日"等社会运动中，为越南的发展作出了不少贡献。但是"南越福音教会"背后多有美国的影子，1975年南方解放后一度被查禁。现在，越南的福音教仍然面临整合的问题。

第三，在贫困的少数民族地区有更大的影响力。福音教在越南的少数民族地区，尤其是落后地区的传播更为有效。比如，在西原地区和越南西北部深山区，信众较多，影响广泛。一些学者认为这是因为越南的多元信仰①造成了少数民族民众的困惑，福音教的一神论以及简单、易行的传教方式在这些偏远的山区找到了合适的土壤。②同时，福音教在传教的过程中，客观上也帮助当地少数民族发展生产，提供物质支持，利于其收买人心。此外，民族政策不到位，政府在少数民族地区的施政失当和不作为也使人心的天平向福音教倾斜，使得福音教成了一些少数民族地区具有实质影响力的力量。

第六节　伊斯兰教

一、由来及发展

伊斯兰教在越南一般被称为回教③，是越南第六大宗教，其信徒、神职人员和宗教场所都不多④，在越南的影响力也不大。信徒中大多数为占族人，其余为高棉族、马来族、印度尼西亚裔以及南印度裔的教民。越南的回教徒主要分布在宁顺、平顺、平福、安江、西宁、同奈、建江、茶荣、前江、隆安、平阳、胡志明市以及首都河内市等地。

依据传教环境、生活条件和与外部联系程度的不同，越南的回教一般分为两派：旧派和新派。旧派又叫婆尼教⑤，也称旧回教，主要分布在中部南区的宁顺、平顺两省和南部的平福省；新派又称伊斯兰教或新回教，主要分布在南部的胡志明市、安江、西宁、同奈等地。越南的回教徒以聚居为主，只有少数同其他民族混居。

据中国《宋史》记载，10世纪末11世纪初，马来人将伊斯兰教传入占城，占族人开始信仰伊斯兰教，但是直到15世纪，伊斯兰教仍没有成为占婆的正统宗

---

① 越南宗教具有多元信仰的特点，儒、释、道三教合一的传统加上复杂的民间信仰、祖先崇拜等等。

② 参见唐桓:《福音教与越南的民族分离问题》，载《世界民族》，2004年第5期。

③ 这里的"回教"一词根据越南语词"Hôi giáo"音译而来。按照越南政府和越南学者的观点，越南的回教分为婆尼教和伊斯兰教两派，他们均属广义的回教。与之不同的是，中国的回教仅指伊斯兰教。据中国史书记载，伊斯兰教是通过回鹘族传入中原的，所以中国习惯称伊斯兰教为回教或回鹘教。

④ 根据越南宗教委员会网站数据，2011年越南回教徒总人数为72 737人，神职人员约700人，宗教场所约80处。

⑤ "婆尼"一词源自阿拉伯文的"Beni"，意为穆罕默德的子孙。

教。①11—17世纪，越南实施南进政策，占婆王国式微并最终被吞并。在占婆衰落、瓦解的过程中，一批批占族人向南和西南方向迁徙，定居在现在的越南南部、柬埔寨、马来西亚等地。这部分占族在马六甲苏丹国的影响下，开始信仰伊斯兰教（即越南的新派回教）。19世纪中叶，法国在印度支那实行殖民统治。由于战乱，大批占族穆斯林从柬埔寨迁回越南南部的安江、胡志明市等地居住。1840年，驻守真腊（今柬埔寨）的越南阮朝将领张明讲兵败而归，带着大批信仰伊斯兰教的占族人撤退至前江源头一带（今安江省朱笃市），他们逐渐在九龙江平原发展为越南的穆斯林群体。18世纪末19世纪初，西贡—嘉定一带扩大与西方国家的贸易往来，由此成为越南南部的商业中心。入境的商人中包括了很多信仰伊斯兰教的马来人、印度尼西亚人和印度人。19世纪末，法国占领越南南部后，更多马来西亚、印度尼西亚、印度、巴基斯坦的穆斯林前来经商和定居，由此形成了今天胡志明市的穆斯林族群。从历史上看，马来人对越南占族的社会组织和宗教生活都产生了很大的影响。②婆尼教和伊斯兰教虽然有着共同的渊源，但在实际的宗教生活中存在着较多差异，这些差异丰富了占族的文化形态，增强了越南民族文化的多样性。

二、宗教生活

越南的婆尼教是伊斯兰教、婆罗门教和占族民间信仰相结合的产物，是一种带有浓厚地方色彩的回教。③婆尼教保留着明显的母系社会特征，妇女的社会地位要优于男性。④婆尼教占族信奉《古兰经》，手抄传给后代，因此内容比原版简略很多。不但如此，他们还将伊斯兰教的信条与本民族的信仰内容相结合。比如，他们不仅信仰真主安拉和先知穆罕默德，还信仰占族自然神、民族英雄和祖先等。

① 占城人普遍信仰婆罗门教，其母系社会的特性及风俗礼仪根深蒂固，伊斯兰教尚处于萌芽状态。1471年，占婆被后黎朝打败，很多占族人改信伊斯兰教，伊斯兰教才逐渐兴起，婆罗门教衰落。从此，伊斯兰教与婆罗门教混合，逐渐形成了一种新的宗教——婆尼教，婆尼教是越南特有的宗教。
② 20世纪初，越南南部穆斯林用阿拉伯语诵读《古兰经》，用马来语解释《古兰经》，神职人员大部分是马来人，宗教书籍也是由马来西亚出版发行的，越南的占人也经常到马来西亚学习伊斯兰教的教理和思想。
③ 回教传播到占族地区之前，婆罗门教已经深入占族的社会生活，而回教同婆罗门教的教义和教理区别较大，因此占族人在接纳回教时仍然保留了婆罗门教的传统风俗，从而淡化了回教原有的习俗和礼仪。
④ 比如：禁止姨表婚，婚姻的主动权掌握在女方手里，男子在举行婚礼后住到女方家，子女出生后随母亲姓，只有女子才能继承父母的财产等等。

婆尼教徒在宗教生活中也只是象征性地遵守伊斯兰教的教规，并不严格执行伊斯兰教的"五功"。[①]他们虽不吃猪肉，不喝酒，但却不关心每周五的聚礼，不用去麦加朝圣，每天只念三次"求愿经"，每年举行祭祖仪式和拜女神、祈雨、祭海神等古老的农业仪式；他们不过伊斯兰教的"开斋节"，只有修士在每个月的头三天禁食；他们过带有占族传统文化特色的"拉木旺节"，节日期间要举行庙会和扫墓、祭祀等仪式。此外，婆尼教占族与国际伊斯兰教、南部地区的伊斯兰教占族几乎没有联系。

相比之下，新派回教没有混杂古老的信仰和风俗习惯。越南的伊斯兰教占族属逊尼派，比较温和，是虔诚的穆斯林，严格遵守伊斯兰教的教义，严格执行伊斯兰教的"五功"；在宗教生活中使用阿拉伯文和马来文，为信徒举行成年礼，信徒供奉灵物，不吃猪肉，戴头巾等。伊斯兰教占族每年都过圣纪节、开斋节、宰牲节、登宵节、伊斯兰教历元旦和每周五的主麻日聚礼等等。其中圣纪节、开斋节和宰牲节是三大节日。宰牲节期间，伊斯兰教占族在夜间举行《古兰经》念经比赛。越南伊斯兰教占族与东南亚地区和世界伊斯兰教团体有广泛的联系，这些关系的基础除了宗教因素以外，还有历史、宗族、婚姻等非宗教因素。在国际伊斯兰教组织的资助下，越南伊斯兰教占族每年都有人员前往麦加朝圣，到国外的伊斯兰教大学学习经文或被选拔到马来西亚、印度尼西亚、沙特阿拉伯等地参加《古兰经》诵经比赛。

传统的伊斯兰教国家对妇女有着极为严格的限制和束缚，但越南占族穆斯林的教理在很大程度上作了本土化改造，妇女在家庭、社会中的地位更具开放性和包容性。妇女不仅在家庭经济中扮演主导角色，还是家庭生活的精神支柱。在胡志明市，伊斯兰女性教徒不仅是家庭主妇，还能从事商业、生产、娱乐、教育等行业，能够到清真寺宣讲《古兰经》，可以接受教育和参加社交，外出不需戴面纱、穿长袍等等。

三、宗教场所和神职人员

婆尼教的宗教生活场所是婆尼庙。越南现有17座婆尼庙，分布在宁顺和平

---

① 伊斯兰教"五功"是指伊斯兰教的五项基本功课，即念功（即念清真言，口头表白自己的信仰纲领："除了安拉，再没有神，穆罕默德是安拉的使者"）、拜功（即礼拜，每天五次，每周五正午后举行一次聚礼，每年开斋节、宰牲节分别举行一次会礼）、斋功（即斋戒，每年在教历拉马丹月封斋一个月）、课功（即天课，缴纳济贫税，用来周济穆斯林中的贫困者）和朝功（即朝觐，一生中前往麦加集体朝觐克尔白一次）。

顺省的婆尼教占族聚居乡。婆尼庙修建得比较简单，在外形和内部格局上都不同于清真寺，而是带有明显的本土特征。婆尼庙只在斋戒月开放，期间由婆尼教神职人员主持斋戒。

伊斯兰教的活动场所是清真寺。越南伊斯兰教占族的清真寺与世界各国清真寺的外观和内部布局一致，分为清真寺和小清真寺。清真寺按照东西方向建造，便于行礼的时候面向圣地麦加。清真寺不仅是进行宗教祈祷的场所，还是册封修士，集中开会商讨全村重大事务的地方。①

越南婆尼教神职人员共约400余人②，他们在婆尼教占族宗教和社会生活中具有重要的影响。婆尼教不鼓励神职人员独身，神职人员常常通晓农业生产，具有丰富的农业生产经验，在宗教上和社会生活中都有威信。婆尼教的神职人员不吃猪肉，不吃胡椒、苦瓜，不喝酒，所吃的畜禽由他们自己宰杀。婆尼教神职人员受到当地政府和群众的重视，他们主持婆尼教信徒的宗教信仰活动和婚礼、丧礼等。婆尼教的神职人员依照子承父业的方式进行传承。村里的每个宗族都有人担任村里婆尼庙的神职人员，因此通过婆尼庙神职人员的数量可以推知这个村子有几个宗族。

越南现有伊斯兰教神职人员约290人。伊斯兰教占族的每个清真寺都有管理委员会。伊斯兰教的神职人员主要分为6类：其中为首的是教长，他通晓教理、教义，家庭稳定，品行好；副教长，主要职责是辅佐教长，可在教长外出时代行处理事务；教长助理，负责协助教长处理社会事务；伊玛目，负责在举行仪式的时候指导信徒；伽谛，负责在每周五的仪式中传授教义；毛拉，负责给信徒讲解教理。多数伊斯兰教占族神职人员都有亲人在国外，每年他们都收到国外的资助，用于修建清真寺和到麦加朝觐。

---

① 截至2009年，越南有40座清真寺、22座小清真寺。首都河内只有一个小的穆斯林社群，位于还剑郡梳行街12号的阿尔努尔（Al Noor）清真寺是越南北方唯一的清真寺，于1890年由印度侨民和伊斯兰教徒出钱建设而成。安江省的清真寺最多，共有16座清真寺和8座小清真寺。位于安江省富新县富协乡（距离省会朱笃市约2公里）的马布热清真寺，是南部具代表性的清真寺，其建筑艺术风格独特。

② 婆尼教的神职人员分为四个等级，最高级为大师（Su cả/Thày Gru，又叫阿訇），他们决定婆尼占族宗教生活的几乎所有事务，如指导婆尼庙的仪式，组织民间的祈祷、祭祀仪式。大师中还会推举产生一名最具宗教威信的总大师。第二等级是玛目（Mum），主持婆尼庙的活动，通常修行时间在15年以上，通晓《古兰经》，品德好，有一定的经济能力。第三等级是伽谛（Khôtip/Tip），组织在婆尼庙或信徒家里举办的礼仪活动，不担当传授教义的任务。最低级是修士（thày Chang），指刚加入神职人员队伍的信徒。

四、本土特征

越南的回教主要有以下特点：温和、明显的"占化"特征、国际交往频繁。

首先，越南的回教徒比较温和，能够与各民族协同一致服务于国家的利益和大局。在越南，信仰回教的主要是占族人，回教与占族有着十分密切的联系。占族有着爱国传统和丰富多样的传统文化，作为越南民族大家庭中的一员，曾经与其他民族一起为抗击外来侵略、争取国家的独立和统一做出了很多贡献。近年来，越南出现了一些打着宗教旗号成立的反政府组织，而越南的回教徒比较温和，没有组织和参与反政府活动。

其次，由于受到东南亚地区文化特点的影响，特别是受占主导地位的婆罗门教传统信仰的影响，越南回教带有很明显的"占化"特征。越南的回教体现了占族的传统文化，也使得占族文化、传统的风俗习惯仍然得以较完整地保存。无论是旧派的婆尼教还是新派的伊斯兰教，都不同程度地在教义、风俗等方面对正统伊斯兰教做出了调整，使得越南的回教呈现出多样性的特点。

第三，越南的新派回教——伊斯兰教团体同世界伊斯兰教团体经常保持着联系，特别是和柬埔寨、印度尼西亚、马来西亚、泰国等东南亚地区的伊斯兰教组织交往比较多。这些关系的基础除了宗教因素以外，还有历史、宗族、婚姻等非宗教因素。

1986年越南实行革新开放以来，越南占族居住区的社会和经济得到较快发展。政府加大了对当地的基础设施建设和经济投资，实施了符合地方特色的经济结构调整，使得占族家庭的生活水平普遍提高。近年来，回教徒的文化水平也有所提高。

第七节　道教

一、由来及发展

道教产生于东汉时期，是中国的传统宗教，其对中国文化的影响不在儒、佛之下。道教早在创立初期就传入作为中国郡县的越南，其传入时间与佛教大致相同。牟子《理惑论》序云："是时灵帝崩后，天下扰乱，独交州差安。北方异人咸来在焉，多为神仙辟谷长生之术。时人多有学者。牟子常以五经难之，道家术士莫敢对焉。"这说明，东汉末年，避难交州的道教术士将道教带入交趾地区。

道教传入越南地区后得到迅速传播和发展，尤其是符箓派道教，其起源于民间巫术的祈禳、符咒等信仰仪式与越南人的原始巫术有诸多契合之处，[①]因此很容易被越南人接受。除了得益于当地的原始宗教外，这一时期道教在越南的传播和发展主要依靠到交趾郡避难的道士和官吏。名医董奉用药丸救活士燮的故事就有道教的影子。史书记载："燮尝病死，已三日，仙人董奉以一丸药与服，以水含之，捧其头摇之，食顷，即开目动手，颜色渐复，半日能起坐，四日复能语，遂复常。"[②]隋唐时期，道教受到中原统治阶级的推崇，越来越多的道士来到越南传播教义和法术。是时在交州任职、深受当地百姓爱戴的官员高骈也信奉道教，《旧唐书·高骈传》记载其开凿交州至广州的海道时，遇巨石则"作法去之"。统治者对道教的推崇极大刺激了道教在越南的发展，信奉道教的人逐渐增多，据《交州八县记》载，当时在越南北部有名的道观就有21座之多。

越南自主封建国家建立后，道教仍然盛行。李陈时期实行三教并举的政策，道教被作为选拔人才的考试内容之一。朝廷还专门设立管理道务的道官，有"道録"、"威仪"、"都官"等。统治者大都崇信道教、优礼道士，修建道观。史书对李太祖、李圣宗、李仁宗、李神宗、陈太宗、陈仁宗、陈英宗、陈裕宗等皇帝虔信道教之事皆有所记载。[③]民间对道教醮仪方术亦十分崇信。

后黎朝初期，由于统治者独尊儒教，佛、道受到排挤和压制，道士地位下降。但统治者如黎太宗、黎圣宗等遇灾年仍偶尔借助道教醮仪禳之。16—18世纪越南处于剧烈的动荡时期，上层社会又刮起了崇道之风。如1514年黎襄翼统治期间，曾在河内西湖兴建真武庙，供奉真武祖师铜像；1567年，莫氏谦太王等亲王公侯在海阳省修建道观；1680年，郑柞重修河内镇武观，等等。

---

① 《安南志原》记载："交趾旧俗，信尚鬼神，淫祠最多。人有灾患，跳巫走觋，无所不至，信其所说，并皆允从。"最早记载雄王的越南史书《越史略》则称交趾嘉宁部"有异人焉，能以幻术服诸部落，自称雄王，都于文郎，号文郎国"。可见越南人自古就好鬼神、方术、巫术之事。

② 《三国志·吴书·士燮传》注引葛洪《神仙传》。

③ 参见王彦：《越南历史上的道教初探》，载《北大亚太研究》第2期，1993年，第231～239页。

17世纪黎神宗时，越南出现了一个规模较大的道教支派——内道，创立者为清化人陈全。他原是黎朝官吏，因不愿跟随莫朝，遂辞官回乡修行。自称得药师佛传道，领命在欢州、爱州地区驱魔除鬼，有信徒十万，被尊为"上师"。相传他曾医好黎神宗及公主之子的病，为答谢他，黎神宗在其家乡为他建房，并亲笔题下"内道场"三字。他的三个儿子都精通道法，被尊为"三圣"。[①]

随着越南版图向南扩展，道教也逐渐向南传播。阮氏政权的太祖阮潢对道教非常重视，每"有醮禳忏谢请福之事，常爱用道士"[②]，也正是得到精于术数的阮秉谦的暗示，他才移军顺化开阮氏基业的。此外，阮氏政权还专门设有"道士道录司"、"道士良医司"等机构，管理有关道教事务。

道教在民间也有广泛影响。史料记载广义、广治、平顺等地"尚巫觋"，"春首延符水以祀土神"，"以术咒人或致病死者"。抗法时期，起义者以道教的斋醮、科仪（如宣传掌握了使法国枪支转向的法术，或在弓箭、刀上贴符咒等）作为战胜敌人的精神武器。第一次世界大战后，在河内的讲武乡每年都有三五万信徒前来祭拜内道法师或治病。道教之所以能在民间流行，与农民希望实现天下太平的理想社会以及消灾祛邪、保佑平安的朴素愿望有关，道教正包含了能实现这些愿望的因素。然而，尽管道教影响了包括高台教以及越南民间信仰在内的诸多领域，但作为一种独立的宗教，其在近代已逐渐走向衰落。

二、特点及影响

中国道教传入越南后，与当地信仰融合，形成了自身的特色。主要表现在：(1)越南道教深受符箓派道教的影响，但在崇奉的神灵方面，除供奉中国道教常见的神灵，如玉皇大帝、太上老君、玄武大帝、关圣帝、南曹、北斗等外，还供奉越南本土神灵，如陈兴道大王、柳杏公主、三头神、独脚神、玄坛神、五虎神、巡崝大官（青蛇白蛇）等，其中最重要的要数陈兴道大王和柳杏公主。柳杏公主还往往作为越南人的"三府"（上天母、地母、水母）或"四府"（天母、地母、水母、山岳母）之一被供奉，在这里，道教与越南人固有的母神信仰融合在了一起。(2)

---

① ［越］陈玉添：《越南本色文化探寻》，胡志明市出版社，2001年，第516页。
② 转引自许永璋：《论道教在越南的传播和影响》，载《史学月刊》，2002年第2期。

丹鼎派道教也在越南有其表现形式，它被称作神仙道教，分为外养和内修。外养注重炼丹，但在越南并不多见；内修更为普遍。越南历史和传说记载了很多道士或真人修炼成仙、身怀法术的故事，褚童子就是其中的代表。褚童子本家境贫寒，与仙容公主结为夫妻，勤劳致富，得传法术并最终得道升天。褚童子被奉为越南道教的祖师（因此又被称为"褚道祖"）。神仙道教的占卜方法为求仙（扶乩），即神明附身于乩人身上，写出一些字迹，以传达神明的想法，信徒通过这种方式，与神灵沟通，了解神灵的旨意。

道教虽然在越南建立自主封建国家之前就已传入，并且遍及越南，成为一种全国性的宗教，但其在三教中从未占居主导地位。历史上道教对统治阶级影响不大，在下层群众中也未得到广泛传播。但无论从历史还是现实来看，道教在越南的影响都是存在的。主要表现在：（1）在信仰方面，道教与母神信仰、城隍信仰以及高台教等越南本土宗教信仰相融合，使得这些宗教信仰带有或多或少的道教色彩。比如母神崇拜吸收了道教的形式，具备了系统化的母神体系，也因此被称为"母道教"；高台教主张三教同源、五支合一，其布道者也以"乩笔"为占卜手段；城隍本是道教中守护城池的神，越南人借城隍之名奉祀那些对国家或村社有功之人等等。（2）在仪式方面，庙会期间的迎神、送神仪式、母神崇拜中的跳神仪式、祭土神、送灶神仪式、祭星仪式等都与道教仪式有关。此外，越南道教虽对中国道教思想、理论吸收不多，但道教的阴阳占卜之术、风水堪舆之说在越南却十分盛行，对民间生活影响很大。（3）在文学艺术方面，道教、道家思想为越南文人、士大夫的文学艺术创作提供了丰富的素材。杜法顺高僧在答黎帝问国运时说道，"无为居殿阁，处处息刀兵"，体现了道家无为而治的思想；陈朝名儒朱文安隐居凤凰山，作诗云："功名已落荒唐梦，湖海聊为汗漫游。自去自来浑不管，沧波万顷羡飞鸥"；陈朝宗胄陈元旦隐居昆山清虚洞后作诗《题月涧道箓太极之观妙堂》，最后四句写道，"一点凡诚生若死，几回鹤化白为玄。瀛洲蓬岛知何在，无欲无贪我是仙"，道家的意境跃然纸上。除诗歌外，道教还对许多越南传说故事的内容和叙事产生影响。比如成书于14、15世纪的传说故事集《粤甸幽灵集》和《岭南摭怪》，其中就有许多故事受到道教影响。比如《鸿庞氏传》源于《柳毅传》；《金龟传》源于干宝的《搜神记》；《何乌雷传》载吕洞宾施法术，使乌雷"虽不识字，而敏捷辨给，多有过人"；在《苏沥江传》和《伞圆山传》中，描述了苏沥江神、伞圆山神同高骈斗法，使高骈感到南方有"灵异之神"，等等这些显然是按照道教的说法杜撰的。越南历史上的音乐、戏剧也受到道教影响。陈朝表演的歌舞中，就有《庄周梦蝶》《白乐天》《韦生玉箫》等曲；举行宴会时，演奏的乐曲有降黄龙、入黄都、宴瑶池、一清风等，这些曲名和内容似乎都与道教有直接或间接的关系。[①]

第八节 儒家思想

一、由来及发展

中越两国关系悠久，文化交流源远流长。汉文化对越南的影响极为深远。而儒家思想则早在秦汉之际就开始传入越南，对越南产生了巨大而深远的影响。

我们知道，历史上，从秦汉到五代的一千多年间，现在越南中部以北的地区属于中国的版图。在此期间，因出任越南的太守、刺史的倡导，文人学士的宣扬，民间交往的浸渐，儒家思想逐渐深入越南，并对越南历史的发展起到了推动作用。越南独立后，特别是在李朝、陈朝、后黎各朝，儒学在越南得到不断发展。多代皇帝采取独尊儒术的做法，从政治、经济到文化教育乃至社会制度，均以儒家思想为规范。儒家思想占据统治地位，成了封建统治阶级正统的思想体系。而越南古代社会的礼仪法度，民间的风俗习惯，也都受到儒家思想的深刻影响。儒家思想是越南民族文化的重要渊源之一，也是越南传统文化的重要组成部分。

儒家思想在越南社会发展的历史进程中，不论是在封建社会上升时期所起的进步作用，还是在封建社会衰落时期所起的阻碍作用，都是巨大的。正如越南著名学者潘玉所言："越南文化，不管是文学、政治、风俗、礼仪、艺术、信仰，没有哪一点不带有可以被视为儒教性质的印记；任何一个越南人，不管他怎样反对儒教，也都不可能摆脱儒教的影响。"[②]可以说，儒家思想在越南传播之广、之久，其影响之深、之大，在东方各国中是屈指可数的。

---

① 转引自许永璋：《论道教在越南的传播和影响》，载《史学月刊》，2002年第2期。
② ［越］潘玉：《越南文化本色》，河内：文化通讯出版社，1998年，第209页。

实际上，我们所说的儒家思想并不是一成不变的。它是一个动态的结构、开放的体系。在牢牢地坚持封建宗法主义这一思想核心的基础上，它随着不同历史时期的具体情况不断地发展变化，并不断地自我完善。首先，以孔子、孟子为代表的先秦儒学主张实行仁爱，以德政、礼治建立社会秩序；其次，以董仲舒为代表的两汉经学因解释儒家经典而形成，是一种以君权神授为核心、以"三纲五常"为法度、以道家思想为哲学基础，并杂以阴阳五行学说的思想体系；然后，以朱熹为代表的宋明理学是一种以"道体"和"性命"为核心，以"穷理"为精髓，以"主静"、"居敬"的存养为工夫，以"齐家、治国、平天下"为实质，以"为圣"为目的，以儒、释、道三教合一为特征的学说；最后，以"崇实黜虚"为基本特征的明清实学则是一种集批判精神、科学精神、经世思想、启蒙意识为一体的社会思潮，是当时中国封建社会后期社会危机爆发和资本主义萌芽产生的必然反映。

儒家思想在秦汉之际开始传入越南，至今已有两千多年。中国儒学的各个发展阶段都对越南有不同程度的影响。其中影响最大的还是宋明理学。自李朝儒学在越南初步发展到后黎朝达到极盛时期这段时间，正是宋明理学在中国蓬勃发展的时期。这一时期由中国传入越南的儒学自然是宋明理学。由于宋明理学所主张的伦理思想、道德规范和修养方法是维护封建集权统治最有效的强大思想武器，所以理所当然地得到了当时的越南封建统治者的大力提倡。越南历史上的名儒，像朱文安、张汉超、阮廌、阮秉谦、黎贵惇等人，无一不是理学的代言人。可以说，理学思想是越南自李朝到后黎朝期间占据支配地位的正统思想，对后世也有不可估量的深远影响。

二、儒家思想在越南的变异

但是，儒家思想传到越南后，并不像人们一直认为的那样毫不走样。实际上，儒家思想在越南传播与发展的过程也是它在越南被接受、被吸收、被改造的过程。与在中国相比，它必定会有这样那样的差异。这些差异正是越南文化特色的体现。

需要指出的是，越南人对儒学的认知有两个不同的层面：学术认知和民间认知。前者指一些儒学家和受过正规儒学教育的读书人对儒学的学术认知，而后者则是指一般人——包括普通老百姓——对儒家思想的非学术性理解。

如果研读越南的儒学著述，会发现其内容与中国儒学几乎别无二致，没有什么大的出入。这是因为，很多儒学书籍原本就是从中国引入或翻刻的，而越南儒学家的著述又大都遵循孔子"述而不作"的主张，只是解释阐发经书，少有自己的创建。但是，如果我们仔细分析研究越南人对儒家思想的非学术性理解，则会发现有一些明显差异。比如，我们发现，中越之间对"忠"、"孝"观念和妇女地位的认识方面存在明显差异。

（一）关于"忠"

在中国封建社会，"忠"在大多数场合是"忠君"的意思。忠君，即忠于君王，忠于家天下，忠心事君，为君效死，惟君是从。悠悠万事，惟君为大。即使是对暴君、昏君，也要奉行"君叫臣死，臣不死为不忠"的信条。

忠君思想作为一种封建的伦理道德几乎统治了中国的封建社会两千余年。它是衡量臣民道德节操的绝对标准，是中国封建社会正统的伦理道德思想。

忠君思想的根本目的是加强皇权，维护君主专制的中央集权统治。它所倡导的是忠于君王、忠于正统的观念。"普天之下，莫非王土；率土之滨，莫非王臣。"（《诗经·小雅·北山》）君王具有至高无上的绝对权威，是国家的代表和社稷象征。在封建社会里，如遇外族入侵，民族矛盾上升为社会主要矛盾时，忠君可作为抵御外侵的精神力量，此时忠君便往往与忠于国家、忠于民族相一致。但如果君王昏庸暴虐或荒淫无道，盲目忠君则是愚昧、可悲的。此时忠君思想是束缚人们思想和行为的桎梏，是封建专制君主维护其腐朽统治的利器。

越南人也讲"忠"。但是，他们理解的"忠"除了"忠诚"、"忠君"的含义外，还有一层"忠于国"的含义，并且把它作为"忠"的最高体现。

在越南封建社会，忠君仍然被提倡。特别是封建统治者为了加强其统治地位，无不极力宣扬忠君思想。越南历史上也确有不少忠君的例子。比如西山朝光中皇帝时的大臣阮贯，在皇帝阮惠驾崩后随即自尽，以表忠心，被称颂一时。但是，在越南人的观念中，似乎盲目忠君的程度要弱一些。在他们的心目中，忠的最高境界是忠于国家，国家重于皇帝，皇帝只是治理国家的人，而不是至高无上的主宰。在这一点上，越南与中国有不易为人注意的差异。

在中国历史上，当外族入侵、山河破碎，国家处于生死存亡的紧要关头时，文死谏者有之，武死战者有之，大义凛然、宁死不屈者有之；但从民族大义出发，从国家的最高利益出发，登高一呼，主张废黜昏庸皇帝重整山河的人、特别是儒生则属凤毛麟角。

而在越南，情况则不同。19世纪末期，法国殖民入侵越南，阮朝嗣德皇帝割让南方3省给法国。越南国内群情激昂，举人潘文治喊出了："斩嗣德之首，剖嗣德之肝，饮嗣德之血"的口号，几乎举国的儒生群起响应。成为越南历史上为人称颂的义举。这种大大有悖于忠君信条的举动，在中国是难以想像的。

所以，"忠"的观念，在中国，侧重于忠君；而在越南，则侧重于忠于国家。

（二）关于"孝"

孝的本义是善事父母，指子女对父母的供养、顺从。孝的观念是随着父系制社会的产生而产生的。所以，孝作为社会基本的伦理规范很早就出现了。以孔子为代表的儒家思想，则大大提高了孝在社会伦理道德中的地位。儒家思想的核心是"仁"，而"仁"在道德方面的具体体现就是"孝"。《论语》中说："孝悌也者，其为仁之本欤！"儒家思想认为，没有孝悌，仁就无从谈起。而没有"仁"，则"礼"便成为空壳，"乐"也毫无意义。"人而不仁，如礼何；人而不仁，如乐何？"（《八佾》）"孝"是一切道德的根本，是所有教化的出发点。《孝经》说："夫孝，德之本也。"在儒家思想中，孝是一种思想，也是一种行为，它是"仁"学思想的基本内容，也是儒家重要的道德规范。

孝并非仅仅局限于家庭范围之内，而是进而扩大延伸到国家、社会之上，带有不少政治色彩。比如孔子提倡的孝，就是从家庭推延至社会，从个人推延至君王。"弟子入则孝，出则悌，谨而信，泛爱众，而亲仁。"（《学而》）"出则事父母，入则事公卿。"（《子罕》）孔子认为，"事公卿"与"事父母"的基本原则、方法和精神是一致的。凡事父母能孝者，必定事君王能忠。所谓："孝慈。则忠。"（《为政》）所以，孝在儒家道德规范中占有极其重要的地位，在传统社会伦理道德中也受到特别的重视。

越南人也讲孝，中国的"二十四孝"不少越南人都耳熟能详。孝作为一种社会伦理道德在越南所受到的维护与推崇与中国相比可谓有过之而无不及。但是他们的孝有两层含义，在孝敬父母这一点上，他们孝的观念与中国完全相同。除此以外，他们还有一种"孝"，这便是对国家的孝。越南人把对父母之孝称为"小孝"，把对国家之孝称为"大孝"。"小孝"要服从"大孝"。

15 世纪初，榜眼阮飞卿被明军俘获，将解往他乡。其子阮廌（时为太学生，相当于中国的进士）携弟哭送。阮飞卿对阮廌说："小孝可由汝弟行之。汝有才学应思救国救民以行大孝。随父作女儿啼何益？"这是两个越南儒家之间的对话。其大意可理解为：在孝敬父母与报效国家不能两全时，应该舍弃"小孝"而行"大孝"。这与中国"忠孝不能两全"（孝要服从于忠）的说法有异曲同工之妙。不过，中国封建社会"忠孝"中的"忠"多指"忠君"，而越南人的"大孝"则指报效国家。

（三）关于妇女地位

众所周知，中国封建社会妇女的地位极为低下。儒家思想关于"男尊女卑"的主张是其重要原因。董仲舒曰："卑阴高阳，贵阳而贱阴。恶之属尽为阴，善之属尽为阳。"（《春秋繁露·阳尊阴卑》）把男女之别提高到了绝对的程度。孔子也说过："惟女子与小人难养也。"尽管后人对孔子的这句话有不同的理解，但儒家思想主张"男尊女卑"却是确定无疑的。

"男尊女卑"的观念是中国封建礼教的思想基础和核心。一系列束缚、摧残妇女的封建伦理道德都是由这一极不平等的观念派生出来的。在封建社会，中国妇女在社会生产中处于从属地位，而宗法制又剥夺了妇女的政治和经济地位，封建礼教还给妇女戴上了种种精神枷锁。因此，中国妇女在漫长的封建社会中始终处于服从和被支配地位。首先，封建礼教把妇女发挥作用的范围严格限制在家庭内部，使妇女被完全排除在社会事务之外。其次，封建礼教剥夺了妇女的独立人格。妇女要听命于男子、服从于男子，始终处于从属地位。再次，封建礼教规定了男女在婚姻方面的不平等。男子可以三妻四妾，女子却须从一而终；男子可以休妻（有"七出之条"），而女子却不能"休夫"。

在越南的封建社会里，由于儒家"男尊女卑"思想的影响，妇女的社会地位也非常低下。重男轻女的思想普遍存在，"一男曰有，十女曰无"的俗语家喻户晓。妇女的"三从四德"越南人也耳熟能详。妇女不能参加科举、不能担任官职、不能参加公共的祭祀活动，名字也不能载入本家族家谱；但是，与中国相比，还是有一些不同之处。

首先，越南妇女发挥作用的范围并非被严格限制在家庭内部。她们可以参加一些社会经济活动和生产经营，如开商店、开饭馆、办加工厂等。赶集经商，多由妇女承担。至于农业生产，更是少不了妇女的参与。可以说，越南妇女并没有被孤立于社会之外。

其次，在家庭中，越南妇女并非一切听命于男子。相反，她们在家庭事务中有自己的发言权，重大事务多由夫妻共同商定。而且由于妇女经商，故家庭经济也多由妇女管理。

再次，在男女婚姻方面越南也明显平等一些。黎圣宗时代的《洪德律》规定，如夫妻双方无子女，丈夫离家出走五个月，妻子可以再嫁；如夫妻双方有子女，丈夫离家出走一年，妻子可以再嫁。

还有，越南妇女继承权受到保护。《洪德律》还规定，父母过世，儿子和女儿都可继承死者的土地。如无儿子，女儿可以代行祭祀父母。

另外，在越南封建社会，越是受儒家思想影响大的社会阶层，妇女受封建礼教的束缚禁锢就越严重，其地位就越低。如皇家、官宦之家、儒士之家等。而一般普通百姓家庭，受儒家思想的影响相对较弱，妇女受封建礼教的束缚也就相对少一些。

三、变异原因简析

越南位于印支半岛，地处中国、印度两大文化圈的交汇点。特殊的地理位置造就了越南人独特的民族特质。自古以来，特别是越南进入独立自主时期以来，民族意识、国家独立观念是越南民族思维的核心内容，具体表现为民族自我认同、民族自豪感、国家自古统一观、国家独立至上等等。这正是越南文化的一个突出特色。

儒家思想在越南传播发展的过程是一个本土化过程，也是它在越南被吸收、被改造的过程。而吸收、改造外来文化的最高原则就是"为我所用，与我有利"。我们看到，作为儒家思想核心内容的"忠"、"孝"观念，在中国是为了巩固君权、父权的绝对权威，强化下对上的绝对服从；而在越南，则均被加入了"忠于国家"的内容，这恰恰是越南人"祖国至上"民族特质的必然反映。至于中越之间对妇女的认识以及妇女地位的差异，也是越南文化特色的体现。

越南地处东南亚，其本土文化有东南亚文化的色彩。历史上，越南社会母权制残余存留延续时间较长，曾有重女不重男的传统观念。3世纪，中国妇女已被

"男女授受不亲"的封建戒律禁锢在闺阁的狭小天地中时，越南的妇女却可以在"人民集会之时，男女自相可适，乃为夫妻"，而且"父母不能止"（《三国志》卷五十三），享受着婚姻恋爱的自由。直到5世纪，越南尚存有"贵女贱男"、"妇先遣聘求婿"（《南齐书》卷五十八）等习俗。

越南是一个农业国，主要作物为水稻。水稻种植的劳动密集型生产方式决定了妇女必须参与大量生产劳作。另外，妇女还要赶集经商以及参加其他的社会经济活动。因此越南妇女在家庭中不是经济上的附庸，而是经济来源的重要创造者，有时甚至是主要创造者。妇女在家庭中的重要经济地位决定了她在家庭中不可能处于绝对从属的地位。

另外，自古以来，越南战事频仍，忧患不已。年轻力壮的男子多被应征从戎。家里的事务诸如抚养子女、奉养老人、维持生计、应付变故等往往大部分都落在妇女肩上。世道离乱使越南妇女饱尝了生活的艰辛，但也使她们有机会承担起原来本应属于男子的一些责任和义务，经受了锻炼，增长了才干，增强了她们的自立能力和自信心，同时也提高了她们在家庭中的地位。

基于上述原因，儒家"男尊女卑"的思想在越南的影响不可能像中国一样大，封建礼教对越南妇女的束缚和禁锢也不可能像中国那样彻底。中越之间对妇女的认识以及妇女地位存在差异也就不难理解了。

越南以其宗教类型的多样性，被誉为"世界宗教博物馆"，各种宗教在越南和平共处，共同建构和影响着越南人的精神和情感世界。它一方面极大丰富了越南文化，并形成了独特的宗教文化景观，另一方面也给越南宗教政策的制定和实施带来了一定困难。

概括起来，越南宗教有如下特点：（1）宗教信仰更多的表现在情感方面。越南有很多虔诚的宗教徒，但大部分对所信仰的宗教教义了解甚微，且不恪守某一宗教教规，可以同时信仰几个宗教或宗教与民间信仰杂糅。这体现了越南人宗教信仰的灵活性和综合性。（2）越南有影响力的宗教大都是外来宗教，但它们或多或少地被越南化。在传统信仰和原始宗教影响占据越南人精神世界的同时，外来的儒教、佛教和天主教等在越南产生了很大的影响。（3）各宗教基本上能"和平共处"。各宗教之间几乎未发生过冲突，和平共处、共同发展。

　　越南党和政府将宗教信仰视为越南人民的精神需求，并允许其在建设国家的进程中长期存在。[①]政府的宗教主张是从物质、精神、法理和教育等层面支持宗教信仰和祭祀行为，鼓励宗教人士从事爱国政治活动；尊重和保证广大公民信仰宗教或不信仰宗教的自由；对信仰和不信仰宗教的群众，信仰不同宗教的群众、以及不同宗教的教徒和教职人员采取一视同仁的政策。

---

① 越南宗教律法和宪法从未肯定"无神论"为越南社会的统治思想。实际上，越南共产党对于党员信教也比较宽容。

第五章　艺术

越南的传统艺术门类很多，品种齐全，雅俗共存，动静兼具，形成了独具民族特色的艺术体系。大到宏伟的宫殿建筑，小到民间的各种工艺；雅有顺化宫廷雅乐，俗有北宁官贺民歌；动有水木偶表演，静有东湖年画……都体现了越南人民对美的理解和追求，展现了他们的艺术才能和情趣。本章主要介绍越南的戏剧、音乐、舞蹈、建筑、绘画等艺术。

第一节　戏剧艺术

戏剧是通过演员表演故事来反映社会生活中各种冲突的艺术，是语言、文学、舞蹈、音乐等艺术的综合运用，是声色艺术的集大成者，最能代表一个国家舞台艺术的水平。越南传统戏剧包括呸剧、嘲剧、改良戏、木偶戏、话剧等。近代以来，也吸收一些外来艺术形式，如歌剧、舞剧、哑剧等，但影响较小。

一、呸剧

呸剧是越南的传统剧种，也是越南最为古老的剧种之一。[1]呸剧兴起于陈朝（1225—1400年）时期，相传为中国元朝俘虏李元吉[2]所授。17—18世纪因得到阮主的青睐而在越南南方获得极大发展，阮主名臣陶维慈曾起草呸剧本《山后》，颂扬阮主自立江山。18—19世纪，呸剧艺术发展至其顶峰，从宫廷到民间，从北方到南方，到处都有呸剧表演。越南现存的舞台艺术资料中，共保存有500多部呸剧。有的剧本如《万宝呈祥》，长达100回。[3]

---

① 呸剧过去曾被封建统治阶级视为高雅的"阳春白雪"，其内容和形式都带有中国京剧的印迹。
② 元朝军队四处征战，其中不少部队都有自己的戏班子，战争间隙在军营演出以丰富将士们的娱乐生活，同时还能消解征战之苦，其功用颇类似军队文工团。李元吉是当时随军南征越南的戏班里的演员，在越南被俘，他把当时在元朝盛行的杂剧带到越南，此后发展为呸剧。
③ 张加祥、俞培玲：《越南》，北京：当代世界出版社，1998年，第110页。

呚剧剧目大多为帝王将相，才子佳人，其内容有不少源自中国。据估计，古典呚剧剧目约80%取材于中国。如古典名著《三国演义》、《水浒传》、《西游记》、《红楼梦》、《说唐》、《东周列国志》中的故事等。其中仅取材于《三国演义》的呚剧就有几十出，不少《三国演义》中的人物形象为越南人熟知，如关羽、张飞、曹操、刘备、赵云、黄盖、貂蝉等。

呚剧是唱、舞、音乐的综合性舞台艺术。其唱词多为诗赋或民间歌谣六八体或双七六八体；在音乐和舞蹈方面，呚剧一方面依赖民间艺术，另一方面还吸收民族礼乐、禅乐（武术动作）等，形成了自身的独特风格。

呚剧的演出人物一般包括桃娘、小生、老夫、老妇、皇帝、官员、大将、元帅等。桃娘又分为战桃——即女将，伤桃——即命运悲苦的女子，风流桃——轻佻风流的女子，境桃——指小姐、公主等；小生又分为红生——忠心勇猛、文武双全的英雄，黑生——心直口快的好汉，绿生——指绿林豪杰，橙生——生活在江河流域的人，歪生——有无穷力量的人，花斑生——戍边的值得敬畏的人，白生——好谄媚之人等等。[①]

呚剧是中国文化与越南文化交流的结晶。虽"出身"宫廷，但呚剧很快便得到了越南民众的喜爱。18—19世纪，从宫廷到村社，从北至南，越南到处可见呚剧的身影。到20世纪初，改良戏和话剧的地位上升，呚剧逐渐成为小众消费的艺术形式，今天也面临着后继乏人、传承困难等问题。

二、嘲剧

嘲剧是在越南北部红河平原民间歌舞和宗教歌舞的基础上形成的一种民间艺术形式。它产生于15世纪，到18世纪末，嘲剧发展成为一种固定的文艺形式。[②]在民间尤其是农村地区广泛流传，越北农村的节会中少不了嘲剧的身影。因其常常在村亭前表演，因此也被称作"亭院戏"。

传统的嘲剧班子一般由十几人组成，都是能歌善舞的农民，包括一名头人（负责总体事务）、一名诗伯（负责找故事、编剧、分配角色），七八名农民演员分

---

① 可以看出中国京剧"生、旦、净、末、丑"等角色与脸谱的结合之痕迹。
② 嘲剧在发展初期受呚剧影响较大，一度被称为文明嘲剧。1920年，以阮廷义为代表的嘲剧艺人对嘲剧进行改革，尽力去除呚剧的影响，改革后的嘲剧又被称为改良嘲剧。

饰桃娘（头上有头盖，手拿折扇）、小生、老夫、老妇、小丑等不同角色，此外还有三四名乐师组成的乐队，以打击乐为主。农闲时，嘲剧艺人在头人、诗伯的召集下进行排练并到各地演出。

嘲剧最初由农民创作和演出，内容也取材于农村生活或民间传说，因此极具草根特色，深受农民喜爱。嘲剧的演出一般以村亭前的空地作为舞台，不需要帷幕，也不需要布景，观众站在四周观看。演出前敲锣以吸引村民，待观众差不多围拢过来，演出即告开始。剧情多以劳动人民嘲讽统治阶级为主，主角一般是民间的"能人"，从而喻指底层劳动者的智慧和上层社会的昏聩愚蠢。演出的形式也很自由，演唱夹杂道白，同时演员还时不时同观众进行互动，以调动观众情绪，活跃现场气氛。嘲剧虽然也有剧本，但演出有相当大的自由度，演出者可以根据观众的喜好进行情节的增减，并插科打诨，尤其是经常即兴添加具有演出地元素的内容以求更好的演出效果。

嘲剧的配乐比较欢快、明亮，舞姿舒缓优美。与此相应，嘲剧的唱腔也比较生动活泼。

嘲剧的内容多取材于越南神话传说或民间故事，代表性剧目有《帅云》、《观音氏敬》①、《朱买臣》等。现在，为了吸引年轻人观看，嘲剧艺术家们不断在内容和形式上创新，开发了不少新剧目，使其更加贴近时代，贴近生活。

三、改良戏

改良戏在越南是一个年轻、新型的剧种，它兴起于20世纪初的越南南部，其渊源是南部的才子佳人音乐，并吸收了呶剧的表演动作，结合西方舞台艺术元素发展起来的。

改良戏曲调丰富，唱腔通俗易懂，道白较呶剧、嘲剧多，并带有诗歌的韵律。改良戏演出时有帷幕，布景也很讲究，演出时现场感很强，效果好。改良戏的音乐也十分多样化，民歌、传统音乐和新乐在改良戏中都有使用，其中望古调起主导作用，是改良戏的灵魂。乐器方面，改良戏主要使用传统乐器如二胡、月琴、筝、鼓等，后来也渐渐使用一些西方乐器。改良戏还借鉴了中国戏曲中许多传统

---

① 其越文名称为《quan âm thị Kính》，因此也译作《氏敬观音》，但是《观音氏敬》是更普遍的译法。

唱腔和舞蹈动作。

改良戏题材广泛，多取自国内外的神话、民间故事、小说或剧本。越南传统题材如《蓼云仙》、《金云翘传》、《丹与甘》等，移植中国传统剧目如《凤仪亭》等。

改良戏得到了越南社会各阶层人民的喜爱，尤其是在南部。究其原因，一方面它是在民族传统艺术形式上发展起来的，同时又接受了国外尤其是西方的舞台元素；另一方面，以《阿榴的生活》为代表的一批改良戏生动、深刻地反映了越南社会现实，将舞台变成了社会的缩影，加之其语言接近日常生活，因而其影响越来越大。

四、水上木偶

木偶戏（古称"傀儡戏"）在中国有悠久的历史，早在汉代已有相关的记载。唐宋间，经济和社会的发展刺激和推动了艺术文化的发展，木偶戏艺术形式也呈现出多样化的面貌，仅傀儡戏就出现了悬丝傀儡（即提线木偶）、杖头傀儡、药发傀儡、肉傀儡和水傀儡等多种形式。[①]越南出现木偶戏的时间也很早，据称前黎朝时期，木偶戏曾出现在黎大行皇帝的庆寿典礼上。当时称"竹山"，即以竹子搭建起一座万寿南山，并造出千奇百怪的动物，再让人模仿这些动物的叫声以取乐。由此看来，越南的木偶戏有据可查的历史要比中国晚很多年。鉴于越南在郡县时期属于中国版图，所以越南的木偶戏极有可能是从中国传入的。不过随着时代的变迁，有些傀儡艺术形式在我国戏剧舞台上式微，甚至消声匿迹，完全不为国人所知，如其中的水傀儡便是典型的一例。

据中国学者考证，最迟在唐、宋年间，中国已经有了水上木偶的表演形式，时称"水饰"、"水傀儡戏"。宋代李昉、徐铉的《太平广记》和孟元老的《东京梦华录》均有记载[②]，明确显示水木偶表演已成为当时宫廷中娱乐的重要形式。至元代，水傀儡戏在京都还有流行。到了明代，皇宫崇尚水傀儡戏，特别是晚明从万历到崇祯几个皇帝乐此不疲。明代宦官史家刘若愚的《酌中志》卷十六有详细记载：

又木傀儡戏，其制用轻木雕成海内四夷蛮王及仙圣将军、士卒之像，男女不一。约高二尺余，止有臀以上，无腿足，五色油漆彩画如生。每人之下平底，安

---

① 参见叶明生：《古代水傀儡艺术形态考探》，载《戏剧艺术》，2000年第1期。
② 前揭叶明生：《古代水傀儡艺术形态考探》。汪玉祥：《水傀儡戏重考》，载《民间文学论坛》，1998年第2期。

一榫卯，用三尺长竹板承之。用长丈余、阔一丈、深二尺余方木池一个，锡镶不漏，添水七分满。下用凳支起。又用纱围屏隔之。经手动机之人，皆在围屏之内，自屏下游移动转。水内用活鱼、虾、蟹、螺、蛙、鳅、鳝、萍、藻之类浮水上。圣驾升殿，座向南，则钟鼓司官在围屏之南，将节次人物各以竹片托浮水上，游斗顽耍，鼓乐喧哄。另有一人执锣在旁宣白题目，赞（疑为"替"字之误——笔者注）傀儡登答，道扬喝采。或英国公三败黎王故事，或孔明七擒七纵，或三宝太监下西洋，八仙过海，孙行者大闹龙宫之类，唯暑天白昼作之，如要把戏耳。其人物器具，御用监也；水池鱼虾，内官监也。围屏帐幔，司设监也；大锣大鼓，兵仗局也。乍观之，似可喜。如频作之，亦觉繁费无余矣。①

这段文字，生动地描述了明代宫廷水傀儡戏表演的情景。可惜的是，到了清代，水木偶表演便在宫廷销声匿迹了。迄今为止，尚未发现清宫有表演水傀儡戏的记载。但是据考民间仍有水傀儡戏演出。②水傀儡戏终于从宫廷回到了民间，恢复其民间艺术的真面目。不过，满清王朝覆灭以后，水傀儡便在中国彻底消失了。具体何时消失，原因为何，我们不得而知。欲求答案，恐有待研究。

然而值得庆幸的是，直至今天，越南仍有水上木偶戏。这是越南木偶表演艺术的一朵奇葩，是世界木偶表演艺术之林中绝无仅有的一种表现形式，是越南表演艺术独有的特色，也是越南文化的骄傲。据越南学者研究，早在李朝时期，越南的水上木偶戏就已较为普遍。1121年的一篇碑文记载了每年8月在珥河上演出木偶戏的场景。③经此后各个朝代的不断发展，到阮朝时这种表演艺术已趋于稳定，并有专门的戏班从事表演。

水上木偶戏是以水稻为生的越南人利用自然环境进行休闲娱乐的方式，是一种反映农民生活的民间艺术，所以从前水上木偶戏的舞台常常是池塘、湖或稻田。水上木偶的剧场是露天的，由戏房、戏台、观众席三部分组成。戏台与观众席也是露天的，而操纵水木偶的戏房则是封闭式的。在水面上搭起一座两层小楼，似一座彩楼的样子，称作"水亭"或"水榭"。上层祭祀祖师，下层用做戏房，此即木偶操纵者操纵木偶的场所。戏房前面用三大片帘子遮住，可供水木偶进出，同

① ［明］刘若愚：《酌中志》，北京古籍出版社，1994年，第108页。
② 汪玉祥：《水傀儡戏重考》，载《民间文学论坛》，1998年第2期。
③ 珥河即今红河。其演出以"金龟游于河上，四足摆动往前游，仰首观岸上，目光炯炯"最为神奇。

时也是隔断观众与木偶操纵艺人的一道屏障，从而使外面的观众看不见戏房内的木偶操纵艺人。至于戏房内部的情况，越南学者阮辉虹先生介绍如下："戏房内部分成三间，中间的大，两边的小……戏房中架木板，中间低于水面，两边高于水面。道具、乐器、准备节目的艺人都在高处。中间的大间前后都有门，前面挂一到两层竹帘；木偶退场时，外面看不见里面的布置。这帘子同时是戏台的背景，有时艺人把水泼到竹帘上，免得被观众偷看。大间后面挂一布帘或竹帘，让阳光照不进来，厢房之间的来往要靠涉水，戏房与岸上的联系要用小竹船。"①

木偶操纵者对木偶的操纵在水下进行，于是水面就变成了木偶表演的舞台，观众则围在四周观看演出。以往舞台多选在寺庙的龙池或乡间的池塘，20世纪30年代后开始用人造蓄水池。蓄水池多用铁皮拼成，这样在街市中或庭院前都能演出。

以前，水上木偶戏都是在白天的露天场地表演的，如今它逐渐演变成了一种舞台艺术。演出时配以音乐、灯光、烟花、火炬等表现手段，舞台效果显著，更加引人入胜。

越南水上木偶戏的表现能力很强，小到农民、渔民、樵夫的日常生活如耕地、放牛、灌溉、收割、撒网捕鱼、砍树挑柴等场景，大到民间竞技活动如击剑、摔跤、赛马甚至两军交战等场面，它都可以展现出来。

越南水上木偶表演艺人演技高超，有许多特技。他们可以操纵机关，使木偶在水面做出各种高难度的表演动作，比如开场报幕、献花、爬竿、插旗、挂旗、抬轿、迎神、捕鱼、划船、打铁、碾谷、捣米、织布、斗牛、跳舞、摔跤、游泳、赛马、钓田鸡、爬楼梯、放鞭炮、荡秋千、跳火圈、龙喷水火、猫追老鼠、凤凰下蛋等等，不一而足，令人赏心悦目，叹为观止。

现在，越南研究人员从30多个专业的木偶剧团中搜集到了200多个水上木偶经典节目作为非物质文化遗产的保留节目。越南水上木偶戏不仅在国内有广泛的影响和众多观众，而且它已走出国门，吸引了不少国外的木偶艺术爱好者。

有些中国学者认为越南的水上木偶戏表演艺术源自中国，而越南学者则众口一词地认为该艺术是越南独创。孰是孰非，有待研究。但不管事实怎样，我们都

---

① 前揭叶明生：《古代水傀儡艺术形态考探》。

应该对越南的水上木偶艺术家表示感谢和敬意，因为正是他们才使我们能够欣赏到这样一种世界上独一无二的水上木偶戏表演艺术。

五、话剧

话剧是通过人物对话和行动来展现故事的舞台艺术。越南话剧源自西方，最初出现在北部，大概与改良戏同时出现。从20世纪40年代起，尤其是抗法时期，话剧很快在各地流行开来，并出现了很多话剧团、艺术学校和话剧学校。长期以来，越南的话剧艺术十分繁荣：创作剧目多，从业演员多，演出场次多。话剧已经成为越南舞台艺术的重要组成部分，河内和胡志明市等大城市有专业的话剧剧场。与中国相比，越南的话剧明显影响更大，也更加受观众欢迎。

话剧的要素包括剧本、演员、音乐以及道具、服装、灯光等。较之嘲剧、呲剧和改良戏，话剧的题材更侧重反映越南当下社会的矛盾冲突，演员多为专业艺人，音乐则较多使用西方乐器演奏的现代音乐，较少使用传统古乐。20世纪初，越南的经典话剧有《一杯毒药》《金钱》等。

越南话剧是西方舞台艺术越南化的结果，它与越南人的日常生活和民族心理息息相关，反映了越南的历史和文化。此外话剧生动、现实、抒情的元素也使其深受越南人喜爱。

在越南话剧舞台上，有一种极具越南特色的谐剧，其表演形式与中国的小品类似，演员表演夸张，言语幽默，深受群众喜爱。谐剧的题材一般都是普通民众日常的吃、喝、拉、撒、睡等内容以及邻里关系、上下级关系、男女关系、家庭内部关系等。近年来，越南国家电视台有固定的栏目定期播放谐剧，是越南收视率最高的电视节目之一。

第二节　音乐及乐器

越南语言艺术的诗歌性孕育了独具特色的音乐文化，其中以民歌、宫廷音乐比较有代表性。

一、民歌

越南民歌有着丰富的体裁和曲调。比较有代表性的是北宁官贺、富寿唱春、顺化号子、兴安的男女对唱或群唱、义静的对唱及民歌调、南部的"里调"①以及越南各地都非常普遍的吟唱（乐器伴奏下的吟诗）等等。除号子是劳动时的助唱形式外，其余皆为人们在休闲时的娱乐表演形式。

（一）官贺

官贺又称北宁官贺、北江官贺或京北官贺②，是越北地区的特色民歌，深受越南北方人喜爱。官贺民歌有传统官贺和新官贺之分：传统官贺要求对唱的男女成员严格遵守韵律，没有伴奏乐，主要在村社春秋两季庙会上演唱；新官贺不受村社空间的限制，演出场合可以是舞台、春节活动、庙会或旅游展示等，演出形式比传统官贺更为丰富，有独唱、对唱、合唱、歌伴舞等，其曲谱等多由传统官贺改编而来。官贺唱词多以爱情、离别、友情、生产等为内容。官贺曲调类型丰富，经记音整理的至少有300种。唱官贺民歌必须以团为基础，不管男团还是女团，他们都按自愿的原则组合而成。在生活中，团员之间不称呼真名，而是以团中艺名相称。官贺民歌以口传形式实现传承，从祖父母传给父母辈，从父母辈传给儿女辈。③北宁官贺的创作主体是农民，一般采取边演出边创作的方式。北宁官贺民歌以男女对歌的形式呈现，两队男女音相对。每一对男音或是女音都将分为一个引唱，一个顺唱，每一对男音或是女音两个人的腔调必须和音，听起来像一个嗓音。在官贺演唱时，每个团坐一边，一般坐在凉席、床或者长椅上，面对面坐着唱。演唱中，必须是一对男青年和一对女青年按照男从女或者阴唱阳和的程序进行对唱，歌词可以不同，但必须是同一个曲调，腔调要对应。④官贺表演的戏装也很有特色，艺姐的戏装包括：斗笠、鸦嘴型缠头、肚兜、四彩衫、裙子、腰带、拖鞋和银链；艺哥的戏装有：头巾、绸布伞、

---

① 上述民歌名称，官贺、顺化号子是比较固定的译法，唱春（hát xoan）、民歌调（hát dặm）、里调（điệu Lý），是编者根据其歌唱内容和形式翻译的。

② 比较一致的称呼是"北宁官贺"，但是这里的北宁不完全指现在的北宁省，因为在越南，行政区划从近代以来发生过多次变迁。北宁官贺民歌的流行地区位于红河平原河内以北，历史上有许多不同的名字，如京北路、北道路、北江上路和下路、北承宣路、京北处、京北镇和北宁镇等。总之，北宁官贺中的"北宁"在19世纪是一个很宽泛的地区，包括今天北宁省和北江省以及永福、谅山、海阳、兴安各省和河内市的一些县、乡和村。

③ 北宁官贺还有一种比较有特色的传承方式——宿团，指青年男女，尤其是9～16岁的男女在结束一天的劳作后，常常相约到团长家中聚会，学唱官贺、练嗓子、学腔调和接音技巧，同时还学习口才、为人处世和交际能力。从这个意义上讲，宿团是更有吸引力和创造力的传承模式。但如今宿团习俗在许多地方已经消亡。

④ 在官贺民歌比赛上，一边唱一句，另一边马上要对一句，意思和腔调都要对应，甚至连装饰音也要相对。然后是唱更，每一更唱，本村和外村的官贺团，除了要请茶和槟榔外，还分成风格腔、细琐腔和辞友腔三段唱。其演出风格非常规范而严格。

上衣、裤子和拖鞋。官贺戏装体现了官贺艺人的审美情趣。官贺表演使男女官贺艺人有机会交谈，以表达相互爱慕之情，因此，官贺表演还是成就姻缘的机会。如今，北江省有23个官贺村，北宁省则有44个官贺村，其中49个得到了国家正式承认。2009年，官贺被联合国科教文组织列入世界非物质文化遗产名录。

（二）唱春和其他曲调

唱春，又称作"歌春"。唱春是一种与城隍祭祀、节庆庙会相联系的民歌仪式。它包括三部分：仪式唱、表演唱以及游戏唱（男女对唱）等。仪式唱即在庙会之前的"入会唱"，唱词是一些祝词、祷词，先由唱春班"头人"与主祭共同在香案前祝唱，然后一名男角（胸前挂着小鼓）和四名女角先后登场，边唱边舞。唱词内容是表达对神灵、皇帝、圣人的尊敬和歌颂。表演唱包括十四"格段"，如春、夏、秋、冬四季格，渔、樵、耕、牧格，划船格、四民格等等，其内容一般是描述民间生活，祝福村社人康物盛、农业丰收等。

除了唱春，越南民歌还有号子等。号子的音乐节奏以及歌词内容往往使人身心愉悦，进而让人感到劳动强度有所减轻。根据劳动性质的不同，号子有陆地号子和水上号子之分。陆地号子有拉木号子、织布号子、碾稻号子、舂米号子、汲水号子、插秧号子等；水上号子有离岸号子、靠岸号子、抛锚号子、撑杆号子、拉网号子、双桨号子、划船号子等。顺化号子属水上号子，为香江特有，曲风浓郁，听起来使人心襟摇荡。

中部义静地区的民歌调也十分有特色。其曲调急促，歌词为五言诗，最后两句需在音韵和调高上进行重复。

此外，越南农村地区盛行军鼓调。这是青年男女通过对歌以谈情交友的一种方式；其乐谱根据六八体诗创作，在断句处打拍子。少数民族地区的对歌也很有名，如岱依族的"伦"、侬族的"斯离"、山由族的"颂姑"、山泽族的"笙歌"等等。

二、宫廷音乐

宫廷音乐，或称上层音乐，最初主要流传于封建时期皇室贵族或知识分子阶层。最有特色的越南宫廷音乐要属北部的筹歌①、中部顺化的顺化歌以及顺化宫廷雅乐。

（一）筹歌

筹歌又称歌伎唱。19世纪，说唱诗体被运用于筹歌中，因此也有人用"说唱"来指筹歌。据越南学者的研究，筹歌始自李朝，盛行于15世纪，它是文人骚客将原本在亭祠庙宇演奏的圣歌体世俗化，并运用于宫廷休闲娱乐的一种歌唱形式。后来又演化出说唱形式，最后逐渐发展成为一种在室内或音乐厅演唱的高雅音乐。

筹歌一般由以下成员来完成：一位女歌手，称作桃娘或歌娘，负责敲云板，坐在中间；一位男乐师，称作文武小生，负责弹奏三弦琴；一位玩赏者，称作官员，往往是歌曲的作者，负责敲鼓断句，通过鼓声来赞赏绝妙的歌词和琴声。如果是即兴创作则称"即席"。筹歌的唱词是双七六八体或其变体，如诗、赋、六八体、双七体、四字、说白等。筹歌的曲调丰富，最常用的有熔乐、吟望、三拍、北宫、寄信、读信、说唱等，其中说唱是最有趣、也是最具文学性的。筹歌的著名曲目有《琵琶行》、《将进酒》、《前赤壁赋》、《咏前赤壁》、《香山风景》等。

2009年，筹歌被联合国科教文组织列入世界非物质文化遗产名录，其文化空间遍及红河平原各省、市。

（二）顺化歌

顺化歌是流传于中部顺化地区的传统音乐形式，最初是阮朝皇室赏玩的宫廷音乐。它是越南政治中心从升龙（河内）转移至富春（顺化）这一历史进程中，中部对越北传统演唱方式接受和改造的结果。正因为如此，顺化歌既类似于越北的歌伎唱，同时又带有浓厚的顺化语音语调，并受到占婆和中国音乐文化的影响，具有鲜明的地方色彩。其兴盛时期还对整个中部以及越北和越南南方的音乐形式产生一定影响，如南方的"才子"音乐形式即源于顺化歌。

顺化歌在音律上与民间音乐相差无几，但在音乐形式上更加精致、娇柔、婉转、高雅。较之北部和南部音乐，顺化歌较少受到西方音乐的影响，更多地保留了越南传统音乐的特色。根据曲调可将顺化歌分为两个子系统，即南调和北调。

---

① 其越文名为"ca trù"，本书翻译为"筹歌"。

南调柔和、忧郁、深切，包括南伤、南平和望夫调等；北调则积极、欢快，包括古本、流水、行云、赋六、四大景等。①

顺化歌的演唱空间一般都在室内或是在香江的船上。艺人边唱边敲云板，乐师则以月琴、胡琴、筝、鼓等配乐。顺化歌的歌词和曲调主要表现思念家乡、颂扬道德伦常以及歌颂爱情等方面的内容。

（三）顺化宫廷雅乐

顺化宫廷雅乐源于中国，是越南官吏参照中国明王朝的宫廷音乐建立的越南宫廷音乐体制，到阮朝日臻成熟。16世纪以来雅乐成为阮主及阮朝宫廷仪式中不可或缺的组成部分，主要演奏于皇帝登基、驾崩以及祭祀、庙会等严肃的典礼场合，成为王权的重要象征。雅乐包括乐、舞和唱三个要素。乐章、歌词由朝廷礼部根据不同礼仪编撰。20世纪初，封建王朝的瓦解和连绵战争严重威胁了顺化宫廷雅乐的生存，直到20世纪90年代，宫廷雅乐乐谱才被发掘整理出来，雅乐表演得以恢复。目前，顺化古都遗迹保护中心已经搜集、研究和保存了20首祭礼乐章和70首节庆演奏乐曲。因其在越南各类传统音乐体裁中所处的崇高地位，2003年顺化宫廷雅乐被被联合国科教文组织列入世界非物质文化遗产名录。

三、乐器

越南人民自古喜爱吟诵和歌唱，而且吟诵和歌唱时往往辅以乐器伴奏。越南几乎每个民族都有自己独特的乐器。各种民族乐器的总数大约有50种，大致可以分为弦乐器、打击乐器和吹奏乐器三类。这些乐器的共同点是构造简单，造型美观，音质优美，音响丰富。②

具有代表性的弦乐器是京族的独弦琴，它虽只有一根琴弦，但琴声悠扬，表现力十分丰富，演奏起来有如泣如诉的缠绵之美。此外，岱依族的二弦琴，拉基族和哈尼族的三弦琴，岱依族的丁琴，芒族的月琴，西原少数民族的格尼琴，侬族、岱依族、芒族和越族的二胡③等也是常见的弦乐器。④最后，上文提到的改良

---

① 黎文掌：《越南文化基础》，河内：年轻出版社，2005年，第259页。
② 张加祥、俞培玲：《越南》，北京：当代世界出版社，1998年，第115页。
③ 二胡先是从西域传入中国，再从中国传入越南。
④ 其中丁琴、月琴、格尼琴有类似的构造原理：用葫芦壳或椰子壳等天然原料作为共鸣箱，制作简单，音色纯净，有山野之韵。

戏和顺化歌的配乐乐器——等也是越南重要的弦乐器，被大量使用于宫廷演奏、戏剧、八音班以及唱诗和民歌配乐中。

打击乐器主要有铜鼓、铜锣以及铙钹等。铜鼓是越南最古老神圣的打击乐器，越南学界认为清化省东山遗址发现的铜鼓是世界上最早的铜鼓。①古代，铜鼓不仅是乐器，还是寄托信仰的神器。现在，铜鼓还是越南文明的象征。

锣钲是西原地区特有的打击乐器。其文化空间覆盖崑嵩、嘉莱、多乐、多农、林同等五省，是巴拿、色登、莫侬、格贺、勒曼、埃地、嘉莱等西原各族人民共同创造出来的乐器。锣钲艺术在西原地区历经千年已发展到相当水平，种类繁多。锣钲因民族、地区而异，可以单独或成套使用，每套2～12只不等，也有18～20只为一套的如嘉莱钲。编套锣钲可以用不同的和声方式合奏多声部曲调，每人只敲一只。民间艺人演奏锣钲时配合娴熟，节奏多样，曲调丰富，别具特色。西原各民族都有自己的锣钲乐曲以赞颂大自然的壮美，演绎人的渴望，如嘉莱人有朱安、特伦旺等曲目，巴拿人有沙特朗、沙卡波、阿斗、特雷等曲目。②2005年11月25日，越南西原锣钲文化被联合国教科文组织正式承认为人类非物质和口传文化杰作。

其他打击乐器还有西原地区的德朗琴等。③德朗琴一般用竹管排列而成，敲击演奏时类似木琴，声音清脆，犹如山涧里淙淙流水，特别适合演奏欢快的曲目。

吹奏乐器中最为普遍的是竽，此外还有芦笙、唇琴、箫、笛子等。有些地方甚至连树叶都能被用来制作简单而具有特殊表现力的乐器，人们可以用树叶吹奏出优美动听的乐曲。

越南乐器中有相当一部分是从中国和其他国家引进的，如二胡、琵琶、筝、箫、笛子、三弦、中阮、月琴等。这些乐器早已融入越南社会，已被视为越南的"民族乐器"。现在，从西方传入的钢琴、手风琴、小提琴、吉他、长号等乐器也日益为越南人接受和喜爱。

---

① 我国学者认为东山铜鼓晚于云南楚雄万家坝铜鼓。

② http://baike.baidu.com/view/472955.html

③ 1949年，越南西原地区发现了石制德朗琴，据考证，该石琴是约公元前10世纪左右制作的。该琴现保存在法国人文博物馆，在河内的历史博物馆中有该石琴的复制品。

第三节 舞蹈艺术

舞蹈是一种舞台艺术，包括手"舞"和足"蹈"两部分。越南以及东南亚的一些民族，其舞蹈重"舞"轻"蹈"，即多手上的动作，且平缓、柔软；腿部动作较少。这种舞蹈方式主要源于农耕文化中人们的生活方式——通过双手来耕种、收割、捕猎；与游牧或者生活在山区的民族擅长脚上动作且强劲、激烈的舞蹈特征形成区别。

越南传统舞蹈不仅和生产实践有关，而且还和宗教祭祀相联系，可分为仪式舞和劳动舞。仪式舞包括求雨舞、祈丰舞、铜鼓舞、弓箭舞等，带有巫术和娱神的性质。比如求雨舞和祈丰舞反映了农耕文化中越南人的古老信仰，即通过祭天和祭神以祈求风调雨顺；弓箭舞是出猎前聚众跳的狩猎舞，人们认为这种舞蹈具有某种魔力，能够保证狩猎的成功。劳动舞主要指配合农业耕作等活动进行的表演，有划船舞、舂米舞、斗笠舞、扇子舞、狮舞等等。划船舞再现了越南人的水稻耕作生活，舂米舞则将人们舂米的动作加以艺术化，由2～4人持杵做出舂米的动作，时而舒缓、时而急促。斗笠舞是极具越南特色的舞蹈，包含摇摆、旋转、倾斜、盘旋等多种舞姿，舞蹈者通过队形的变化摆出各种造型，以表现含苞待放或盛开的花朵，或抒发某种情感等等。

少数民族如芒族在节庆时喜欢跳竹榻舞，即4～8人分成两人一组轮流边跳边敲打竹榻。此外山泽族的燃灯舞、鼓舞、筑路舞、道别舞，侬族的勒恩舞，巴拿族的龙编舞，拉祜族的芦笙舞，西原一些民族的盾牌舞等都别具特色。

除类型丰富多样的民间舞蹈外，宫廷舞在阮朝时的顺化也得到了发展。阮朝宫廷舞是越、占、高棉、汉等多民族文化交流的产物。代表性的舞蹈有八逸、四灵、双凤、献花、马舞、花灯舞等。其中花灯舞最为普及，并流传至今。宫廷舞多出现于宫廷礼仪、祭祀以及皇子公主成婚等场合。

音乐、舞蹈、戏剧等舞台艺术在越南被统称为"声色艺术"。它具有以下特征：

首先，较之西方舞台艺术的写实性，越南的声色艺术更具象征性，重在"神"而非"形"。这种象征性体现在三方面：第一，讲究对称和谐，表现在音乐节奏和舞蹈动作等方面；第二，通过约定俗成的象征符号或事物的某一部分或某个细节来表达内容，激发观众的联想，表现在乐队的构成、舞台剧的动作设计、化妆等方面；第三，运用模式化的表现手法，如嘲剧、呶剧中以表征化的个性特点划分角色类型等。

其次，越南声色艺术具有高度的传情性。民间音乐通过节奏和旋律的变化来表达内心情感，比如低沉的音色饱含的是无尽的乡愁，明快的旋律表现欢快的情绪等等；越南舞蹈动作的含蓄和隽永也有利于表达深沉的情感；嘲剧中剧情的主题则体现在对妇女角色的刻画塑造方面，如氏敬的慈悲、氏牟的轻佻、帅云的痴情等等。

再次，越南声色艺术具有综合性和灵活性。与西方舞台艺术的区分性不同，越南舞台艺术往往是歌、舞、乐、剧的综合；同时也没有严格的悲剧和喜剧之分，而是有悲有喜。灵活性则体现在乐队的相对随意性、戏剧演员的台词和动作的可变通性、演员与观众的互动性、剧本版本的多样性等方面。

第四节　绘画艺术

越南绘画艺术大概起源于新石器时期。迄今为止越南发现的最早的绘画作品是位于同内洞（和平文化时期）石壁上三个笔画简单的人头像，沙巴地区的石林中也发现了一些人形、兽形图案。

李陈时期，陈仁宗曾派画师将抗元有功的将领像画入《忠良实录》一书中，这是有关绘画的最早记载。李朝还出现了大量反映佛教内容的画作。胡朝印刷的纸币上画有四灵、云水图案。到后黎朝时，越南绘画艺术有较大发展，这一时期的绘画主题主要以肖像、生活和信仰为主，尚存的代表性作品有历史博物馆收藏的阮廌肖像，冯氏家族收藏的冯克宽肖像，河内冬玉村村亭中的渔、樵、耕、读组画等。民间画在这一时期也得到发展，主要包括祈福、生活、信仰、历史和讽刺等主题，其中祈福画最为普遍，如通过家神土公或吉祥的动物或家畜如鸡、猪等来求财、求禄等。但总的来看，这一时期的民间绘画艺术在线条、布局、颜色等方面还比较粗糙。

随着与西方交流日益深入，阮朝时期越南民间画进入了蓬勃发展时期。这一时期的主题大部分集中在国家家乡、历史文化、宗教信仰等方面；采用现实主义为主，象征主义和立体派表现手法为辅的表现方式；绘画技术和创作介质也逐渐多样化，不仅有纸画，还有木版画、丝绸画、磨漆画、油画等。

最有名的要数北宁东湖村和河内还剑湖鼓行街的民间画。东湖村的民间画以反映农民质朴淳厚的生活为主，代表性的画作如《鲤鱼》、《鸡群》、《猪群》、《摔跤》、《蛤蟆教书先生》、《老鼠的婚礼》、《接椰子》、《争风吃醋》等；鼓行街的民间画则主要反映的是市民和上层社会的喜好和愿望，因此较东湖村的民间画更加精致，但因受到中国画的影响所以在民族性和传统性方面不如东湖村画。代表画作有《七童》、《三多》、《四贵》、《素女》等。在绘画技术上，两地皆采用彩色木刻技术，区别在于东湖村画全部色彩都由木版完成，而鼓行街画只有黑白色由木版完成，其余颜色采用手绘。

丝绸画（绢画）也是越南传统绘画艺术。目前已知保存至今的越南古丝绸画只有上文提到的阮廌和冯克宽的肖像画。因丝绸薄、细、亮的特性，丝绸画的线条往往较为模糊，但却不失流畅洒脱、鲜艳柔和。丝绸画较好表现了越南文化的神韵，适合表现静物题材，尤其是风景画和肖像画如农村景致、花草、少女、母亲等。

磨漆画是越南最具特色的工艺品之一。磨漆画的主要材料取自越南硬木和天然漆树树胶。其制作程序非常复杂，包括涂漆、晾干、磨光等，每一步都要进行8~10次。在磨石的摩擦下，各层涂漆逐渐变薄，绘画图案逐渐呈现，近景与远景重叠，画面风格古朴，极具层次感和立体感。磨漆画也适合表现静物，尤其是风景类题材，如山水、春园、竹丛、少女、农庄的清晨、夕阳等。

与声色艺术一样，越南绘画艺术也具有象征性、传情性、综合性和灵活性。象征性首先体现在绘画原理和目的方面，即注重启发联想而非写实，引导欣赏者将目光投向作品的思想性而非形式的美丑与对错上；其次，善于运用强调、省略、多视角、散点透视等手法，着重表现人物内心和情感，因而在形式方面多有减省——尽管这样会与现实的合理性相悖。比如在《老鼠的婚礼》作品中，为突出统治阶级的地位，猫比老鼠骑的马还要大几倍；《摔跤》画作中除了用鞭炮表现节日气氛外，省掉了其他景致，甚至连看客也没有。再次，运用类型化和符号化的表现方式以满足祈福求寿的文化心理，如龙象征权威、麒麟象征太平、龟象征长寿、凤象征幸福。

传情性——即实现作家感情的表达，也是越南绘画的重要功能。比如画作《接椰子》通过妻子撩起裙子接丈夫从椰子树上扔下来的椰子，以及两个在椰子树下玩耍的孩童来表现妻子对丈夫的爱和一个幸福的家庭，体现了画家对幸福生活的构想；画家笔下龙的形象也因表现传情性而从最初凶狠鳄鱼的原型演化为和善的形象，体现了画家对权势阶层仁爱恤民的期望。

越南绘画艺术既注重象征性，又注重传情性，即以象征的形式传达感情的内容。在表现风格方面，既有象征，又有写实；既有动，又有静；既体现时间概念，又体现空间概念；重视阴阳和谐等等，这些都是其综合性和灵活性的体现。

第五节　建筑艺术

对于以农业为生、习惯定居的民族而言，建筑是其擅长的领域。越南的建筑艺术有其独到之处，历史上也出现过一些有名的建筑师，比如最令越南人感到自豪的事情是15世纪初安南人阮安参与了中国故宫和各部公堂的建设。

提到越南建筑艺术，不得不提到风水。小到建房建屋，大到规划一座城池，越南人几乎都要看朝向和风水。历数越南历史上有名的城池：丁朝、前黎朝的华闾（位于今宁平境内），李朝的大罗（今河内）、阮朝的富春（今顺化），无一不选"五行之地"而建。[1]1010年，李公蕴下诏迁都大罗城时曾写道："况高王故都大罗城，宅天地区域之中，得龙盘虎踞之势，正南北东西之位，便江山向背之宜，其地广而平坦，厥土高而爽垲。"顺化则位于国之中心，远则前有海，后有山，近则前有御屏山做前案，周围有香江环绕，香江两头有凸起的两岛，左为青龙，右为白虎，中间的河流为明堂，等等。后黎朝的阮德轩（河静省宜春县左凹村人），后人称其为"左凹"，是越南历史上最有名的风水师，他一生写下了大量风水方面的著述。

在建筑风格方面，前黎朝华闾城的建筑受到占婆文化和佛教文化的影响，其一柱寺与后来河内的独柱寺建筑相似。宫殿建筑包括有百草殿、千岁殿、四华殿、蓬莱殿、极乐殿等。这一时期可以看作越南建筑艺术的发端，尤其在技术与装饰

---

① 风水学认为，地势有五行之分，即水形（蜿蜒如河流）、木形（长如树）、火形（尖如火苗）、金形（圆形）、土形（方形）。金形地是发武之地，木形地是发文之地，若五行齐全，则是发帝王之地。

方面有较大发展。

李陈时期，建筑样式趋于丰富，建筑规格也较之前更加宏伟，代表性建筑有城廓、宫殿、塔、寺等。大罗城（升龙）包括内城（即皇城，为王公贵族居住的宫殿）、外城，外城包围内城，有著名的36街。塔寺建筑群则根据规模或建成"丁"字形、"工"字形或"三"字形。独柱寺、佛迹寺、光严寺、报天塔、章山塔、万福塔等代表了当时建筑艺术的最高水平，其建筑布局、线条也在某种程度体现了民族的审美取向。

后黎时期的宫廷建筑较此前没有大的改观，只在前朝基础上进行了集中修缮。但在信仰建筑，尤其是村亭建筑方面则有很大发展。15世纪以后越南社会逐渐步入了独尊儒教的时期，村亭作为儒家文化空间的象征受到朝廷和民间的重视。村亭规模一般从宽三间到七间不等，建筑方式则遵循了越南建筑的传统木架结构，柱、梁、椽、桁等各部分通过榫头衔接。结构一般分为前殿和后宫，根据建筑规格不同建成倒"丁"字形、"工"字形或"二"字形，屋檐两头则模仿船形做成曲度大的弯檐，给人以意欲腾飞的洒脱和与天地融合的和谐之感。值得一提的是，与中国"龙"的形象只能用于皇宫建筑不同，越南村亭的屋檐及室内装饰中到处都有龙的形象，使得村亭建筑不失宫廷建筑的威仪。北宁的廷榜亭堪称这一时期越南建筑的杰作。

阮朝，除了各地的亭、祠、寺等信仰建筑外，大部分代表性建筑都集中在京都顺化，包括京城建筑和京城外建筑。京城坐落于香江河畔，面积500公顷，从外到内依次是外城（周长10公里）、皇城（周长2 456米）和紫禁城（周长1 229米）。皇城和紫禁城是顺化王宫的主体，皇城外有护城河，东西南北各有一座城门。紫禁城的正门为午门，象征权力。午门正面有三座大门，供皇帝和官吏出入，左右各有一个侧门，供士兵和牲畜出入，城门之上修屋檐九顶，使用极阳之数。紫禁城内的建筑主要有太和殿、太庙、赵庙、世庙、兴庙、奉先殿、延寿殿、长生殿等。太和殿是皇帝上朝、阅兵、祝寿的地方，建筑华美、大气。顺化皇城是越南保存至今的最大的古建筑群，其建筑风格基本模仿北京故宫，但规模要小得多，与故宫的金碧辉煌、气宇磅礴相比，顺化故宫在轩昂中带着些许婉约和柔美。

京城外建筑主要为信仰建筑，包括南郊坛（用于郊祭）、文庙、保国寺、天姥寺等。此外还有沿香江修建的阮朝8位皇帝的陵寝建筑，它们风格各异，如嘉隆陵威仪、明命陵大气、绍治陵洒脱、嗣德陵梦幻、启定陵壮丽等等。每一处都是与其景观和谐相处的完美范例。

顺化的古建筑群代表了越南建筑艺术的最高成就，同时它也是与中国文化交流的结果。需要特别指出的是，越南的古代建筑艺术深受中国文化的影响。其设计思想、建筑布局均源自中国。如河内著名的36街即取法中国古代都城的东、西两市的城市布局，后逐渐扩展而成，而顺化的故宫"大内"紫禁城基本上是模仿中国北京故宫修建。但是，越南的古代建筑在建筑形制、体量规格等方面都严格遵守封建王朝的等级礼制，属藩王等级。如顺化故宫的太和殿是整个故宫建筑群中级别最高建筑形式，只是歇山重檐顶，而且走遍整个越南也见不到庑殿重檐顶的帝王级别建筑形式。这与越南与中国关系的定位是一致的，符合越南处理对中国的关系时"内称帝，外称王"的原则。

另外，由于越南近代有被法国殖民80年的历史，所以有些建筑也受到法国文化的影响。法国殖民时期，一方面由于法国人直接参与了越南建筑的修建，另一方面是因为很多越南建筑师受到法国的职业培训。因此，各大城市，如河内、顺化、胡志明市、大叻等的建筑呈现出西方尤其是法国南部的建筑风格，代表性建筑如河内大剧院、统一饭店、九龙饭店、天主教堂等。阮朝都城顺化的城池和当时修建的一些省城城池都采用了棱堡城墙建筑形式，这显然是受到法国沃邦防御系统影响的结果。①

不难看出，越南建筑具有各种文化融合的特点，中国文化、印度文化和西方文化在这里交汇，不同的建筑风格共同造就了别具一格的越南建筑艺术。

---

① 据王继东：《中西方文化影响下的越南阮朝都城顺化研究（1802—1885）》，暨南大学博士学位论文，2008年。

第六章　传统习俗

古语云："百里不同风，千里不共俗。"每个民族在历史发展过程中，由于自然条件和社会环境不同，形成各自不同的行为方式和生活方式，这就是人们常说的风俗习惯。从文化考察和文化研究的角度去看，一个民族的风俗习惯能最充分地体现这个民族的心理、志趣、信仰和历史发展，因而也是这个民族最有意义的文化特征。[1]

作为自然个体，人一生中最重要的时刻大致包括：出生、成婚、生子（女）、死亡，对这些时刻的宣告就显得十分重要，由此产生了繁复的仪式和礼节并成为民族传统习俗中最重要的部分。在越南，孩子满月一般要请亲朋好友喝满月酒；结婚要举行婚礼，表示社会承认男女所建立的配偶关系；死亡后举行丧葬仪式，表示一个人完成他一生的全部过程，向社会告别。其中婚礼和葬礼尤为隆重，是民族习俗体现最为集中的仪式。越南传统的婚丧习俗是在遵循中国宋朝朱文公的《朱公家礼》和越南陈朝寿梅先生[2]的《寿梅家礼》的基础上，结合地方风俗和家族、家庭俗例逐渐形成的。

作为社会共同体的村社、民族，其精神生活往往通过庙会和节庆来实现，庙会和节庆是共同体的"狂欢"，是共同体放松身心、追求精神享受、传递共同体理念的重要方式。由此，其仪式和程序也饱含了共同体对自然、社会、人生的理解，值得探究。

本章主要介绍越族的婚俗、丧俗、庙会、节庆和取名习俗。[3]

第一节　婚俗

现代国家一般规定男女双方达到法定年龄，到政府相关机构进行婚姻登记就

---

[1]　程裕祯:《中国文化要略》，北京：外语教学与研究出版社，1998年，第326页。
[2]　寿梅先生原名胡士阳，海阳省人。
[3]　囿于资料搜集的困难，本章主要介绍越族的风俗习惯，对越南其他少数民族的风俗稍有提及。

算结婚了。而民族传统里，婚姻却是一件非常重大的事情，有许多繁复的程序和规定。在越南，随着革新开放的深入和都市化进程的加快，婚姻也有简化的趋势，但古老传统的核心仍被保留。

一、婚姻程序

婚礼是形制最为完备、传承最为悠久的人生礼仪，历来受到个人、家庭和社会的高度重视。越南古代婚礼程序几乎照搬中国，分为"六礼"，即纳采、问名、纳吉、请期、纳征（越南称"纳币"）、亲迎，缺一不可。古话说"六礼不备，淑女不出"，如果男方没有完成"六礼"的筹备工作，女方就拒绝进男方家门。

纳采，就是男方通过媒人向女方家说媒、提亲。现在，自由恋爱比较普遍，但是就算双方情投意合，也要通过媒人提亲。问名①，就是男方讨问女方的姓名及生辰，以卜八字是否相合。一般还要问清女方母亲的出身，以了解女方的受教育环境等。如果男女双方八字相克，则婚事将取消；如果相合，则需进一步占卜神灵、祖先和月老的旨意，若为吉卦，则行纳吉礼通报这一喜讯。纳吉，就是正式提亲。问名若属吉兆，男方遣媒人致赠薄礼，通报八字之合。请期，顾名思义就是择定娶亲吉日。一般由男方请女方家择定日期或男方择定后征求女家同意。纳征，即正式送聘礼，包括礼金、礼饼、礼物及祭品等。亲迎，就是娶亲，即男家派人或亲自迎娶新娘。

可见，一对男女能否结成夫妻，问名、纳吉、请期是起决定作用的，至于纳采、纳征和亲迎只是形式，但是婚姻各程序中最热闹的却是亲迎。亲迎之日，婚礼同时在男女双方家分别举行，双方家庭在家中摆下宴席，邀请亲朋好友出席。女方酒宴在先，男方家庭要先组织迎亲。婚礼正日，新郎身着新衣，与迎亲的队伍一起到新娘家。证婚人②手捧礼盒③走在迎亲队伍最前面，然后是拿彩礼的人，接着是新郎和伴郎，新郎的亲朋走最后。到达新娘家后，新郎新娘先拜祭女方家

---

① 古人认为婚姻是缘分，因而非常重视婚事中的玄秘因素，尤其看重男女双方八字是否相合，认为这是婚姻关系稳固的保证，问名主要是问女方生辰八字。此外，问名还有"讨问女方姓名"的意思。1945年以前，越南农村的许多地方，女孩不让上学、不登记户口，所以从出生到嫁夫之前都不着急取名。直到男方行问名礼时，女孩的父亲或伯父才给女孩娶一个名字，以便在结婚证明上进行登记。当然名字并不重要，女方的生辰八字才是问名的重点。
② 证婚人一般由夫妇健在，子孙满堂并在宗族中有权威的老者担任。
③ 礼盒内一般有槟榔和男方为新娘置办的嫁妆。

庭的祖先，请祖先认可，保佑一对新人幸福美满，接着新郎拜岳父岳母。迎亲队伍在女方家吃过婚宴后迎接新娘回新郎家，离开时，要行告别礼，女方父母坐在家正门一侧①，新郎新娘站在长辈面前，或跪拜或鞠躬，长辈拿出早已准备好的礼物给这对新人。新娘接到婆家后，同样按先祭拜祖先、再拜见公婆的程序进行，然后逐桌敬酒、敬烟或敬槟榔②等。婚礼后第4天，新郎新娘带着礼物回新娘家祭拜祖先，称回门礼，至此，婚礼所有仪式程序结束。

如今，"六礼"习俗显得过于陈腐和迷信化，因此人们将其程序进行简化，去除了缴纳喜钱等习俗。在越南农村，婚嫁只需行三礼，即提亲、问名和娶亲；有的地方将提亲和问名合二为一，行"两礼"。在城市则甚至只举行婚礼，将其作为"报喜"的仪式，作为双方爱情的结果和见证。婚礼有隆重化和简单化两种趋势。但必不可少的环节是，上午或中午，新郎新娘家人及亲戚朋友在家吃团圆饭，下午按照预先算好的吉时由男方到女方家迎亲并祭祖，之后所有人到会堂吃冷席（甜点），或到酒店吃酒席。宾朋需向新人赠送礼物（日常用品）或红包，并说祝福的话。宴席结束时，新人回男方家或回自己家，开始他们新的生活。

越南少数民族的婚俗也颇有特点。芒族举行婚礼当天，新娘家会烧一锅污水，全家放声大哭，新娘被迎出门时，新娘家人就向参加婚礼的人群扔大米和盐，并把准备好的污水泼向人群。赫蒙族还遗留有抢亲的习俗，"新郎"先把姑娘抢到手；第二天"新郎"再去敬告"岳父岳母"，使其放心；第三天，"新郎"托媒人去提亲，最后把彩礼送到女方家及其村寨。

二、婚姻特点

集体性是越南村社的重要特征之一，所有关乎个人的事情也关系到集体，即便是婚姻私事，也必须符合集体的利益。因此，除例行上述婚姻程序外，越南传统婚礼还需恪守以下原则：

首先，男女婚事要服从家族利益。越南传统观念认为，婚姻从不是两个人的事，而是两个家族之间的事。所以娶妻嫁夫找的不是个人，而是看两个家族是否"门当户对"。另外，对于家族而言，婚姻是家族延续和子孙繁衍唯一的、神圣的

---

① 如果祖父祖母健在，也一并就座受礼，但是凳子比父母坐的略高一些。
② 在婚姻的所有程序中，槟榔都是必备的物品，它是越南象征爱情的信物。

手段。为了使家族有足够的农业生产劳动力，人们首先看重女人的生育能力。一般认为，有"具"字腰、"心"字胸的女性是最合乎标准的。此外，迎亲时的"春臼"和"铺席"习俗也体现了婚姻传宗接代的功能。春臼即迎亲前男方家人在门口放好杵和臼，等新娘迈进家门时，拿着杵向臼春几下，此举是以春臼的生殖崇拜文化内涵祝福新人早生贵子；铺席是由一位多子、福德仁厚、丈夫健在的中年妇女为新人铺席，席子有两张，铺时须一正一反，象征阴阳和谐。除传宗接代以外，已婚男女还要为家族谋取利益。妻子要精明能干，为男方家庭带来物质财富；丈夫要出类拔萃，为女方家庭带来精神荣耀。

其次，男女婚事要服从村社的利益。为维护村社稳定，越南人历来就有轻视寓居人（外乡人）的传统，在婚姻方面就形成了嫁娶都必须是本乡人的观念，于是就有了"宁嫁村中穷汉，不嫁远方阔少"的说法。旧时，越南农村还有男方向女方所在村社缴纳款项或礼物（"喜钱"）的习俗，如果男方与女方同属一个村社，则上缴的少；如果男方来自其他村社，则常常要缴纳前者的二至三倍。只有向村社缴纳了款项或礼物，婚姻才是有效的，而村社出具的收据，则具有类似于今结婚证的功能。缴纳"喜钱"的习俗源自"讨喜"，就是在路边或村门前拉一根绳子，用来庆祝婚礼、表达祝福，还有的地方会放鞭炮。为表答谢，迎亲队伍会以槟榔、礼物、钱财相送。然而，这一习俗逐渐衍变成一些人非法索贿的恶习，于是朝廷下令官员和士兵个人不得靠收缴"喜钱"敛财，只有村社才有权收取。阮朝时朝廷对"喜钱"的缴纳有了具体规定，如富人家缴纳1.5贯钱，中等人家缴纳0.6贯，穷人缴纳0.3贯等，跨村社嫁娶的缴纳双倍的钱数。这些钱多用于当地的公益事业，如打井、铺路、修桥、建村门等等，但在不少地方被违规用作乡里①的酒肉茶钱，因此这一习俗早在半个世纪前已被废除。

以上原则体现了越南人重家族、重集体的观念。不管是普通老百姓，还是名门望族，甚至是帝王公主，他们的婚姻可能都体现了家族、村社和国家的利益。

最后，男女婚事还要注意一些特殊要求。首先当然是男女双方的生辰八字要合得来，否则不能成婚。此外，婆媳关系也是特别要注意的。婆媳之间往往

---

① 越南旧时乡村里的职役。

会因为丈夫或儿子的缘故产生矛盾。依照习俗，媳妇过门时，婆婆要抱着陶瓷罐到邻居家回避。因为在越南家庭中，女性被视为"内相"，而陶瓷罐是"内相"权力的象征，因此婆婆在将"内相"让位给媳妇之前，需要先行回避，以使家庭关系顺畅。

第二节　丧俗

越南人对于丧葬的仪式和态度与他们对死亡的认知有关：一方面，人们认为死亡就是灵魂到了另一个世界，不过是一种告别而已；另一方面又认为死亡就意味着人生结束。这使得越南人既能够平静地迎接死亡，所以老人善终被认为是喜事，要放鞭炮，子孙要戴红、黄孝巾；同时在亲人去世时又会无比悲伤，生者要哭叹和叫魂，希望逝者重新活过来。

过去，老人满60岁甚至50岁时，都会为自己的后事做准备：选好自己心仪的寿衣；做好棺材，放在家中供桌的下方；请风水先生选块好地，开始修墓等。

一、丧葬仪式

丧葬仪礼就是帮助逝者完成过渡，并安抚生者的一系列仪式。这些仪式主要包括取讳字、沐浴、饭含、入殓、祭祀、出殡、安葬等。

死者咽气之前，最重要的事是为死者取讳字。讳字由死者自取或子孙代取，为日后子孙祭祀之用，只有家人及"一家之主"土公神知道。祭祀时，长子只以祖先的讳字祷告，土公的责任是只允许被念到讳名的祖先的灵魂归来，而防止其他孤魂与祖先共享祭品。此后，要行沐浴礼和饭含礼。沐浴即为死者净身，穿上寿衣；饭含即将一撮糯米饭和三枚铜钱放入死者口中，前者用于代替一日三餐，后者则用作盘缠。入殓时，在死者脸上遮一块布，以示不忍看到子女悲伤。遗体入棺后即设灵床、立灵桌，供死者牌位与魂帛。牌位一般用竹篾做成，上面写着逝者的官爵、姓名、字号等。"魂帛"是指在逝者去世之前放在其胸前的一块白绸，去世后将白绸结成一个含头、身和手脚的人形，以象征逝者，今多用逝者的遗像来代替。①每日生者将逝者的魂帛或遗像迎到祖先的供桌前进行祭拜，行朝祖礼。出殡之前，要在各路口祭祀神灵以请求通过，出殡时要撒纸黄金（冥宝）作为给各路鬼的买路钱；到达安葬地点后，要拜土地神以请求其批准死者"入居"。安葬后，在墓旁放置一颗鸡蛋、一碗米饭、一双筷子（竖插在米饭上，筷子头用利刃纵向削成多条细丝向上卷曲成团形），鸡蛋象征着（生命的）源头，饭象征大地母亲，筷子头象征云或者混沌世界，筷子则是连接阴阳的象征，寓意希望死者早日投胎返回人间。②

葬礼期间，要进行抬灵柩、招魂等习俗，以示对死者的挽留。子孙披麻戴孝，痛哭不已，寝食难安，站立不稳（因此男要拄拐，女要滚地），容易悲痛过度而昏迷倒地，撞头身亡（因此出殡的人头上要戴帽子）。

葬礼之后，死者才会被认为是真正意义上的逝者，人们将牌位或魂帛（或遗像）迎回家，并在祖先的供桌旁单立供桌，供神主、魂帛（或遗像）和一些必要的祭器等，并开始另外一些仪式，如"作七"、"卒哭（即百日祭）"、"小祥"、"大祥"等。"作七"是佛教仪式，在逝者去世后的49天内每隔7天举行一次，其目的是超度亡灵。丧期③界满，家人"化"掉魂帛，并将逝者的新牌位、遗像等迎入家中历代祖先的供桌，定期享受家族的香火。④

如今，有社会地位的公职人员去世后，一般都要出示讣告、成立治丧委员会组织葬礼、开追悼会。国家领导人去世后，根据相关规定可享国葬。国葬仪式包括：以党中央、国会、国家主席和政府名义出示讣告；成立有党和国家领导人参加的治丧委员会；组织瞻仰遗容、开追悼会和送葬仪式；降半旗以示哀悼；暂停3～5天的喜庆活动。越南党和国家领导人都会亲自参加治丧活动，有时甚至亲自将棺材送上灵车，送往最后的安息地。

在城市和一些少数民族地区也实行火葬，泰族中的黑泰，部分占族、佬族、高棉族人死后用火葬。

① ［越］裴春美：《越南人家庭中的供奉习俗》，河内：文化通信出版社，2001年，第60页、第71页。［越］阮登维：《越南宗教信仰的各种形态》，河内：文化通信出版社，2001年，第45～46页。
② 或者解释为：混沌世界生太极，太极生两仪，两仪（阴和阳）生万物，人们分别用筷子头、饭、一双筷子、鸡蛋来象征混沌世界、太极、两仪、万物，意在祈祷亡灵早日投胎转世。
③ 丧期随家境及人们观念的不同而不同，可为100天，1年或3年。
④ ［越］陈玄商：《越南风俗》，河内：文化通信出版社，2001年，第64～82页。［越］阮友爱，阮梅芳：《越南传统风俗》，河内：文化通信出版社，2003年，第253～264页。

二、改葬习俗

越南北方农村有改葬①的习俗，即二次葬习俗。第一次进行木棺土葬，称"凶葬"。3～10年后，待尸身腐化，挖开坟头、开棺，拣出逝者尸骨，用清水洗净、擦干，放入一个小瓦罐中密封、避光，到新地点重新下葬，称"吉葬"。②改葬前一天要在祠堂告祭祖先，改葬当天要向新土神祷告。

关于改葬的原因有很多不同的说法：一说过去因一般家庭都较为贫困，亲人去世后没有足够的钱买一副好棺材，担心时间久后棺木腐烂伤及尸骸，所以三年后要重新埋葬；第二种解释是为避免白蚁、洪水的侵蚀所以改葬；第三种说法是墓地无故下陷、墓地上草木枯萎、家里有人生病，都是阴宅风水问题所致，所以需改葬。改葬习俗出于子女对已逝祖先存在形式的认知。人们相信"生寄死归"，死就是回到另一个世界的祖先身边，谁都希望自己的祖先能"归"得安全、平静。人们还认为祖先与现世人仍然存在某种联系，只有当祖先的尸骨保存完整时，家人才能平安无事，否则家人不会得到安宁。

越南人认为："事死如事生。"在丧礼中，所有严密的规定都以体现子女的孝道为目的。如在亲人去世后的100天内，家庭行"供食礼"，每日两餐，与家庭的饮食一致，碗筷等都要是专用的。这一仪式的意义在于提醒子女实现自己对于逝者的义务。在"作七"仪式、小祥、大祥的祭祀中，供餐中必备的两样是一碗米饭和一个鸡蛋。大祥祭上人们会还为祖先烧很多纸制冥器，包括衣服、拖鞋、冰箱、彩电、交通工具甚至是仆人等，以便他们在阴间享用；除了冥器之外，人们还在烧冥器的火中烘一根扁担或棍子，或是在旁边竖一根甘蔗，用意是让祖先借助扁担、棍子或甘蔗将这些冥器扛回去以省力气，等等。

如今，越南人的葬礼已经有很大简化，去除了一些遗风旧俗：如雇人哭灵、滚地、设灵堂、唱孝歌等，改用汽车运送灵柩，不再改葬而改行火葬并将亲人骨灰寄存于寺庙等，但烧冥器风俗在有些地方还有繁琐化的趋势。

---

① 从事改葬职业的人一般都是子承父业或徒继师业，有一整套秘密行规，收入很高，日常生活中却被认为是"不吉祥"的人，社会地位不高。

② "吉葬"一般会尽其可能地把坟墓修得坚固奢华，便于子孙世世代代进行祭扫。

三、丧俗的特点

越南人的丧葬习俗受汉文化的影响较大，尤其是阴阳五行观念在丧葬中的运用。比如，在色彩使用方面，以白色为主。白色属金，对应西向，因此越南人的墓地常常位于在村子的西边，少数民族还将西边的树林看作鬼林。仅次于白色的是黑色，黑色属水，对应北向，也属于不吉的颜色。白黑二色为丧礼主色调，红色和黄色等吉色，只有在喜丧时才使用。过去，如果老人寿终时超过70岁，视为喜丧，子孙皆戴红、黄孝巾为老人送行。总之，凡事以五行学说作为依据。

在数字使用方面，偶数为阴，奇数为阳。因此与逝者相关的一切都要使用偶数，如灵柩前拜2拜或4拜，供奉用的鲜花也需是偶数。与之相对应，对于生者而言，向他人行礼时则需拜1拜或3拜，送人的鲜花或水果需是奇数，家门前的阶梯数一般为3。当然，也有一些特殊场合，如供奉佛以及丧期已满的亲人也需用奇数；女儿出嫁前拜别父母需拜2拜，意即从此以后是别人的女儿了。

根据去世亲人的性别差异，越南人还有"父送母迎"的做法。为父亲送葬时，长子拄圆形竹棍——象征"阳"，也象征父亲的正直与坚硬，跟在棺材之后；为母亲送葬时，长子拄一根下半截削成方形的棍子——象征"阴"，也象征母亲的淳厚与柔韧，在棺材前面倒着走。未参加送葬的儿子的拐杖要挂在杠头，已故儿子的拐杖则由该人的儿子代拄。"送父"是因为"父"为一家之长，所有的家庭成员都需位于其后；"迎母"是因为封建时期女子地位低下，"夫死从子"，即母亲要跟着自己的儿子，长子位于棺材前向身后拉棺木的举动既体现了子女的孝心，同时也没有违背儒教男尊女卑的思想。

此外，根据《寿梅家礼》的规定，除了晚辈要给长辈戴孝外，如果已故的是晚辈，长辈也要给子孙戴孝，体现了民主的一面。但实际上，很多地方还是有"父不拜子"的观念，即认为儿女死在父母之前是对父母的不孝，父母不能给儿女戴孝、送葬，而是在儿女尸体的头部缠一圈头巾，以表示今后给父母戴孝。

第三节 庙会

庙会是越南常见的民间文化活动形式，是民间表达"安居乐业、庄稼丰收、多子多孙、身体健康"等的美好希冀和欣喜情感的契机，也是男女老少娱乐消遣、锻炼身体、展示才艺的好机会，还能培养村社成员的艺术修养。每到农闲时，全国各地以村寨、寺院或庙祠为中心组织各种各样的庙会。① 每个庙会都包括"礼"和"会"两部分内容。"礼"指祭礼，其目的为酬神和祈祷；"会"则是综合歌、乐、舞、剧、游艺等多种形式为一体的文化生活样式。②

一、庙会的流程

庙会一般的流程主要包括：筹备、排练、迎神、祭礼、游艺和散会等。本书以村亭庙会为例进行基本流程的描写。③

（一）筹备

越南庙会是有组织、有计划的民间群众性活动，且涉及许多重大神事活动，因此前期必须经过精心筹备。每到初春，村中就开始着手筹备庙会。如果是每年一次的例会，规模较小，组织筹备工作通常比较简单。如果是大型庙会，要求比较高，筹备工作繁杂，一般由组织者分派给集体或个人去完成。村亭和庙祠是进行庙会神事活动的重要场所，因此修葺村亭、庙祠是筹备工作的第一要务，通常需提前半个月到一个月展开。④ 此外，村亭、庙祠前要张灯结彩，悬挂一面大旗，村里大路两旁要竖起成行的灯柱，每个灯柱上要挂上一个大红灯笼。就个人而言，男女老少都要准备好参加庙会的新衣服，小伙和姑娘会准备好盛装⑤；庙会工作人员更要事先准备好行头，如抬神轿、扮"人棋"的男性要准备彩绸腰带，女性则

---

① 越南的李克恭先生曾著书介绍了100个较有影响力的庙会，包含时间、地点及活动内容等。越南的庙会一般多集中在春、秋季的农闲时候，但也有的地方在夏季的神讳日、神诞日举行庙会。庙会的特点是全民参与，有影响力的庙会往往吸引周边几十、上百个村社参加，必须有足够开阔的空间才能展开，而寺院、村亭、庙祠是越南村社传统的公共空间，在这些地方举办庙会是顺理成章的。

② 从这个意义上说，越南的庙会是"悦神和悦己"的完美结合。

③ 主要参考［越］俊映：《旧习俗——越南村社》，河内：社会科学出版社，1968年。

④ 修复工作主要有修补、复原破损的神像、神座；粉刷墙壁；更换或翻新旧供物、祀器；更换幕布、门帷等。

⑤ 对未婚青年男女来说，庙会同时也是他们相亲、恋爱的好机会，因此会在服饰上做一番精心的准备。

要准备头饰、项圈、戒指和香袋等等。

（二）排练

庙会一般都从迎神仪式开始，因此在正式庙会前要进行排练。锣鼓队、乐队每天晚上要到村亭里排练打鼓、敲锣、拉琴等；抬轿班子排练时，指挥抬轿的人要一边打鼓，一边喊口令，带领大家有节奏地抬着轿子走；"人棋"班子①排练时，双方棋手各执一面小旗，挥旗向"棋子"传达棋路，"棋子"要完成坐、立、出、入、进、退、入列敬礼等一整套程序和规则，一旁有人则敲锣打鼓进行催促。排练成熟后要进行彩排，供当地村民和官员观看并发表意见，以查漏补缺，力争万无一失。因为在庙会中承担任务是十分荣耀的事情，人们会十分虔诚、认真地对待排练工作。

（三）迎神

迎神是大小庙会不可缺少的组成部分，是庙会神事活动的"重头戏"，也是整个庙会最具神秘色彩和古越民风的场面。

在迎神仪式的前一天，参加迎神的仪仗队成员必须严格按照传统的规矩做好各项迎神准备，其中包括迎水礼、沐浴礼和加衣冠礼。迎水礼在庙会前一天举行，由全体仪仗队员到附近的水井或划船到河心取回清水，作沐神之用。沐浴礼一般在庙会前一天夜里举行，人们到庙祠、村亭中向神灵谒拜以求得神灵准许，然后用取回的清水为供奉的诸神牌位沐浴。加衣冠礼即迎神仪仗队的抬轿人员沐浴之后，前往衣冠房接受神封给的衣冠彩带。进入衣冠房时要用一条毛巾紧捂住嘴，以免让"凡气"冲了"圣宫"，否则就是对神不敬，会受到惩罚。加衣冠礼结束后，轿夫们抬着龙轿回去。到晚上，所有参加迎神的成员都要斋戒，穿戴好各自的行头。

等天一亮，锣鼓声、乐队奏乐声、鞭炮声响起，迎神队伍上路，迎神仪式在热烈、庄严而略显神秘的气氛中正式开始。走在最前面的是旗阵，后面依次是锣鼓队、藤象、木马、兵器队。兵器队中扛青龙刀的走在前面，执戟的位列两侧，中间大罗伞下一个穿着绿色宽大衣衫的官员，手举一块椭圆形牌匾，上

---

① 所谓"人棋"就是中国象棋，只不过以地面为棋盘，以人为棋子，赛棋时男、女"人棋"各居一方，手持棋牌，由本方棋手挥旗指挥。双方还有小鬼不时敲锣打鼓（男方打鼓，女方敲锣），催促棋手抓紧时间。

书"上等最灵"或"历朝封赠"字样。跟在兵器队后面的是锣鼓队，他们服饰鲜艳，打着柄鼓、云板，敲着铜锣，边唱边跳。接着是令旗、令剑、八方阵①、龙亭方阵。龙亭方阵后面是龙轿，由八人抬着，另有八人并排行走，随时准备轮换。②最后是专供父老和祭礼官③乘坐的轿子。龙亭和龙轿有时会"飞"起来，这是因为看热闹的人一多，和抬轿的人有些推搡，使得抬轿的人来不及把轿而不自觉地加快步伐。人们见状以为是神高兴或发怒了，争相朝神轿连连叩拜。此外，大型庙会的迎神仪式往往还有戴着假面具的戏班子在路上根据当地的历史典故进行演出。

（四）祭礼

迎神队伍到达村亭后，将神灵牌位摆上供桌，开始举行祭神礼。祭神时讲究尊卑，一般有官爵的先拜，接着是有名望的父老，然后才轮到一般职员、抬轿者、执戟者、"人棋"、锣鼓队和乐队，且各有各的拜法。他们或排成双行、或排成四行，或排成"日"字形，甚至有时排成"天下太平"四个汉字，随鼓声时进时退。"人棋"通常是男女分排两行，进出场时步调一致而有节奏。最后上前礼拜的是群众，挤不进去的也可以在外边朝祭礼方向礼拜。在有的乡村，祭神时每巡祭酒过后由戏班或歌女演出呮剧或嘲剧，以祝神灵夜间安歇。祭神礼正式开始后，组织者会安排人员在村亭内轮流侍奉神灵，人们每天都要去典文房迎祭文和到领班家里迎糯米、糕饼或"三牲"（牛、羊、猪）、槟榔、鲜花等供品回去祭祀。祭毕，大家就地分享祭品，如是反复，直至庙会结束。

（五）游艺

"礼"之后便是"会"，人们参加完庙会神事活动之后，到庙会临时设立的娱乐场所欣赏民间传统文艺演出和参与丰富多彩的民间游戏。

文艺演出主要通过演戏的方式再现神灵神迹，通常是一些自古以来越南

---

① 代表八个方向的各色旗帜的方阵。

② 迎神仪式上，迎男神的神轿由男的抬，迎女神的神轿由女的抬（称为扶驾女子），扶驾女子头顶一般有用来盛放槟榔等的礼品盒。在抬轿者的装束上，各地都有所不同。有的腰间扎彩绸带，领头的戴笠帽，有的地方还外加一条红绸子或一条红巾披在肩上。有的地方抬神轿时，男的仅在下身围上一小块遮羞布，腰间挂上一把中国扇子、一个槟榔盒和一个烟丝盒，俗称"裤包巾挂"，据说是古时神外出征战渡河时的装束。

③ 祭礼官经推选产生，包括一位主祭、四位陪祭、一名东唱（đông xướng）、一名西唱（tây xướng）、两名内赞（nôi tán）、10到12名执事。主祭由乡里有威望的耆老担任，其他祭礼官从乡里的专业人士或神职人员中选择合适人选担任。

民间广为流行并深受群众喜爱的戏剧。此外，歌舞表演也是重头戏，尤其是具有地方特色的歌唱和舞蹈形式，比如官贺、竹竿舞等。庙会中的歌唱一般还有比赛性质，类似民间的对歌，最富有民俗风情。参加赛歌的多为青年男女，他们借此表达对彼此的爱慕之情，场面十分热闹。精采之处，全场爆发出阵阵欢笑，使整个歌场充满了欢乐的气氛。此外，还有各种民间杂耍和魔术表演等。

民间游戏一般都带有竞赛的性质，且多以祈雨、祈求多子多孙或锻炼身体、提高技艺等为最初目的。如春季借雷鸣般的鞭炮声来求雨；夏季通过放风筝来求风、求阳光，以使洪水早日退去；而抢球掷孔、掷铜钱儿、荡秋千、瓮中捉泥鳅等习俗则有生殖崇拜的象征意义。此外，还有很多提高日常生活技能、强身健体的游艺项目，如做饭①、抓猪、织布、蒙眼抓羊、爬杆、踩高跷、摔跤、拔河、斗鸡、斗牛、斗鱼、斗蟋蟀等等。当然，还有一项与前面的祭礼联系最密切的比赛——"诵读贺词比赛"，贺词一般是一篇用汉字写成的长篇词赋，主要包括向神报告乡土变化、赞美和感恩神灵、祈求神灵保佑三部分内容。比赛按照参赛者诵读文章的精彩程度排名，优胜者将获得奖品。

（六）散会

庙会持续时间有短有长，短则几天，长则一个月。散会前还要在村亭中举行一次大祭，大祭后要在当天下午或晚上举行迎神回宫礼，将神灵牌位接回原来的庙或亭，整套仪式与之前的迎神仪式大体相同。晚间举行的散会仪式还会有一些特别的活动，如掷鞭炮比赛，参赛者需要用引爆的小鞭炮将悬挂在旗杆顶端的大鞭炮引燃才能获胜。

庙会最神圣的环节是祭礼，延续时间最长、最吸引人的部分是游艺和竞技。祭礼是为了"悦神"，游艺和竞技则以"悦人"为主要目的。人们在庙会时向神灵报告本地一年的情况并祈求来年的丰收和幸福，同时，在游艺竞技活动中放松身心、展示才艺、甚至寻找爱情等等。在此意义上，庙会是神圣与世俗和谐共处，是民众对自己一年辛勤劳作后的奖赏。

---

① 包括边照顾孩子边煮饭、边划船边煮饭、做白切鸡、摆宴席等。

二、庙会的类别

庙会一般可以按照组织规模、祭祀对象和举办地点来进行划分。

（一）按规模大小

越南的庙会，根据规模大小，一般可分为小型庙会和大型庙会。小型庙会主要在春季举行，以村为单位，一则结合传统佳节——春节开展庆祝活动；二则恰逢农闲时期且天气凉爽，适合举行庙会。小型庙会侧重于群众性文娱活动。大型庙会又分两类，一类是跨村的不定时的大型庙会，一般在全乡遇到特大丰收、有新寺庙亭落成等喜事时举行；另一类是跨乡、跨县、甚至跨省的大型庙会，举办的时间和地点都比较固定，大多在阴历一月～三月举行，组织、筹备更加周密。大型庙会侧重于神事活动。[1]

（二）按祭祀对象

从"礼"的祭祀对象上看，越南庙会可分为行业庙会、纪念民族英雄和文化英雄庙会、宗教文化庙会等几大类。[2]行业庙会以农业庙会为主，如以求雨抗旱为目的的四法会[3]，祭祀拾粪神、强调肥料作用的古芮会、雨珠会（一般在初春时举行），此外还有铸铜业、纺织业、锻造业、鞭炮业庙会等等。纪念民族英雄和文化英雄庙会如：纪念"国祖"的"雄王"庙会——农历三月初十在富寿省越池市羲岗乡举行；纪念扶董天王的董圣庙会——农历四月初九在河内嘉林县扶董乡举行；安阳王庙会——正月初六在河内东英县古螺乡举行；纪念二征姐妹的二征庙会——农历二月初三在河内二征郡同仁坊举行；纪念兴道王陈国峻的劫泊庙会——农历八月二十在海阳省至灵县举行；纪念光中黄帝阮惠的西山庙会——农历正月初五在平定省西山县举行等。宗教文化庙会包括香迹寺庙会——在河内市美德县举行；西方寺庙会——农历三月初六在河内市石室县举行等。以及纪念褚童子、伞圆山神、柳杏公主、灵山圣母等诸神的丰富多彩的民间信仰庙会。

---

① 参见罗长山：《越南的庙会文化》，载《民族艺术》，1994第4期。

② 从文化构成上，越南庙会又可分为自然生活庙会（如祈雨会、古芮会、下田会、撞牛会、新米会、糯米会、赛舟会等等）、社会生活庙会（如雄庙会、董圣庙会、安阳王庙会、二征姐妹庙会、栋多庙会等等）和集体生活庙会（如各种佛教寺庙庙会、夜泽庙会、黑婆山庙会等等）。

③ 各地四法会的时间不尽相同，有的是四月初八，有的是一月十七，有的则只有在大旱时才进行。

(三)按举办地点

依据庙会举办的地点,可分为寺院庙会、村亭庙会和庙祠庙会。

1. 寺院庙会

永福省的菏寺、香更寺、蒲草寺,海防的茶方寺,河内的西方寺、金莲寺、香迹寺,北宁省的百间寺、笔塔寺,太平省的鹦鹉寺等都是经常举办庙会的地方。[①]越南儒学家范贵释(1760—1825)在描述老百姓为建造寺院,打铸钟磬、筹办庙会而捐钱捐物时写道:"你看看村里的乡亲们,省吃俭用为致富,终日奔波以谋生,一个铜板都不会给人家,但一到布施时却生怕落于人后。连那些吃了上顿没下顿的穷小子们,听到募捐也非要翻箱倒柜,掏口袋摸出几个铜板或是捐出一斗米而没有丝毫犹豫。"

寺院庙会以祭祀佛祖的香迹寺庙会规模最大,最为典型。香迹寺又名香山寺,位于河内市美德县香山乡。香迹寺是越南北方名胜,黎朝圣宗皇帝称赞其为"南天第一洞"。香迹寺庙会是包含香迹寺在内的燕溪两岸群山[②]中的约70座寺庙[③]、道观、尼姑庵庙会的总称。香迹寺庙会开始于每年的正月初,结束于二月底,农历二月十五为正日。庙会期间,春回大地,天气转暖,各地游客纷纷到香山进香朝拜。人们往往举家前往,准备食物、香火,席地进餐,见庙烧香,十分热闹。香山属于喀斯特地貌,山不高,但形状丰富,多溶洞,神秘幽微,加之草木葱茏、繁花竟放,确是春游佳处。香迹寺[④]位于山顶的溶洞之中,香客历经艰辛,登上山顶,极目四望,心旷神怡。路随山转,豁然见一拱门,穿过拱门,沿着石砌的台阶陡然下行,向左直拐,再下行约40米即进入香迹寺。香迹寺其实就是一个溶洞,阔约三四百平方米,因势在溶洞较高敞各处供奉着各种佛像,香火终年不断。

---

① 越南的寺院庙会是一个庞大的体系,上文列出的寺庙只是寺院庙会的代表,从中也可看到,以河内为中心的红河平原核心区是寺院庙会集中、规模较大的地区。南方的寺院庙会总体不如北方有规模和传统。

② 这一带统称香山或香迹山。

③ 规模比较大的有郑氏庙、天筹寺等。

④ 香迹寺所以闻名,除了上述诸多原因外,更主要的还是人们相信这里的菩萨灵验。尤其是想生孩子的妇女,都相信去拜了香迹寺的送子观音就会如愿。其实求子香客也不特意拜佛堂上的供着的观音,她们更主要的是要去摸一下香迹寺溶洞中的母乳状石笋。石笋位于溶洞中央,约160厘米高,石笋顶部酷似女子乳房,恰溶洞顶部有一处滴水,正好滴在乳房上,终年不竭,充满了象征意味。

参加庙会的人，如果要到香迹寺进香，都必须乘小船进入。从香山乡游船码头到登山码头，船行约40分钟，燕溪两岸的姑娘们是主要的船工，她们都能非常熟练地用双手或双脚摇橹。燕溪两岸风景如画，摇橹船娘身姿婀娜，香客互相致意问候，歌声塞川，是香迹寺庙会的又一特点。

2. 村亭庙会

村亭是越南村社的政治中心，是村民祭祀城隍的地方。16世纪越南的村亭代表主要有北江省的鲁幸亭、土霞亭，北宁省的扶流亭，河内的西腾亭等。17世纪后期，阮郑战争结束后，各村社争先恐后地建立新亭。在北宁、北江、河内、河南、宁平、永福、海防等地建立许多名亭：北江有高尚亭、胜亭，河内有黄舍亭、联协亭、吹舍亭，宁平有重上亭和重下亭，永福有土桑亭、桃舍亭、玉更亭和仙香亭，富寿省有楼上亭，海防有乾沛亭等。18世纪，随着经济社会的发展，一批新亭建成并获得全国性声誉，如：北宁省的廷榜亭，永福省的富美亭，海洋省的石磊亭、仁里亭，海防的航庚亭等等。

北方村亭庙会比较有代表性的是北宁省的村亭庙会①，京北民歌有云："说到庙会，第一要数东康，第二属廷榜，光荣属于恬亭。"东康、廷榜、恬亭庙会都是具有广泛影响力的村亭庙会。廷榜庙会主要祭祀本村城隍——百丽大王，也称丽神。据传，远古时期，廷榜人不懂稼穑、饲养，兼之猛兽、水怪祸害，人民生活极其困苦。一天，一位老农出现在村里，教给村民开荒种植之术，在低地种植水稻，高地种植玉米、南瓜等，村民们逐渐过上了衣食丰足的生活。又一年，丰收之后的一天，老农突然拿出丽神画像，让全村修庙祭祀以保佑全村幸福安康。第二天老农就消失了，村民才明白老农原是神仙。从此，丽神被奉为廷榜村的城隍，每年农历的二月十二日至十五日举行祭祀、娱乐活动以感谢丽神的保佑。廷榜庙会的祭祀仪式②十分隆重，而更让人念念不忘的还是庙会期间娱乐活动如：斗鸡、赛鸽子、嘲剧表演、呦剧表演、官贺民歌对唱、摔跤等。二月廷榜庙会的热闹劲

---

① 北宁省位于河内北面，俗称"京北地区"，省会北宁市距河内约30公里，处于红河文化核心区。北宁省紧邻河内，经济比较发达，同时与城市又有一定距离，因此受到城市消费文化冲击较小，传统文化仍有较大的生存和发展空间，保留了大量具有典型越南特色的文化遗产，如东湖年画、同忌红木家具、官贺民歌等。

② 廷榜庙会的祭祀仪式除了一般的仪礼，二月十三日晚上举行的活猪祭祀很有特色。一般用两只活猪进行祭祀，祭祀结束即按礼制进行屠宰，然后全村分食这两头猪，廷榜人认为，吃了祭祀过丽神的猪肉，可以保佑一年的平安。

刚过去，规模更加宏大的都祠庙会①就开锣了。有人戏说，廷榜村的春天才是真正的春天。

3. 庙祠庙会

越南庙会不仅在寺、亭，而且还在庙祠②中举行，但与寺、亭相比，关于庙祠庙会的文字记载要少些。据史书记载，兴安省金洞县有一座女王庙修建于17世纪；宁平省的华闾县有两座庙祠，一座供奉丁先皇，一座供奉黎大行，这两座庙祠都始建于17世纪，后世得以修复。河内的白马庙、关圣庙、灵郎庙和高王庙组成一个庙祠建筑群，它们分别镇守东南西北四方。这四座庙祠是按照李太祖的旨意建立的，意在用神权收复人心。如今，每年这里都举行庙会。其中的关圣庙又叫镇武观或镇武庙，是河内举行庙祠庙会最重要的地方。

富寿省的雄王庙无论在建筑规模还是庙会规模上都较其他庙祠要大，它已于1962年被越南文化通讯部列为国家历史文化遗迹。雄王庙是供奉雄王的信仰建筑群，包括上祠、中祠、下祠、井祠，如今又新增了妪姬祠和貉龙君祠。相传雄王建文郎国，传18世，世世皆号雄王。越南人将其奉为"国祖"。雄王庙的主要庙祠座落于富寿省越池市羲岗乡古迹村的义岭山上。上祠、中祠和下祠最早分别是周边三村的村庙，在国家权力的不断渗透下，逐渐转变为象征民族—国家起源的神圣空间。阮朝时，越南封建国家直接参与雄王祭祀。20世纪初，雄王庙会已经具有相当的规模和影响。1917年，阮朝礼部依当地民俗定阴历三月初十为国祭日，并制定了祭祀的礼制，此后形成了三月初十祭雄王的传统。每年的这一天，越南人都会怀着对民族祖先崇敬的心情争先恐后地前来朝觐。越南有民谣曰："不管你身在何方，勿忘三月初十祭雄王！"从2001年起，越南国会通过决议，定农历三月初十为雄王节，举行公祭，全国放假。雄王庙会前后持续约一个月，各地都有文艺、杂耍队伍参加，每天都有助兴、比赛活动。

---

① 廷榜为李太祖的故乡，李朝各位皇帝的坟墓也在此，都祠庙会以廷榜为中心展开。都祠庙会的中心内容是：从都祠迎接李朝诸位皇帝的牌位、仪仗回廷榜文祉庙进行祭祀，模拟表演李太祖登基大典，同时举行各种游艺、竞技活动，然后再把牌位送回常年奉祀的都祠。都祠庙会每年农历三月十二日至十五日举行，其中三月十五日为正日。庙会首日，迎接牌位、仪仗的阵势最为壮观，迎接队伍绵延长达数公里，人们均着传统服装，扮演不同的角色，或抬仪仗、或表演节目、或捧祭礼等等。

② 此处"庙祠"的语义重心是"祠"，原本是家族的祖先祭祀场所，但这里主要指儒教或道教的庙会场所。越南人相信儒释道三教同源，并不刻意区分祭祀场所的名称，因此，越南人常把祠、观称为庙祠。

三、庙会的特点

在越南，越族和其他少数民族多以水稻种植为生，每年农闲时节，他们就会祭拜神灵，感谢神灵赐给他们丰收，并祈求来年风调雨顺；同时，他们因地制宜组织游艺、竞技活动欢庆丰收。这种文化生活逐渐固化，形成庙会。庙会的意义和性质日益丰富和复杂，一个庙会常常具有多层意义、多个目的并反映不同的文化。

首先，每个庙会都祭祀一个中心人物。[1]有关历史的庙会祭祀历史人物[2]；有关宗教和民间信仰的庙会祭祀宗教人物和神灵（如佛祖、柳杏公主）；有关风俗的庙会祭祀与之相关的人物。通过对庙会中心人物的祭祀不断重复共同体意识，从而起到社会粘合剂的作用，而国家统治者则通过对祭祀人物进行加封，把地区认同融合到国家认同的轨道上。

其次，庙会与一定的社会群体相关。大部分庙会与村社相关，不同的村社有不同的庙会。有的庙会规模较大，成为几个村社，甚至全乡和一个地区社会群体的共同精神生活。庙会的民族性也非常明显，不同的民族有不同的庙会。

第三，庙会是开放式的交际平台。庙会为平时忙于劳作的男女老少参与公众活动提供了一个平台，特别青年男女借赶庙会之机结伴同行、认识朋友、谈情说爱。这对渐渐打破封建礼教的束缚有一定的作用，尽管程度非常有限。

第四，庙会的组织形式和理念还渗透到其他社会活动。越南许多民间节庆活动和集会，如博览会、花会、联欢会、斗牛赛等都从庙会中汲取养分，尤其是在理念和组织形式等方面往往有庙会的痕迹。

总之，庙会是越南文化中有着浓厚民族特色的部分，在培养越南人爱祖国、爱家乡，增强民族凝聚力等方面都起到了重要作用。越南民俗学家吴德盛提出了庙会在越南当今社会的五条基本价值，即：增强村社共同体的凝聚力；归向自然和社会的本源；寻求精神生活的和谐；文化创造和文化享受；保存、丰富和发扬民族文化特色等。[3]但是，越南庙会活动中也存在着大吃大喝、铺张浪费、封建迷信、赌博、诈骗等一些消极现象。

---

① 这个中心人物可能是历史上真正存在过的，也可能是想象出来的，所有的礼仪和仪式都是为了祭祀这个主要人物。
② 常常是有功于祖国的英雄，如陈兴道、光中帝等等。
③ ［越］吴德盛：《传统庙会信仰》，河内：文化通信出版社，2007年，第333～342页。

第四节 节庆

越南传统的年节及相关习俗是在本土农耕文化的基础上，受中国年节文化的深刻影响和系统整合而逐渐形成的。[①]经过长期的传承、演变和发展，年节文化已经成为越南民间传统文化的有机组成部分和表现越南民族文化本色及实现文化认同的重要符号体系。

越语中节日的"节"（tết）是"节气"一词中"节"（tiết）的变音，由此可知越族人的大部分节日与节气有关，这源于农耕文化对时节的重视。同时，越南的"节"还是"礼节"的简称，因此又分为"礼——祭祖"和"节——吃好喝好"两大主题。

从时节上划分，一般可将越南人的年节分为春季、夏季、秋季三大年节系统。春季是万物复苏的季节，同时也是相对农闲的时节，这一季节节日较多，主要包括：春节——从腊月二十三到正月初七、上元节、寒食节、清明节等；夏季的节日最少，因为越南地处热带，气候炎热，这一季节的节日主要有端午节；秋季是农作物收获的季节，有新米节——同时也是下元节，较能体现这一季节特点，除此之外还有中元节、中秋节[②]等。

一、春季节日

（一）春节

春节，又叫"元旦节"、"大节"，是越南民间最大、最重要的传统节日。越语把"过春节"叫做"吃春节"，可见，"吃"是春节的重要特征。越南描写春节的对联列举了最具代表性的6样事物，"肥肉、腌葱、红对联，幡竿、鞭炮、绿粽子"，其中有三样是与"吃"相关的。

春节是越南人观念中神圣象征的集合，从腊月二十三日开始，经过除夕之夜，一直到正月初七结束。"过春节"实质上是在这一时间集合中，越南人以家庭为中

---

① 历史上越南与中国渊源极深。自秦汉到五代一千多年间，今越南中部以北地区属于中国的领土，独立后又长期与中国保持"藩属"关系，这使得越人"其生活及一切建制悉仿自中国"（黎正甫：《郡县时代之安南》，北京：商务印书馆，1945年，第169页）。现今越南很多节日及其若干习俗和仪式禁忌都可以从中国古籍记载的年节民俗事象中找到原型。

② 越南的中秋节从中国传入，但其地位没有中国的中秋节那么重要，类似传统的儿童节。

心举行的一系列特殊仪式与象征的展演，目的是实现宇宙与人间死与生、旧与新的过渡和转换。

中国的春节形成并定型于魏晋南北朝时期。其时，越南中部以北地区为中国的郡县，这使得现今越南春节中的传统仪式与中国如出一辙。比如：越南农村的某些地方至今仍保留着制作假牛①开耕籍田的象征仪式；越南独立后丁黎时期，宫廷也有祭春牛仪式。该原型应出自于汉代的"立春出土牛"仪式，而更早则可溯源至先秦十二月制作土牛、送走寒气的习俗。②

与中国相似，在越南人的观念中，春节的开始是以腊月二十三送灶君上天为标志的。受汉族灶神信仰的影响，灶神在越南也被奉为"第一家主"，其任务是看管家宅，驱鬼避邪，并于腊月二十三上天向玉皇大帝陈诉人世间所发生的事情，定家庭之祸福。因此腊月二十三是一年中最重要的祭祀灶神的日子。

在送走灶神之后，一般在腊月二十五，家庭要举行"送祖先"仪式，因为子女们认为年末打扫屋子和收拾供桌之类的琐事不用祖先在场见证；且到了年末，祖先也愿意到处走走。所谓"送祖先"，即倒掉旧年供祖先用的残香，这些残香需选一处清洁的地方烧尽或连同香灰一起倒入江、湖中，然后将香炉擦洗干净，换上新的香灰。③

"年三十"这一天被越南人看作是"驱鬼日"，因此需要通过一系列的仪式来保证新旧交替的顺利完成。种幡竿便是其中之一。幡竿用一根高高的竹竿做成，人们在竹梢上挂若干象征物（称作幡竿符），如菠萝叶、鸡毛、苏铁叶，或几个陶磬、粗陶鱼、竹罩等等。幡竿符虽被赋予不同的象征意义，但皆以保佑人们健康幸福为目的。如菠萝叶象征除鬼除恶的利剑，可抵御鬼对家庭的侵扰；陶磬的"磬"因与"庆"同音，"庆"即"福"，象征新年能给家庭带来福气；鸡毛则象征神鸟——超自然力量的化身。④中午或下午，家庭要举行腊祭仪式（扫墓和祭坟），目的是请祖先回家过年；也有的地方在家里举行迎祖先仪式。

除夕祭是春节最关键、最重要的仪式，包含一系列祭祀活动。仪式以祭天（时间神）为主，同时包括了祭祖、祭神等重要内容。实际上，将祖先迎回家之后，

---

① 假牛用稻秆和竹篾编织而成，外贴红纸、绿纸，内部由人控制，可活动，形象逼真。
② 详见［越］黎忠宇：《越南人的传统春节》，河内：文化通讯出版社，2002年，第129页。张君：《神秘的节俗——传统节日礼俗、禁忌研究》，南宁：广西人民出版社，2004年，第43~44页。
③ 前揭［越］黎忠宇《越南人的传统春节》，第53~54页。
④ 前揭［越］黎忠宇：《越南人的传统春节》，第71页。

祭祖礼就已经开始了，且一直要持续到初三或初四送祖先仪式为止。这期间每日要供3次，供桌上的香塔和香柱是不能熄灭的。与祭祖同时进行的是迎、祭土公（灶神）仪式。人们根据新年的五行换上相应颜色的牌位，迎接三位土公神下凡。如果说祖先象征了家族血缘关系和生存时间上的延续，那么对土公神的祭祀则是越南人对地缘关系和居住空间的表达。

零点时，送旧迎新仪式开始。所谓"送旧迎新"，实际上是祭时间神，新旧年交替的时刻也是旧王行遣与新王行遣交接工作的时候，因此人们要在此刻举行祭行遣神仪式，送旧王行遣、迎新王行遣。旧时越南祭行遣神仪式都在村亭举行，如今除极少数村社外，大部分村社的送旧迎新仪式已由村亭走进了家庭。人们在屋外露天的院子里设香案，摆上一炉香和两支蜡烛，供一只公鸡，此外还有粽子、糖果蜜饯、槟榔、水果、酒、米、盐、冥器和一副送给行遣官的衣帽。祭祀开始，家长念祭文，同请判官、土地神、村城隍见证，祈求诸神保佑全家老小新年添福添寿，人安物兴，万事亨通。除了祭时间神——天神外，越南人往往在除夕时刻举行"解星"仪式。

零点前后的5分钟，家家开始燃放鞭炮。放鞭炮习俗源于中国，这一在南北朝时期形成的仪式最初是为了"辟山臊恶鬼"。[1]在越南，放鞭炮除具有驱除邪鬼、赶走晦气的神圣意味外，它还被当作一项农业仪式——人们以此来唤醒冬天沉睡的土地，并通过声音的模仿招来春雷，为春天的播种做准备。

冲年喜是越南人于除夕之后进行的重要仪式之一。新年第一位到家拜访的外人称作"冲地客"，或"踩地客"、"冲房客"；这位客人非常重要，他被认为会对家主整个一年的命运产生影响。所以越南人常常是过年前就从邻里或好朋友中选择一位面善、事业有成、儿女双全、家庭幸福同时有没有丧事在身的人[2]，约好新年前来"冲地"。"冲地客"首先要在主人家门口点燃一挂鞭炮，炮响之后客人才能进入，同时向主人祝福新年，并赠送事先备好的酒或槟榔；而主人则也将"冲地客"视为上宾，向他祝福新年并回赠礼品。从社会功能角度看，"冲地"则是自腊月二十三人间及家庭进入隔离状态之后恢复社会交往的首度仪式，也是继燃放鞭

---

[1] 《荆楚岁时记》记载：正月一日这天，要"鸡鸣而起，先于庭前爆竹，以辟山臊恶鬼"。山臊，为传说中的山中怪兽。参见谭麟：《荆楚岁时记译注》，武汉：湖北人民出版社，1985年，第1页。

[2] 民间称作"好魂人"，即吉相人。

炮之后"神灵"对于沉睡土地之生命力和财富的再次激活。

除夕之后，人们会根据生辰及新年的属相选择吉时吉向出行，出行也是对恢复社会性交往的预先演习。出行途中，人们会去附近的寺庙、乡亭或祠祭拜，回家时则会特意经过有榕树的地方，掰下一枝带有叶子的枝条①，称为"采禄"。人们将"禄枝"带回家插在瓶子里直到春节结束，也有的家庭会将禄枝保存一整年。如今，城市里有人专门卖带叶子的甘蔗枝作为"禄枝"以替代榕树枝。

初一清晨，家庭或家族内部要举行贺岁仪式。此外，大年初一这一天还有许多禁忌。②过了大年初一，社会交往的范围已完全由家内扩展到家外——从内亲到外亲、由亲属关系网络而及社会关系网络。越语有俗语云："初一在父亲家，初二在母亲家，初三在老师家。"这是越南人观念中最为看重的三种亲密关系。正月初三或初四，也有很多家庭在正月初七要举行送祖先及化冥器仪式。化完冥器之后，祖先就送回阴府了，供桌上的灯和香这时才可以熄灭。

此后，不同人群会举行"开春"仪式。"开春"是社会性的仪式行为，对于农民而言，"开春"即为"动土"；对于儒生、学生则称之为"开笔"；商人则为"开行"，诸如此类。"开春"的时间也各有不同，动土仪式一般于正月初三举行。

正月初七则举行开贺仪式。人们在这一天祭天地，供祖先，并开宴祝贺。因所"开"之宴标志着春节的结束，是春节期间的最后一道宴席，因此人们也十分看重。与开贺同时举行的还有下幡竿仪式，幡竿是与阴暗、邪恶力量相对的太阳和光明的象征符号，下幡竿说明宇宙人间顺利地完成了它的再生过程，开始新一轮的周而复始。春节，至此也实现了它作为仪式过程的全部象征与功能。

（二）清明节

清明是二十四节气的第五个节气，一般在阳历四月四日或五日。《历书》云："春分后十五日，斗指丁，为清明，时万物皆洁齐而清明，盖时当气清景明，万物皆显，因此得名。"《岁时百问》则说"万物生长此时，皆清洁而明净。故谓之清明。"清明节又叫踏青节，是中国传统节日，也是最重要的祭祀节日之一，是祭祖和扫墓的日子。中国汉族传统的清明节大约始于周代，距今已有 2 500 多年的历史。

---

① 禄枝以枝干朝东、叶子干净无虫、枝形好且有树芽者为上品。
② 具体禁忌参见本书第三章第五节"征兆和禁忌"部分。

　　清明节的起源，据传始于古代帝王将相"墓祭"之礼，后来民间亦相仿效，于此日祭祖扫墓，历代沿袭而成为中华民族一种固定的风俗。民间关于清明节的起源还与介子推有关。相传春秋时期，晋公子重耳为逃避迫害而流亡，流亡途中，又累又饿，昏死过去。随臣找了半天也找不到一点吃的，正在大家万分焦急的时候，随臣介子推走到僻静处，从自己的大腿上割下了一块肉，煮了一碗肉汤让公子喝下，重耳便渐渐恢复了精神，当重耳发现肉是从介子推的大腿割下的时候，流下了眼泪。19年后，重耳作了国君，也就是历史上的晋文公。即位后的文公重重赏了当初伴随他流亡的功臣，唯独忘了介子推。很多人为介子推鸣不平，劝他面君讨赏，然而介子推最鄙视那些争功讨赏的人。他打好行装，悄悄回绵山隐居去了。晋文公听说此事后，羞愧莫及，亲自带人去请介子推，然而介子推已带着母亲离家去了绵山。绵山山高路险，树木茂密，找寻两个人谈何容易，有人献计，从三面火烧绵山，逼出介子推。大火烧遍绵山，却没见介子推的身影。火熄后，人们才发现背着老母亲的介子推已坐在一棵老柳树下被烧死了。晋文公见状，恸哭。装殓时，从树洞里发现一血书，上写道："割肉奉君尽丹心，但愿主公常清明。"为纪念介子推，晋文公下令将这一天定为寒食节。第二年晋文公率众臣登山祭奠，发现老柳树死而复活。便赐老柳树为"清明柳"，并晓谕天下，把寒食节的后一天定为清明节。2006年5月20日，清明节经国务院批准列入第一批国家级非物质文化遗产名录。

　　传统清明节的习俗包括禁火、扫墓、踏青、荡秋千、蹴鞠、打马球等。清明扫墓，谓之对祖先的"思时之敬"，其习俗由来已久。明《帝京景物略》载："三月清明日，男女扫墓，担提尊榼，轿马后挂楮锭，粲粲然满道也。拜者、酹者、哭者、为墓除草添土者，焚楮锭次，以纸钱置坟头。望中无纸钱，则孤坟矣。哭罢，不归也，趋芳树，择园圃，列坐尽醉。"其实，扫墓在秦以前就有了，但不一定是在清明之际，清明扫墓则是秦以后的事，到唐朝才开始盛行，并相传至今。

　　传入越南之后，禁火和各种体育运动逐渐被遗忘，扫墓和祭祖成为清明节最主要的习俗。清明节期间，越南人（主要是男性）要到过世的家人的坟上扫墓。实际上，扫墓的时间比较灵活，清明前后几天的时间都可以。扫墓的主要内容有：对墓地进行简单的修缮，清除坟头的杂草和败叶，在凹陷的地方培些土；在坟前焚香烧纸，献上水果、鲜花等祭品；焚香之时，向祖先报告家里的一些情况。人们在扫墓的过程中，也顺带欣赏乡村美景，呼吸乡野清新的空气，进行野餐等活动。

二、夏季节日

端午节为农历五月初五，是最有代表性的夏季节日。端午节又名端五节，"端"者"始也"，因此"端五"就是"初五"。而按照历法五月正是"午"月，因此"端五"也就渐渐演变成了"端午"。此外，端午节还叫端阳节，据《荆楚岁时记》记载，因仲夏登高，顺阳在上，五月正是仲夏，它的第一个午日正是登高顺阳天气好的日子，故称五月初五为"端阳节"。

古人认为"重午"是犯禁忌的日子，此时五毒尽出，因此端午风俗多为驱邪避毒，如在门上悬挂菖蒲、艾叶等。早在先秦时期，人们就普遍认为农历五月是恶月、毒月，重五之日是恶日、死亡之日，因为五月正值初夏，是一年中气候潮热、病菌繁殖较快的月份，所以端午节要进行一系列辟邪、祛疫活动以求"生"。与中国端午节后来被赋予的人文意义如纪念屈原[①]及其他相关习俗的推源传说不同，对于普通老百姓而言，越南的端午节只具备原始的自然意义，只是一种单纯的预防疾病的节日。民间俗称"杀虫豸节"或"五月初五"节，其人文意义则主要流传于越南儒士等知识分子阶层。[②]

中国的端午节有吃粽子，喝雄黄酒，挂菖蒲、蒿草、艾叶，薰苍术、白芷，赛龙舟的习俗。端午节传入越南之后，其习俗发生了一些变化，但是"除虫、去毒、辟邪"的指向是一致的。越南端午节的习俗非常丰富。按惯例，端午节要在正午12点，即午时正刻在家里祭祖先、土公或行业神，在村亭祭村社的城隍神等，或在屋外设坛祭天地、山神、河伯、土地神、谷神等诸神，以求雨或求萌——求秧苗发芽，为种稻做准备。有的地方还要在院子里祭祀孤魂。除祭祀外，越南人在这一天的主要活动都围绕"辟邪、祛疫"展开，这些习俗与中国大同小异。首先是杀虫豸。越南人认为，虫豸平时都藏在人的肚子里，只有农历五月初五才肯出来，所以要利用这个机会消灭它们。具体做法是：早晨起床后喝一碗糯米酒，把虫子"灌醉"；再吃些柠檬、杨桃或李子等酸味水果将其杀死。小孩吃完后，大人还会将朱砂或雄黄涂抹在小孩的额头、太阳穴、咽喉、胸前及肚脐等部位以除虫；大人则喝雄黄酒、糯米酒或化有"三神丹"的药酒。还会用五彩线和彩绸缝制成内装雄黄、朱砂等中药材的佩符，让小孩佩戴以除病、辟邪。女孩如果到了

---

① 有的地方纪念伍子胥或曹娥。
② 除纪念屈原说外，还有纪念刘臣、阮召采药说等。另外，民间故事《蜥蜴的故事》也与农历五月初五有关。

穿耳洞的年龄，则会在这一天穿耳洞。此外，这一天人们还要用指甲花染指甲，民间认为染了的指甲能避鬼邪、驱害虫。此外，越南端午节还有采药的习俗。午时为阳气最旺之时，山民常会于此时上山采草药如艾蒿、益母草、紫苏等，有些地方还有采初五茶或野花的习俗，采回后晒干以备全年之用。

与中国不同的是，越南端午节还有"拷树"、赠礼等习俗。"拷树"即对多年未结果的树进行拷问："树，为何不结果？下季若再不结果，我就把你砍掉。"这时趴在树上的人假扮树神回答："请别砍我，下季我一定开花结果！"人们相信，经过了拷问的树一定会果实累累。端午节赠礼则往往发生在女婿—岳父母、学生—老师、病人—郎中等存在施恩—受恩关系的人群之间，体现了越南人的恩义观念和重情重义的美德。①此外，端午节赛龙舟这一习俗在越南也相当普遍，但是很少在端午节进行，如今只有乂安省的少数村落还保留着五月五赛龙舟的习俗。

三、秋季节日

秋季节日中的中元节、下元节以及中秋节都属于"望日节"系统，"望日"是月圆之日，对于农业而言十分重要，越语有"望日月圆早稻丰收"、"欲知五月的稻，看八月半的月"等说法。

（一）中元节、下元节

中元节、下元节与春季节日中的上元节②源于道教的"三元"说和"三官"说③，即天官神主赐福，生于正月十五；地官神主赦罪，生于七月十五；水官神主解厄，生于十月十五。越南节日系统吸收了这一观念，认为上元节对应"天官"，因此又是"对天祈福"日。中元节对应"地官"，为"地官赦罪亡人"日，这一天阴间放假，人鬼间的幽隔被打通，因此不仅要烧冥器祭享祖先、超度新亡魂，还要在马路上用薄米饼、米花糖、玉米棒、红薯或者糯米饭、榕叶白粥等祭享孤魂，有新亡灵的家庭还要施斋。下元节对应"水官"，为"水官解厄"日，但这一节日已被新米节所综合。越南人在这一天要举行尝新仪式，即将新米等作为供品献给祖先、神灵享食，以庆祝丰收并表达酬谢、感恩之心；准女婿要给女方家赠送扁米糕、玫瑰、新米、鹧鸪等；旧时巫师和药师还要在家设宴款待弟子和

---

① 阮翠鸾：《越南的端午节》，载《亚细亚民俗研究》(第六辑)，北京：学苑出版社，2006年，第86页。
② 上元节属春季节日中的"望月节"，为论述的系统性，故在此与中元节、下元节一并介绍。
③ 汉末道教重要支派"五斗米道"创天、地、水"三官"说，魏晋道家又将"三官"与时日节候相匹配，因此有了"三元"节。

宾客。

另外，中元节还是佛教的重要节日。中元节为农历七月十五，俗称"鬼节"，又称盂兰盆节。盂兰盆节的缘起，与佛典《盂兰盆经》记载的目连救母的著名故事有关。目连为使其母脱离一切恶鬼之苦，听从佛言，具百味五果，以著盆中，供养十方大德；并说："未来世佛弟子行孝顺者，亦应奉盂兰盆供养。"所以，所谓盂兰盆斋会，就是为了超度、解脱在轮回过程中受难的，包括已故父母在内的七代先人的亡魂。[①]盂兰盆会不是为某个人专门举行的，而是集体性的、大规模的、"普度众鬼"的佛事活动。在越南，每年这一天，寺庙会请高僧前来营斋结坛以普度亡魂，民众参与者甚多，之后还会举行放生等活动。

（二）中秋节

越南的中秋节也是农历八月十五，正值一年中月亮最圆之时。此时，秋收已毕，天气转凉，正是阳气和阴气的交接点。中秋节这一天，代表阳气的炎夏彻底退去，代表阴气的冬季开始来临，中秋夜之圆月即节气转换的标志。关于中秋节，除了有嫦娥、玉兔、吴刚的传说之外，越南还有阿桂的传说。故事说阿桂得了一棵榕树，榕树的叶子有起死回生的功效，但是需要常常浇水才能枝繁叶茂。阿桂吩咐妻子细心照料。不料有一天，妻子忘记了阿桂的嘱咐，情急之下竟以尿液代水浇于树根，于是榕树连根拔起飞向空中，阿桂想伸手抓回榕树，结果被榕树带进月宫。每到八月十五赏月时，人们常常指着月亮让小孩看阿桂的形象。

与其他传统节日一样，中秋祭祖是必不可少的习俗。祭祖之后，人们聚在一起，喝酒、赏月、玩游戏、吃"中秋宴"。中秋宴上有各种点心，其中包括最受欢迎的月饼[②]，还有很多用时令水果和面粉制成的五颜六色的糕点。女孩们还进行糕点制作或木瓜雕花等比赛；男孩们则结成舞龙、舞狮的队伍，挨家挨户地表演，烘托节日气氛，所到之处受到爆竹迎接，表演过后领取少许赏钱，以作增补表演道具之用；手工匠人们则使出看家本领，用细竹棍作骨架，外层裱上彩纸，制成麒麟、兔子、青蛙、鲤鱼[③]、虾等各种造型的花灯；儿童则在父母的陪伴下逛街市、迎花灯，看舞龙、舞麒麟、歌舞表演等。

---

① 张君：《神秘的节俗——传统节日礼俗、禁忌研究》，南宁：广西人民出版社，2004年，第153页。
② 越南的月饼又称"中秋饼"，从制作工艺来看，大致分为烘烤月饼和软月饼，烘烤月饼与中国传统月饼接近，差异在于馅料，软月饼用糯米粉制作，类似于糍粑。
③ 鲤鱼形状的花灯最为典型。相传，有鲤鱼修炼成精，专门在中秋之夜出来作怪害人，后来，菩萨教人们点鲤鱼纸灯，吓跑了鲤鱼精，从此有了中秋节点鲤鱼灯的习俗。

在北方一些农村，青年男女还和着"军鼓调"对歌，载歌载舞，同时也结识如意伴侣。此外，中秋节还是向亲朋、师长表达感恩的日子。逐渐地，越南中秋节还具备了"民间儿童节"的功能，这与中国有些民族或地区将中秋作为女孩节类似。在越南，14岁以下的孩子一般都会收到礼物，国家领导人会在这一天接见优秀儿童代表，给全国的孩子们写一封信等。

越南的节日基本上传承于中国，其节俗也是经过长期本土化改造后逐渐成型的。经过了本土化的越南节俗呈现出以下特点：第一，注重神道。有节必有祭祀，祭祖、祀神或拜佛等几乎成为年节习俗的必要活动；第二，在功能方面，节日习俗的内容突出表现为辟邪祛疫延寿、祈求农业丰收、弘扬仁义恩孝等；第三，较之中国节俗丰富的结构因子，越南节日更多地体现了其在农业文明中的原始形态或次原始形态；第四，与汉族节日相同，越族节日中缺乏具有集体联欢性质的活动，大部分节日都带有个体性、分散性、封闭性和家庭性等特点。

庙会和节日共同构成了越南人的世俗生活。如果说节庆是一个按时间分布的文化系统，那么庙会则是一个体现空间的文化系统。庙会和节日体现了神圣与世俗的结合，神圣指祭礼，世俗指节、会。"节"重物质——吃，"会"重精神——玩；"节"有封闭特征——家庭性，"会"则具开放性——地区性；最后，"节"再现家庭成员之间的尊卑长幼关系，"会"则强调村社成员及家庭同辈成员之间的平等、民主关系。

第五节　取名习俗

在人类社会漫长的历史上，很早就有了姓名。姓名由于社会的实际需要而产生，伴随着社会的发展而发展，并成为人类的一种重要的文化传统。越南人的姓名与中国人的姓名一样，包括"姓"、"名"两部分，姓在前，名在后。如Hồ Chí Minh（胡志明）、Phan Bội Châu（潘佩珠），其中Hồ（胡）、Phan（潘）为姓，Chí Minh（志明）、Bội Châu（佩珠）为名。越南人的名有俗名和正式名之分。俗名相当于中国人的"乳名"、"小名"，主要于孩提时代在家庭或家族内部使用。越南人认为，高贵美丽的名会引起鬼魅的关注而容易使孩子受到伤害，而低贱丑陋的名则不易为鬼魅注意，孩子好养活。因此，越南人的俗名往往使用一些低贱字眼，如：thằng cu、con chó、loại cứt、con đĩ（小子、狗娃、臭屎、小蹄子）等，不一而足。

这与中国旧时给孩子取乳名时的做法和观念是相同的。正式名则是越南人上学时或步入成年户口和丁簿登记时使用的名，这是越南人在社会上使用的正式称名。越南人的正式名又可以分为2个部分：垫名与主名。

一、越南人名中的垫名

垫名又称"垫字"、"衬字"，如：Nguyễn Văn Trỗi（阮文追）与Nguyễn Thị Nga（阮氏娥）两个人名中，"Văn（文）"与"Thị（氏）"是垫名，"Trỗi（追）"与"Nga（娥）"是主名。垫名具有区分性别及联宗续谱的作用，其位置在主名之前。偶尔也有衬名出现在主名后的情况，如Nguyễn Trí Niên（阮智年）、Nguyễn Di Niên（阮颐年）中的"Niên（年）"为衬名，但这种衬名与主名换位的情形极其罕见。当然，也有的越南人名没有垫名，只有主名。如Lê Lợi, Nguyễn Du（黎利，阮攸）等。垫名一般为单字，但近年来越南人名中也出现了双字垫名如Trần Văn Hiến Minh（陈文献明）中的"Văn Hiến"（文献），Lê Võ Khắc Linh（黎武克灵）中的"Võ Khắc"（武克）等[①]。

越南人最常见的垫名是"Văn（文）"与"Thị（氏）"，前者用于男性，后者用于女性，这也是具有区分性别作用的最典型的2个垫名。据越南学者考证，在接受中国文化之前，越南人像东南亚许多民族一样没有姓、只有名。不过越南人的名字前可能有1个表示性别的标志用字，这便是"文"与"氏"。后来由于引入了汉人的姓氏体系，这2个字就演变成了现在越南人姓名中广泛使用的、姓与名之间能体现性别的2个垫名。[②]

越南人名中女性使用垫名最为普遍。据统计，1945年以前女性姓名用垫名的为100%，且全部为"氏"，而男性姓名则有很多不用垫名，使用垫名的约占65%。男性含有垫名的姓名中以"文"作为垫名的占压倒多数，达56%。

现在，情况有了一定变化。据越南学者1992年统计，女性姓名的垫名用"氏"的在农民中为84%，工人中为62%，知识分子中为42%。男性姓名使用垫名的明显增多（达89%～96%），但垫名为"文"的却急剧减少，只占2.6%。[③]

究其原因，是因为越南人使用的垫名已不再局限于"文"与"氏"，而是有了

① ［越］黎忠华：《越南人的姓名》，河内：社会科学出版社，2005年，第84页。
② ［越］邓严万：《越南人的宗族探析》，载《民族学》1998年第3期。
③ 前揭［越］黎忠华：《越南人的姓名》，第96～98页。

更多的选择。现在，单是能体现性别的常见垫名就有：

男性：Đức（德）、Đình（庭）、Quang（光）、Công（公）、Minh（明）、Thu（秋）、Anh（英）、Quốc（国）。

女性：Diệu（妙）、Nữ（女）、Ái（爱）、Cẩm（锦）、Diễm（艳）、Yến（燕）、Lệ（丽）、Mỹ（美）、Quỳnh（琼）、Tuyết（雪）、Thuý（翠）、Thủy（水）。

另，男女均能使用的有：

Bạch（白）、Bích（碧）、Hồng（红）、Kim（金）、Ngọc（玉）、Thanh（清）、Xuân（春）。

当然这还不是全部，越南人垫名用字主要有：

四季名称：Xuân（春）、Thu（秋）。

排行次序：Bác（伯）、Mạnh（孟）、Trọng（仲）、Thúc（叔）、Quý（季）。

贵重物品名称：Cẩm（锦）、Châu（珠）、Kim（金）、Ngọc（玉）、Quỳnh（琼）。

指道德规范的字眼：Đức（德）、Hành（行）、Thanh（清）、Trung（忠）、Chính（正）、Thiện（善）、Nhân（仁）、Nghĩa（义）、Lễ（礼）、Trí（智）、Tín（信）、Văn（文）、Sĩ（士）。

指能力才干的字眼：Tài（才）、Tuấn（俊）、Cao（高）、Anh（英）、Khắc（克）。

含义美丽的字眼：Tú（秀）、Diễm（艳）、Mỹ（美）、Lệ（丽）、Cát（吉）、Thuý（翠）、Bạch（白）、Bích（碧）、Hồng（红）、Hoàng（黄）、Thanh（清）、Tố（素）、Tuyết（雪）。

成功进取的字眼：Tiến（进）、Tấn（晋）、Phát（发）、Tăng（增）、Việt（越）。

幸福吉祥的字眼：Phúc（福）、Lộc（禄）、Thọ（寿）、Phú（富）、Quý（贵）、Hữu（有）、Thành（成）、Đạt（达）、Đắc（得）。

含义宏大的字眼：Quốc（国）、Đình（庭）、Đại（大）、Thái（泰）、Thạc（硕）、Chí（至）、Vĩnh（永）、Trường（长）、Hồng（洪）。

此外，越南人选择垫名有时还基于其他原因。如《征妇吟》的作者Đặng Trần Côn（邓陈琨），原本姓陈，后过继给邓姓作养子，乃改姓邓；不过取名时将自己原来的姓"陈"作为垫名，以示不忘所自。

越南人像中国人一样，承袭父姓，而不能随母姓。有些越南人在取名时，将母亲的姓作为垫名，以示饮水思源。越南学者Nguyễn Phan Quang（阮潘光）自称，他的垫名"潘"便是19世纪时他的一位祖上为他取名时将其母亲的姓作为垫名流传下来的。类似的情况现代更多，如Trần Lê Văn（陈黎文），其中"陈"是父亲的姓，"黎"是母亲的姓，单名一个"文"字。由于男尊女卑的观念，这种现象在旧时很少见，但现在已是司空见惯。1991年有越南学者对胡志明市黎鸿峰中学进行调查，发现424个学生姓名中有47个以母亲的姓作为垫名，达11%。[①]可见这种做法已经很常见。这也从一个侧面反映了越南社会妇女地位的提高。

还有的姓名是将父亲的名（垫名＋主名）作为子女的垫名。如父亲姓名为Phạm Long Trung（范隆中），儿子姓名为Phạm Long Trung Duy（范隆中唯）；父亲姓名为Trần Thành Đăng（陈成登），儿子姓名为Trần Thành Đăng Tín（陈成登信），女儿姓名为Trần Thành Đăng Mỹ（陈成登美）。这些充分反映了越南人垫名日趋多样化的特点。

越南人名中的垫名除了有区分性别的功能外，还有联宗续谱"别宗亲"的功能。本来越南人的姓就是宗族的标志，带有浓厚的宗法色彩。然而，由于姓在漫长的历史长河中不断演变，同姓者未必同宗。单靠同姓来确认同族同宗已经不可能。比如第一大姓阮姓，在越南北部越族中几乎半数人姓阮，但这是历史上姓变更的结果，仅仅据此根本不能确认同宗。因此，越南人赋予了垫名这一重要功能。如阮朝名臣范富恕的范富家族（其父、祖父、曾祖父、高祖父的姓名分别是范富僵、范富信、范富仕、范富條）和阮朝开国皇帝阮福映的广南阮福家族（阮潢以下阮福源、阮福澜、阮福濒、阮福溙……）就是典型的例证。类似的例子还有很多，如18世纪作家Phan Huy Ích（潘辉益），父名Phan Huy Áng（潘辉盎）、弟名Phan Huy Ôn（潘辉温）、子名Phan Huy Chú（潘辉注）；作家Ngô Thì Nhậm（吴时任），其父名Ngô Thì Sĩ（吴时仕），其祖名Ngô Thì Ức（吴时億）等都是如此。

我们知道，在汉族人名中，孩子承袭父姓，但名要尽量避免与父名、祖名相重合。越南人则不然，子子孙孙使用同样的垫名，以此作为宗族的标志，达到联宗续谱的目的。这是越南人垫名的一个突出特色。

现在，越南人这种"姓＋垫名"的形式来体现"别宗亲"的功能姓名仍大量存在，但放弃这种形式的亦属常见。例如，有越人名Trần Quốc Chiêm（陈国占）。"Trần Quốc"（陈国）为"单姓＋垫名"的形式。他有2个儿子，一个名Trần Quốc Trung（陈国忠），延续使用了家族垫名；一个名Trần Anh Dũng（陈英勇），放弃了家族垫名。而陈国忠又生子取名Trần Tiến Anh（陈进英），生女取名Trần Anh Thư

---

① 前揭［越］黎忠华：《越南人的姓名》，第93页。

（陈英姐）。至此，该家族垫名被彻底放弃。这种情况，与当代中国人取名时逐渐放弃使用辈分用字相类似。

受中国文化的影响，一些越南家庭以一些表行序的汉字作衬名表家族子女的排行。如以"伯"指嫡长子；以"孟"指庶长子。以"嘉"指长子，"仲"指次子，"叔"指第三子，"季"指小儿子等。

汉族人的姓名中往往有一个字表示辈分。如孔子家族至今70余代，一直严格按辈分取名。中国清代乾隆皇帝赐给孔子后裔第56代到85代孙的30个辈分用字是："希、言、公、彦、承、宏、闻、贞、尚、衍、兴、毓、传、继、广、昭、宪、庆、繁、祥、令、德、维、垂、佑、钦、绍、念、显、扬。"通过这些辈分用字，不但可以看出某人是不是孔子后裔，还可以知道是孔子的第多少世孙。如孔令智为孔子第76代孙，孔德章必为孔子第77代孙。

类似的情况在越南人姓名中也有，但极少，且仅限于有儒学渊源的家族。如越南一蒋姓家族曾以孔子的名言"己所不欲勿施于人"8个字作为家族取名时表辈分的垫名；阮朝明命皇帝曾规定用他一首七绝来作为后代取名时表辈分的垫名：

诗曰：

"Miên hồng ưng bảo vĩnh（绵洪应葆永）

Bảo quý định long trường（宝贵定隆长）

Hiền năng kham kế thuật（贤能堪继术）

Thế thụy quốc gia xương（世瑞国家昌）"①

因此，明命帝的儿子绍治帝阮福暶又名"绵宗"，其孙子嗣德帝阮福塒又名"洪任"，实出于此诗的前两个字。

不过，由于越南人名以垫名表辈分的情况极为罕见，除了这类垫名的拥有者和对牒谱学有专门研究的专家外，一般的越南人大都不知道。

二、越南人名中的主名

主名是越南人名系统中的核心部分，是区别于他人的个人专称。主名通常置于垫名之后。如Nguyễn Tài Cẩn（阮才谨）中的"Cẩn（谨）"为主名。但偶尔也有主名出现在垫名前的情况，如上文提到的Nguyễn Trí Niên（阮智年），Nguyễn Di

---

① 该诗原文为汉文，但由于未能查对原文，此处系笔者据越文对译而成。如有舛误，责在笔者本人。

Niên（阮颐年）中的"Trí（智）"、"Di（颐）"为主名，但这种情形极为罕见。

越南人非常重视主名。俗语道："赐子千金，不如教子一艺；教子一艺，不如赐子一名。"在他们看来，名与个人的荣誉、成功、人格、品性等密切相关，决定着人的前途命运。所以在取名时，越南人是非常慎重的，是有一定理据的。这种理据正是由越南的传统文化所决定的。

越南取名规则很重要的一条就是避名讳。在越南，一个人的名不能与神灵、帝王、家族家庭长辈甚至邻里长者的名相同。避名讳一方面表明了对尊长的尊敬，另一方面体现了越南人的灵魂观念。越南人认为，人有灵魂和肉体。即使肉体消失后，灵魂仍然存在，而名与灵魂相连。触犯名讳即触犯了别人的灵魂，因而也就触犯了他人。

越南人取名时用来作主名的字眼很多，常见的有：

以出生时间取名：如，天干地支（越南至今仍用干支记年）：Tí（子）、Sửu（丑）、Dần（寅）、Mão（卯）、Giáp（甲）、Át（乙）、Bính（丙）、Đinh（丁）等；节令：Xuân（春）、Hạ（夏）、Thu（秋）、Đông（冬）等。

以历史事件取名：如，Tập kết（集结）、Tản Cư（疏散）、Độc Lập（独立）、Thống Nhất（统一）等。

历史名人：如 Tống Ngọc（宋玉）、Phan An（潘安）、Kinh Kha（荆轲）、Trần QuốcToản（陈国攒）、Nguyễn Trí Phương（阮智方）等。

时尚口号：Trường（长）、Kỳ（期）、Kháng（抗）、Chiến（战）、Cải（改）、Tiến（进）、Kỹ（技）、Thuật（术）、Cách Tân（革新）等。

地名方位：Kontum（崑嵩）、Phan Thiết（藩切）、Hải Dương（海阳）、Chi Lăng（支棱）、Đông（东）、Tây（西）、Nam（南）、Bắc（北）等。

国名：Trung Quốc（中国）、Trung Hoa（中华）、Thái Lan（泰国）、Nhật Bản（日本）、Anh（英）、Mỹ（美）等。

含义吉祥美丽的字眼：Phúc（福）、Lộc（禄）、Thọ（寿）、Phú（富）、Quý（贵）、Vinh（荣）、Hoa（华）、Danh（名）、Lợi（利）、Thành（成）、Đạt（达）、Vĩnh（永）、Trường（长）、Thái（泰）、Tài（才）、Tuấn（俊）、Kiệt（杰）、Hào（豪）、Cao（高）、Tiến（进）、Tấn（晋）、Phát（发）、Tăng（增）、Thêm（添）、Thành công（成功）、Tú（秀）、Diễm（艳）、Mỹ（美）、Lệ（丽）等。

贵重物品名称：Cẩm（锦）、Châu（珠）、Kim（金）、Ngọc（玉）、Quỳnh（琼）、Báu（宝）、Hoàng Kim（黄金）、Bạc（银）等。

指道德规范的字眼：Nhân（仁）、Nghĩa（义）、Lễ（礼）、Trí（智）、Tín（信）、Trung（忠）、Hiếu（孝）、Chánh（正）、Thiện（善）、Công（工）、Dung（容）、Ngôn（言）、Hạnh（行）、Hiền（贤）、Lương（良）、Công Bình（公平）、Thanh Liêm（清廉）、Trung Kiên（忠坚）等。

有的主名出自儒家经典中的词句。如"Vụ Bản（务本）"，取自《论语》中的"君子务本，本立而道生"、"Chính Tâm（正心）"取自《大学》"欲修其身也，先正其心"。

汉文化在越南的传播历经两千多年，是越族文化的重要渊源。儒家、道家思想及阴阳五行学说备受推崇。越南人取名时以五行立意也是司空见惯。具体而言是在起名时取含有"五行"偏旁的字为主名，以象征五行中某一"行"之德。如Lê Long Việt（黎龙钺）、Lê Long Đĩnh（黎龙铤）兄弟主名的"金"字旁，象征"金"德；郑氏家族的名字都带有"木"字旁，如Trịnh Kiểm（郑检）、Trịnh Tùng（郑松）、Trịnh Tráng（郑桩）、Trịnh Tạc（郑柞）、Trịnh Căn（郑根）、Trịnh Cương（郑椆）、Trịnh Doanh（郑楹）、Trịnh Sâm（郑森）、Trịnh Khải（郑楷），都含有"木"字偏旁，象征"木"德；阮氏家族的主名则带"水"旁，如Nguyễn Kim（阮淦）、Nguyễn Hoàng（阮潢）、Nguyễn Phúc Nguyên（阮福源）、Nguyên Phúc Lan（阮福澜）、Nguyễn Phúc Tần（阮福濒）、Nguyễn Phúc Trăn（阮福溙）、Nguyễn Phúc Chu（阮福凋）、Nguyễn Phúc Chú（阮福澍）、Nguyễn Phúc Khoát（阮福阔）、Nguyễn Phúc Thuần（阮福淳）的主名都有"氵"，以象征"水"德。这些都是阴阳五行学说在人名中的体现。

越南人也有出于崇洋心理取名欧化的。"八月革命"以前，有的越南人取法式名，如Phạm Bá Rose、Vũ Thị Noel、Cao Thị Paulette、Đặng Thị Milla、Lê Hoàng Madeleine等。"八月革命"以后，这种现象已经不复存在。

至于越南人用作主名的字哪些使用频率最高，不同历史时期情况有所不同。据越南学者统计[1]，大致情况如下：

"八月革命"前越南人主名用字出现频率最高的是：

---

[1] 前揭［越］黎忠华：《越南人的姓名》，第123～124页。

序号	主名用字		所占比例（%）
	越文	汉译	
1	Thành	成	1.11
2	An	安	0.89
3	Chân	真	0.89
4	Hưng	兴	0.89
5	Quỳnh	琼	0.89
6	Tuấn	俊	0.89
7	Dung	蓉	0.66
8	Dương	阳	0.66
9	Huệ	惠	0.66
10	Khải	凯	0.66

当代越南北方主名用字出现频率最高的是：

序号	男性名			女性名		
	主名用字		比例（%）	主名用字		比例（%）
	越文	汉译		越文	汉译	
1	Hùng	雄	3.15	Nga	娥	1.25
2	Tuấn	俊	1.88	Lan	兰	0.99
3	Sơn	山	1.88	Vân	云	0.86
4	Dũng	勇	1.82	Tuyết	雪	0.78
5	Bình	平	1.39	Thanh	清	0.78

当代越南南方主名用字出现频率最高的有：

序号	男性名			女性名		
	主名用字		比例（%）	主名用字		比例（%）
	越文	汉译		越文	汉译	
1	Minh	明	3.24	Anh	英	5.00
2	Bình	平	2.70	Lan	兰	3.07
3	Dũng	勇	2.70	Dung	蓉	2.69
4	Hải	海	2.16	Hương	香	2.30
5	Tuấn	俊	2.16	Trang	妆	2.30
6	Nam	南	1.89	Hà	荷	1.92
7	Quang	光	1.89	Nga	娥	1.92
8	Trí	智	1.89	Hằng	姮	1.53
9	Hưng	兴	1.62	Ngọc	玉	1.53
10	Lâm	林	1.62	Vân	云	1.53

三、越南人名的特色

（一）大量使用汉语借词

中越之间的文化交流源远流长。汉文化对越南的影响殊为深远。越南古代的政治、经济制度、社会的礼仪法度、民间的风俗习惯，都受到汉文化的深刻影响。可以说，汉文化在越南传播之广、之久，其影响之深远，在东方各国中是屈指可数的。因此，越南人对汉文化有着高度的认同和趋从倾向。在他们看来，汉越字高贵典雅、意蕴深厚，而纯越字过于直白、平淡、粗陋不文，因此越南人取名一般都用汉越字。据越南学者统计，"八月革命"以前，越南人的正式名均用汉越字，"八月革命"以后，始有用纯越字作为正式名者。如Võ Thị Sáu、Mạc Thị Bưởi等。曾有一段时间，越南南方有人用Giàu、Có、Thơm、Lành、Được、Của等纯越字取名，但后来又趋向复归使用汉越字。据黎中华对一个学校花名册的统计，500名学生中只有一名学生的主名使用纯越字。[①]另一位越南学者杨奇德曾对河内市电话

[①] 前揭［越］黎忠华：《越南人的姓名》，第106页。

号码簿上约20万越南人名进行统计，发现用纯越字作主名的越南人只占0.15%。[①]
由此可见，用汉越字取名的仍占压倒多数。

（二）体现宗族表征的方式

汉族人名的宗法色彩极为浓厚，古代通过人名来体现不同宗族的做法极其普
遍。人名是宗族集团内部认同的标志，也是社会交往的识别表征，还是宗族结构
秩序的形象观照。汉族人名的双字名往往以辈分用字来体现辈分，而单字名还有
以偏旁区别辈分的习惯，即同辈用相同偏旁的字，不同辈分用偏旁不同的字。清
代学者顾炎武在《日知录》卷二十三写道："单名以偏旁为排行，始见于刘琦、刘
琼，此后应琚、应场、卫瓘、卫玠之流踵之而出矣。"《红楼梦》中贾府子孙有"文"
字辈（贾赦、贾政、贾敏等用含有反文旁的字）、"草"字辈（贾蘭、贾蓉、贾蔷等
用含有草字头的字）、"玉"字辈（宝玉、贾琏、贾环、贾珠等用含有玉字旁的字）
等，即是典型的例子。

历史上，越南也有同辈使用相同部首的字来体现宗族表征的人名，如
Đinh Bộ Lĩnh（丁部领）的两个儿子Đinh Liễn（丁琏）、Đinh Tuệ（丁璿）就属于
这种情况。

值得注意的是，越南这类体现宗族表征的人名有与汉族相同之处，却也有与
汉族相异之处。汉族人名以偏旁来体现辈分时，相同的偏旁是相同辈分的标志，
不同的辈分不能使用相同偏旁的字；而越南人名则不然，更多的是子子孙孙使用
相同偏旁的字作为主名，以此体现父子传承关系，达到联宗续谱的目的。

上文提到越南人以垫名作为宗族的标志，往往世代使用相同的垫名达到联宗
续谱的目的。但在单字名的场合下，即不用垫名且主名为单字名时，越南人往往
以主名的偏旁部首作为体现宗族的表征。如郑阮纷争时期的郑氏家族，自郑检以
下为：郑松、郑桩、郑柞、郑根、郑橺、郑楹、郑森、郑楷，都含有"木"字偏旁。

当已经使用垫名作为宗族表征时，越南人的单字主名往往仍以相同的偏旁部
首作为宗族表征，以强化联宗续谱的功能。如阮朝世系，阮福映以上阮淦、阮潢、
阮福源、阮福澜、阮福濒、阮福溙、阮福涧、阮福澍、阮福阔、阮福淳的主名都
有"氵"；阮福映以下阮福晈、阮福暶、阮福塒、阮福昇、阮福昭、阮福晃、阮福
昶等则都含有"日"字部首。

---

① ［越］杨奇德：《越南人名中的文化》，载越南语言学会编：《年轻人的语言学研究》，河内：越南语言学会，1998年。

越南人也利用构成复合词的词素之间的联系来为子女取名，即子女的主名与父或母的主名构成一个复合词。如父名为"Hội（会）"则儿子的名为"Nghị（议）"（会议）；父名为"Tuấn（俊）"则以子名为"kiệt（杰）"（俊杰）。或者子女的主名与父母的主名构成同义或近义词聚，如：母名为"Lệ（丽）"则以女名为"Mỹ（美）"等。

在汉族人名之间这样的联系也有，但仅限于同辈之间，特别是同胞兄弟姐妹之间。如果上下辈之间出现此种情况则被视为对上辈冒犯，是绝对不允许的。而在越南人名中，这种情况则是非常普遍的。这是越南人主名的一个突出特色。

（三）姓名结构与发展演变

由于越人的姓有单字姓、双字姓之分，垫名有单字垫名、双字垫名之分，主名也有单字主名、双字主名。越南人姓名也有三字垫名、三字主名和四字姓，但极为罕见。因此，越人常见姓名的构成如下表：

姓		名			
		垫名		主名	
单字姓	双字姓	单字垫名	双字垫名	单字主名	双字主名

研究发现，历史上，越南2个字的姓名曾一度较多，如高鲁（Cao Lỗ）、李进（Lý Tiến）、李琴（Lý Cầm）、黎桓（Lê Hoàn）、吴权（Ngô Quyền）、黎利（Lê Lợi）、阮攸（Nguyễn Du）等，这些姓名全部属于男性；而女性均为3个字姓名，且垫名全部为"Thị"。"八月革命"前，4个字的越南人名仅有一例，是黎利时期的"建国夫人"梁氏明月（Lương Thị Minh Nguyệt）。"八月革命"后，2个字姓名逐渐减少，4个字姓名明显增多。最初4个字姓名的拥有者几乎都是女性，现在，拥有4个字姓名的男性也比比皆是。据统计，现在拥有4个字姓名的女性已占多数，达71.15%，而拥有4个字姓名的男性也达到了12.97%。①这反映了当代越南人对待人名的审美价值取向。至于这种趋势能否延续以及未来将如何发展，还有待于观察。

---

① 前揭［越］黎忠华：《越南人的姓名》，第21页。

第七章　物质文化

物质文化的产生大都源于发明，例如渔猎、转运、造屋、造舟、制作陶器、编筐篮、纺织、鞣皮以及家具、兵器的制造及运用等，而这些发明都是为了解决人类生存、发展的一个个的具体问题。一个民族的物质文化体现在很多方面，越南民族的物质文化也不例外。囿于篇幅，本文仅就越南物质文化中最基本的衣、食、住、行和传统医药进行了简要介绍。

第一节　饮食

饮食包括食物和饮料两部分。饮食文化主要指一个民族具有稳定性和传承性的有关食物和饮料加工、制作及使用的风俗习惯，它反映了人与自然环境的关系。越南位于热带季风气候区，是传统的稻作农业国，有着独特的自然环境和民族文化，这些因素决定了越南饮食的独特性。

越南人十分重视饮食。越语俗语有"有食才能卫道"、"雷公不打吃饭人"等说法，认为饮食是连上天都无法干涉的第一要务。在越南语中，很多指一般行为的抽象合成词都带有"吃"这一语素。如"饮食"、"处事"、"衣着"、"学习"、"谈吐"、"起居"、"玩乐"、"过年"、"花销"、"发誓"、"抢劫"等等，这表明"吃"这一要素已经渗透到越南民族认知的方方面面，成为本民族应对自然和社会的主要方式，从侧面反映了对"吃"的重视。①甚至还用饮食和耕作来表示时间概念，如用"嚼碎槟榔"表示做事情很快，用"煮熟一锅饭的工夫"表示用时稍久。可见，"吃"被越南人视为头等大事。

一、饮食结构

从某种程度上说，饮食是人类对大自然的利用和改造。饮食文化包含了自然

---

① 不少学者认为，一个民族对"吃"的反复、大量运用可能反映了本民族在历史上长期挨饿，从而形成了"饥饿恐惧基因"并映射到民族生活的方方面面。比如中国人见面打招呼常常说"吃了吗？"可能就是"饥饿恐惧基因"在语言上的映射。

和人文的因素。受自然条件、历史文化等因素的影响，越南人的饮食文化具有典型的水稻农业文明特征。

（一）饭食

本文所指饭食，包括主食和副食。与游牧民族以肉食为主不同，越南人以吃植物为主，其饭食结构为"大米→蔬菜（瓜果）→鱼→肉"，并呈依次递减的金字塔形。越南语俗语中还有"人因米而活，鱼因水而肥"、"粳米似亲妈"等说法，这些都强调了大米在越南人饮食结构中的主体地位。

1. 大米

越南是水稻的发源地之一，也是世界上主要的水稻产地，红河平原和九龙江平原是越南主要的水稻种植区，是世界闻名的谷仓。越南水稻种类繁多，产量丰富。水稻根据谷粒的特性可分为糯稻和粳稻，根据时令则可分为早稻（或称夏稻）和晚稻（或称秋稻）。越南著名学者黎贵惇在其著作《芸台类语》中罗列了23种秋稻、9种夏稻、29种糯稻，每种之下又分成许多小类，共达上百种之多。稻子成熟后经脱粒、碾舂，分成稻米、米糠、老糠、碎米等部分。稻米可煮成米饭，多添些水还可熬成粥。

米饭是越南人的主食，日常主食以粳米为主，逢节日和祭祀则多用糯米。从一日三餐来看，越南人早餐多吃米粉或喝粥；中午吃米饭，晚餐吃米饭或喝粥。越南的粥也较有特色，除了一般的白粥外，还有肉粥和蔬菜粥等，其中猪血粥、猪下水粥是不少河内人的至爱。

用粳米或糯米为原料还可以做成米粉、米线、粉丝、粽子、春卷、卷筒粉等小吃。其中，以大米为原料制作的米粉是越南人的最爱，单单米粉的种类就有数十种，再根据制作方式和添加辅料的差异，可变化出上百种米粉。[①]在河内市几乎每个街区都有自己引以为豪的招牌米粉店。此外，越南人还食用玉米、高粱、麦子[②]、木薯、马铃薯、白薯等杂粮。

2. 蔬菜（瓜果）

在越南人的饭食结构中，蔬菜瓜果仅次于米饭，是获取维生素的主要渠道。

[①] 米粉的食用非常灵活，既可以作为正餐的主食，也可以作为夜宵、早点。米粉汤香味浓、清淡可口，易于消化和吸收，是最具越南特色的食物之一。

[②] 越南本身不产小麦，也没有食用小麦的传统，法国殖民之后带来了面包，以后也逐渐成为越南人饮食的组成部分。除了一般的面包店出售面包、糕点等面粉制品，越南人也制作包子和馒头，但是受众较少，最受越南人欢迎的是沿街叫卖的"法式短棍"面包，状如纺纱用的梭子，中间有一道明槽，可再稍微掰开以夹东西，一般根据个人口味夹人patê（肉糜、肝糜）、鸡蛋、烤肠、烤肉、生菜等。

越南的自然条件适合种植果蔬，几乎每个季节都有相应的品种可以收获，极为丰富。越南人常说"饿吃蔬菜，痛服药"，认为如果吃饭没有蔬菜就好比"富人去世却没有葬礼"、"两人打架却没人劝架"一样的不完整。

越南出产的蔬菜品种十分丰富，因为四季温暖，时令蔬菜不断。主要有空心菜①、小圆茄、花菜、小白菜、甘蓝、菠菜、小黄瓜、番茄、萝卜、南瓜、冬瓜、莴苣、生菜、茼蒿、丕蓝、豌豆、刀豆、水芹菜、苦瓜、香芹、芦荟、马齿苋、积雪草、鱼腥草、焦蕾、金针等。其中空心菜、水芹菜、菠菜、小圆茄以及作为辅料的各种香菜是越南人最喜欢吃，也是最具越南特色的蔬菜。北宁省先山县轩堂乡种植的空心菜久负盛名，其茎壮叶厚，口感鲜脆，回味香甜，古代曾用作向皇上进贡的佳品。越南出产一种小圆茄②，大如拇指，以鱼露、虾酱等腌制食用，嚼起来清脆可口。腌制的茄子和芥菜深受越南人喜爱，甚至还有"有了咸菜戒了蔬菜"、"有了茄子不吃咸鱼"、"鱼肉是供神的花，酱茄是持家的本"等说法。此外，很多能够食用的草本植物被用作配料，比如葱、姜、辣椒、蒜头、高良姜、芫荽、鸭舌叶、香花苣、小茴香、胡椒、紫苏、荆芥、薄荷、鱼腥草、荜拨（又称假姜）等。

越南盛产香蕉、菠萝、椰子、菠萝蜜、龙眼、柠檬、木瓜、榴莲、荔枝、番荔枝、红毛丹、毛丹果、火龙果、槟榔、柚子等热带水果。比较讲究的家庭，在饭后一定要吃点水果，称为"漱口"③。

3. 鱼

鱼等水产品在越南饭食结构中位居第三，是越南人获取动物蛋白的首要来源。越语俗语云："鱼'嫁祸于'米饭，有鱼就打破饭碗。"可见越南人对鱼的青睐。越南海岸线长，河流、湖泊、鱼塘众多，水产资源丰富，品种繁多。常见的淡水鱼有鲤鱼、草鱼、鲢鱼、鲮鱼、鲴鱼等，海鱼较常见的有鲳鱼、金枪鱼、秋鱼、飞鱼、红鱼、狗母鱼、石斑鱼等。在鱼的烹饪方面，越南人多采取煎和蒸的手法，其中煎更加普遍。此外，越南还盛产虾、蟹、墨鱼以及各种贝类，这些食材的一

① 空心菜是越南人餐桌上最常见的蔬菜，四季不断，极其家常、亲切，被喻为"土人参"，营养价值较高，一般的做法为水煮、清炒和做汤。
② 茄子还跟越南董圣（扶董天王）的民间故事有关，传说董圣的母亲是种茄子的农民，父亲是偷吃茄子的神仙，而董圣本身就是靠吃了"七大簸箕米饭和茄子"长成巨人去保家卫国。
③ 从"tráng miệng"直译过来，强调餐后水果有去油腻、清洁口腔的作用，同时也暗指水果是"奢侈"的，应当少摄，只需要达到"漱口"的程度就可以了。因此，越南虽然盛产水果，但是价格普遍较高，卖场也因应这个消费传统，将水果以小包装，分切等模式营销。

般烹饪方法是水煮或清蒸，以保持食物原本的鲜味，同时佐以鱼露^①等蘸料。

越南人还将各种水产品放盐腌制，发酵沤熟，从而加工成鱼露、虾酱、蟹酱、生鱼酱等风味独特的调味品，营养价值十分丰富。其中，鱼露以富国、藩切、藩郎、岑山等地出产的为最佳。鱼露一般盛在公用的蘸碟内，配几个辣椒^②圈供全桌人蘸食，体现了越南人的群体观念。对越南人来说，吃饭是少不了鱼露的。

4. 肉

在越南饭食结构中排在最后的是肉类。肉类在越南人的饭食中也占有一定比例，不过相对较小。越南人常食的肉类有鸡肉、猪肉、牛肉、狗肉、鸭肉、鹅肉、鸟肉等。在各种肉类中，鸡的地位最高，越语俗语云："无鸡不成宴。"过春节、红白喜事、较为正式的家庭宴请等，都必须要有鸡，鸡的做法基本是统一的——水煮；同时鸡还是重要祭祀的主要祭品。猪肉最为家常，水煮后蘸椒盐是基本做法，入味后煎也很常见。吃牛肉在过去是很奢侈的，因为牛是重要的生产工具，近年来随着生活水平的提高，牛肉也开始进入普通家庭。平常使用牛肉较多的地方是米粉店。越南男人普遍喜欢吃狗肉^③，认为狗肉有极大的滋补功能，尤其喜欢吃狗肉灌肠，俗话说"生得吃狗灌肠，死得殓黄心树"，"生在世上吃狗灌肠，死赴黄泉心也舒畅"，可见越南人对狗肉灌肠的推崇。越南人还吃鸟肉、蛇肉、蛙肉等，其中一种称作"甘蔗鸟"^④的最为河内人乐道，河内市嘉林还有专门吃蛇肉的一条街。此外，越南人的食谱上还有穿山甲、果子狸、田鼠等，甚至还有蜂蛹、蝉蛹、水蜻蜓、麦虫等昆虫，这些都被视为珍馐美味。

越南人的饭食结构，尤其是副食方面还有蛋类，其中鸡蛋和鸭蛋最为常见。鸡蛋在越南人的餐桌上很常见，一般采用水煮、"油摊"的做法，有时还混以猪肉末煎成鸡蛋肉饼。鸭蛋除了一般食用或腌成咸鸭蛋外，越南人喜欢吃孵化十天、

---

① 鱼露俗称"鱼酱油"，是极具越南民族特色的调味品。其加工制作过程相当繁琐、复杂：在产鱼旺季，把鲜鱼（一般使用海产小鱼，越南最常用原料鱼是cá com）装进筐子，通过踩踏等方式去掉鱼鳞，然后除去内脏，洗净，放入制作鱼露的大木桶（鱼桶）内，撒上适量的盐，在木桶底部放置导管，导入另一木桶（汁桶）；三五天后，鱼汁渗出，流入汁桶；将汁桶鱼汁倒入鱼桶，如此反复数次，直至鱼肉全部溶化成鱼汁，此即鱼露原浆（原汁）；将鱼汁滤清；装入大桶或大瓮，放在烈日下暴晒发酵。整个制作过程大约需要5～6个月，要求高的则需1年左右。成品放置在荫凉、干燥的地方，可以长期保存。越南的藩切鱼露、富国岛鱼露都是著名的出口产品。我国广东、福建也出产鱼露，以福州出产的为最好。
② 荣市地区出产的指天椒配富国鱼露是最为越南人津津乐道的佐餐小料。
③ 越南不少地方都认为自己的狗肉做法独具特色，因此在越南旅行常常可以看到"越池狗肉"、"海阳狗肉"、"日新狗肉"等招牌。其中"日新"是河内市西湖郡的一条街，狗肉餐馆最为集中。
④ 正式名称不详，俗称"chim mía"，多在甘蔗林生活，体型小，一般采用油炸的方式烹饪。

半月左右的鸭蛋，称为"毛蛋"。[①]

　　一般来说，越南人对饮食的烹饪相对简单，主要通过配菜和蘸料来丰富菜肴的口味和层次。[②]在菜肴制作上，不像中餐那样讲究色、香、味、意、形，也不像日本料理那样注重餐具和菜肴的摆设。

　　越南人的饭食结构既是越南物产结构的反映，也是越南气候影响的结果。"大米→蔬菜（瓜果）→鱼→肉"还被认为是非常合理的饭食结构：既保证足够的蛋白质摄入，又避免了油脂过多而导致的肥胖等病症。这一多植物蛋白和维生素，少脂肪的饭食结构符合热带地区居民的营养需求。

（二）饮料

　　在饮料方面，越南人喜欢饮酒、喝茶、喝咖啡。越南人常饮用的酒类有米酒、伏特加酒、啤酒和果酒。米酒由糯米发酵后酿成，一般的米酒酒精度不高，回味甘甜，在农村地区饮用普遍，常以散酒的形式销售。还有经过提纯的高度米酒，酒精度可达60度。近年来，越南还从俄罗斯引进伏特加酿制工艺，生产以大米为原料的伏特加，酒精度较高，性烈、辣喉，已逐渐为都市男性接受。此外，在烈性酒里泡入各种药材则可做成药酒，如三蛇酒、五蛇酒、熊掌酒、蛤蚧酒、海马酒、天麻酒、人参酒等。由于地处热带，花、果四季不断，越南人还喜欢在酿酒时加入各种花、果制成花酒或果酒，如莲花酒、菊花酒、柠檬酒、槟榔酒等。

　　由于气候炎热，越南的城市居民尤其是青年人对啤酒情有独钟。不管是在大饭店、星级宾馆还是小饭馆、大排档、路边摊，喝啤酒的人到处都是，有的地方人们甚至喝到三更半夜才散去。在越南，可以买到几乎全世界所有的著名啤酒，如喜力、嘉士伯、百威、虎牌等。相对于进口或合资的洋品牌啤酒，越南人更喜欢喝扎啤。

　　越南人喜欢饮茶，茶是最日常的饮料。在越南，无论贫富，几乎每家都有茶具。茶具的制式都差不多，一个茶盘、一只茶壶，配4、6或8只小茶杯。茶具中

---

① 经过10天左右的孵化，蛋壳里的小鸭已经基本孵化成型，长出了一层绒毛，俗称"毛蛋"。越南人认为这时的鸭蛋营养价值最高，最为滋补。一般为煮熟后蘸椒盐吃。

② 比如，河内市玉庆街曾经有一个著名的越餐馆——Làng Ngói，它有个招牌菜叫"bò cuốn lá cải"，直译过来就是"牛肉卷蔬菜"。主食材是牛肉，切成筷子头粗细的肉条，入水煮至断生，码盘；配以数种时令蔬菜，一般包括生菜、香芹、薄荷、豆芽等几种（根据季节调整）；还有圆形米粉和春卷皮；搭配鱼露、酱油、柠檬椒盐等蘸料。具体吃法是拿一张春卷皮，夹一点儿米粉、牛肉、蔬菜，然后卷起来，蘸不同的料吃。那么不同的人可以进行不同的搭配，也可吃出不同的风味和感觉。

茶盘和茶壶或有差异，但是喝茶用的小茶杯则几乎是全国统一制式，均为直径约3厘米，高约3厘米的敞口瓷质圆杯。茶叶的泡制也一般保持了茶道的基本形式；取茶，然后放入茶壶，倒入开水洗茶，用洗茶之水顺便冲洗茶杯，第二次倒入开水泡茶，然后分到茶杯饮用。

越南盛产茶叶。太原、富寿、林同等许多地方都出产茶叶，且质量上乘。其中又以太原地区产的茶叶质量最好，民间有"宣光女子，太原茶"的说法。①越南的制茶工艺也比较成熟。越南人常饮的茶有绿茶、焙茶（主要是红茶）和荷花茶、茉莉花茶、米兰茶、菊花茶等各类花茶。其中荷花茶最受欢迎，不仅香味浓郁，而且还具有提神、醒脑等功效。

此外，越南还有很多药茶，如茵陈茶、姜片茶、三七茶、参茶等等。越南的大街小巷处处都有茶店、茶摊，所售一般为冰茶②，非常解渴。饮茶不仅是一种文化态度，它更是越南人的一种休闲方式。从广义上讲，越南人的茶还包括甜品，多为用糖水煮的食物，如糯米糖粥、扁米羹、绿豆沙等等。

咖啡不是传统饮料，但在越南极为流行。咖啡最初由法国殖民者带来，随后在越南进行大面积种植，逐渐成为越南饮食文化的一部分。现在，越南已成为世界上仅次于巴西的第二大咖啡生产国，世界著名的星巴克、雀巢等都是越南咖啡出口的大客户。越南生产的咖啡以西原地区生产的为最佳，大叻省的邦美属被评为世界十大咖啡优良产地之一。走在越南街头，小资情调的咖啡店和彩色帆布搭建的露天咖啡馆随处可见，还会经常遇到推着小推车卖咖啡的流动商贩。越南比较有名的咖啡品牌有G7、威拿等。

上述各种饮料，其被饮用的时间和场合也有一些特点。茶叶几乎只在家庭、办公室等私人场所饮用，在越南很少看见公共的茶馆。啤酒、白酒和咖啡则更多在公共场所饮用，其中啤酒和白酒更多在夜晚饮用，而咖啡的饮用则是全天候的，下午喝咖啡的人又稍多一些。

---

① 太原地处红河平原北缘的浅丘地带，气候终年湿润，雾天较多，利于茶叶的生长。太原茶，叶片肥厚、营养丰富，一般制作为绿茶。泡制后汤色黄绿，茶香清冽，初味略苦、回味甘甜，是具有越南特色的馈赠佳品。宣光地区，水土养人，宣光女子皮肤白皙、头发润泽、眼睛明亮，是越南人心目中美女的代表。

② 冰茶的制作极其简单，茶水是已经泡制好的，放置在一个较大的茶壶或者其他容器里，另外有一个专门放冰块的保温箱；饮用时，先倒出大半杯茶水，然后抓几块冰扔到茶杯里，略晃一晃喝下去。冰茶的消费者主要是摩托车司机、小商小贩、学生等低收入群体。

(三)槟榔和水烟

在越南还有两种极具民族特色的东西：槟榔和水烟。槟榔经过咀嚼然后吐掉，并不食用。水烟也不是食物，但它们是越南人交际中非常重要的媒介，有必要进行介绍。

嚼槟榔是越南民族的传统习俗。越南人用涂了蚌灰的蒌叶卷槟榔，将槟榔卷放入口中嚼食，再将残渣和口水吐掉。咀嚼时，口感奇特，有槟榔果的鲜甜、蒌叶的辛辣、蚌灰的浓郁，这三样东西混合后发生化学反应，生成一种血红色的汁液，使得嘴留余香，双唇鲜红，面如醉酒，据说还有固齿的功效。20世纪60年代之前的越南妇女几乎都有嚼槟榔的习惯。嚼食槟榔不仅能固齿，还有解胸闷、消水肿、防口臭、防龋齿、泄唾沫、除瘴气等益处。西方人亚历山大·罗德曾在17世纪描述道："这里（升龙城）的人们习惯食用一种名叫'槟榔'的植物，不仅美味可口，还能强身健体。人们常在腰间别一小包槟榔，以便在逛街遇到朋友时敬给对方。"

如今，槟榔已成为越南民族文化的传统象征物之一，"要拉家常，先嚼槟榔"、"吃一口槟榔成为人家新娘"等等说的是槟榔在交际、情感方面的作用。古时候，人们还从卷槟榔的手法、熟练程度、仪态等来判断妇女的贤惠程度。槟榔还是越南人传统的婚姻信物，从问名到成婚的每个环节都要有槟榔。筹备婚礼时，蒌叶还可用作请柬和喜帖，婚宴上，新郎、新娘还要拿槟榔敬献给长辈和亲友。此外，槟榔还是越南人祭祀祖先和神灵的必备之物，用以体现祭祀者的虔诚之心。

吸水烟主要是男人的嗜好。水烟，也称哀牢烟、老挝烟、京烟。人们将生烟摘叶、晒干、切丝，然后放到烟袋内备用。水烟筒一般用竹子制成，长约一米，上头开口，下头利用竹节横隔封闭，筒身中下部留有一孔，斜插一根竹管或者其他管子，管口即为放烟丝的烟嘴。吸烟时，烟筒内盛半筒水，把烟丝按到烟嘴，点燃，然后用嘴堵住水烟筒口，用力吸，烟气直达肺部，十分过瘾。烟气过水能自然过滤掉烟丝中的焦油，起到了类似过滤嘴的作用，同时还发出"咝咝"的响声，不少"瘾君子"认为这种响声充满乐感。在古代，上至皇帝官员，下到平民百姓，甚至包括一些妇女，都有吸水烟的爱好。在越南，水烟也是分享式的，可以众多人传着吸，因此也成为重要的交际媒介。水烟还被越南人赋予独特的文化意象，如情侣的爱恋常被喻为"陶醉如水烟筒鸣响"等。

二、饮食习惯

总体看，越南人喜食生、冷、酸、辣食物，日常饮食清淡，烹饪简单，餐具也不讲究。从饮食的色、香、味、意、形五个方面看，越南人第一注重味、然后依次为色和香，形和意不太被越南人关注。

（一）越南人的烹饪方式相对简单。越南人最擅长也最常用的是"煮"，代表性的食物是白切鸡、水煮猪臀尖和水煮空心菜；此外，各类海鲜一般也都采用煮的方式，或捞食，或带汤吃。次之是"煎"，代表性的食物是煎鱼、煎豆腐和盐煎五花肉。再次之为炒，代表性食物为茅草根辣椒炒牛肉和清炒蔬菜。第四为"烤"，代表性食物为烤肉和烤鸭——采用旋转炙烤的方式（类同中国两广地区的烧鸭制作）。然后是"蒸"，代表性食物为蒸鱼。此外，炖等也较常用。

（二）越南人喜欢生吃，尤其是蔬菜。吃饭时往往要搭配一种或几种生蔬菜，有的是固定搭配，有的则很随意。如吃烤肉米线时要吃香花苣，吃煎饼时要吃青菜叶，吃鸡肉时配柠檬叶，吃猪肉时配葱，吃狗肉时配高良姜等。

（三）越南人喜欢吃凉拌菜。越南传统凉拌菜以丕蓝、青木瓜丝、胡萝卜丝、炒花生仁、香菜等为原材料，配以各种调料搅拌而成，色、香、味俱全。此外还有凉拌空心菜、凉拌手撕鸡、凉拌香蕉花等菜品。

（四）越南人爱吃腌制或发酵菜。常见的腌菜有腌茄子、腌葱头、腌白菜、腌小黄瓜等。腌制时间短则几个小时，长则几天。越南人还喜欢自制各类酱，常见的有豆酱、花生酱①、鱼酱、虾酱等。

（五）越南人十分注重味觉。"吃得香"是越南饮食的首要原则，因而越南人在使用调料方面非常讲究。除大量配食各种香菜外，越南人还以鱼露、小辣椒、蒜蓉、柠檬、糖等混合制成具有咸、辣、酸、甜、涩、香等各种味道的蘸料，以增加菜肴的口感。值得一提的是，越南调料多取自天然且直接食用，②如辣椒、胡椒、柠檬、罗望子、杨桃、葱、姜、蒜、甘蔗等。总的来看，越南人偏爱酸、辣食品。

（六）饮食器皿和就餐方式简洁。越南人一般用托盘摆放菜食和蘸碟，用瓷碗盛饭，用筷子吃，不一定需要餐桌和餐椅。开饭时，往往是把菜和汤放在圆形或方形的大托盘上，一起端出，置于床上、席上或茶几上，全家围坐而食，两腿盘

---

① 大豆酱和花生酱以大豆和花生为主原料，再分别配炒米粉或玉米粒，最后与糯米饭混合在一起发酵而成。
② 比较典型的例子是越南人几乎不吃醋，而是用柠檬汁、杨桃汁或酸果汁代替。

坐是比较普遍的姿势。现在，随着居住和生活条件的改善，在餐桌上吃饭逐渐取代席地而食。

三、地域差异

越南的饮食文化既有一般性，也有特殊性，由于全国各地的自然条件和历史文化不同，饮食文化也或多或少存在一些地域差异。具体表现如下：

（一）北部

北部的饮食相对清淡，不如其他地方那么辛辣、油腻和甘甜。北部人主食为大米，副食以蔬菜为主，肉类以淡水鱼、虾和猪、鸡和鸭为主。调味品主要使用鱼露、虾酱。河内饮食是北部饮食的代表，最能体现越南北部饮食文化的精华。河内的特色食物有各种米粉①、春卷、肉团、粽子、日新狗肉、西湖虾饼、西湖螺丝、姜太公炸鱼、鸡肉砂锅饭等等。

（二）中部

中部饮食的主要特色是味重色浓。顺化饮食是中部地区饮食的代表。首先是菜香特殊，味道辛辣，其次是菜色丰富、鲜艳，以红色和深棕色为主。如中部地区喜欢用生香蕉炒菜或烧菜，其中香蕉烧鳝鱼是代表菜式，香味浓郁、口感特别，酸涩咸鲜一应俱全。此外，中部地区的米粉与北方的米粉从配料到口感都有较大差异。顺化米粉中作为主配料的是猪臀肉，也用慢火煨软，切成大片，肉片胶质丰富，吃起来有弹牙的感觉，汤色浓郁泛白，不似河内讲究汤色透明。中部的顺化、岘港、平定等地的酸虾酱和火虾酱很有名，藩切鱼露也有世界性声誉。值得一提的是，受宫廷饮食风格的影响，顺化的菜肴除口感辛辣、色泽鲜艳外，菜的份量并不多，盛放在小碟里，显得十分精致。

（三）南部

南部饮食受中国、柬埔寨、泰国的影响较大，具有开放性和综合性特征。胡志明市饮食是南部饮食的代表。南部居民的祖先大多是从别的地方移居至此，因此在饮食上体现为多元、开放和交融性特征。从食材上看，南部人吃鱼、虾、蟹、

---

① 米粉的种类很多，除了一般的米粉，还有杂烩粉、烤肉粉、炒粉、卷筒粉等，但还是普通汤粉最能代表河内的味道。河内不少有名的米粉店都会在字号前面加上"祖传"二字，以示历史悠久，味道也确实不错。很多著名的米粉店位于小巷深处，座椅均十分简陋，但是食客如云，甚至需要排队。现在一些新型连锁米粉店如 phở 24, phở Vuông 等相继问世，它们装修考究、卫生条件较好，为顾客提供了更多选择。

螺等水产品比较多，常在菜中添加糖或者椰奶，蘸酱主要有芥末、蝣蛞酱等。南部地区的水果种类繁多，产量较大，因此以水果入菜的现象比较普遍，或直接摆盘作为主菜的装饰，或者作为配菜与主菜共同炒制——菠萝牛肉、甘蔗虾球，或者作为主食材的底座和味源——椰奶蒸虾[①]等等。南部人也有喝汤习惯，其制作方法与中国广东地区相同，胡志明市的不少饭店每天都有例汤出售。此外，南部饮食还以大胆著称，一些特别的食材如田鼠、蝙蝠、乌鸦、蛇肉、麦虫等在胡志明市都能找到。

四、饮食文化的特点[②]

越南饮食文化主要有综合性、集体性、灵活性和辩证性四大特点。

（一）综合性

1.综合性首先体现在食材搭配和烹饪方法上。越南人会将不同的蔬菜、配料、瓜果或肉类混合搭配，采用煮、煎、炒、烤、蒸、焖、炖、红烧、油炸、凉拌等多种方式烹饪制作。从玉米糯米饭、水煮螺蛳、米粉，到看似简单的生菜蘸酱，这些家常菜肴无一不是综合了多种食材加工而成。传统食品的制作则更讲究。比如粽子的制作，在糯米中添加绿豆、肉、油脂、葱、盐，再用芭蕉叶裹住；又比如炸春卷，外面用春卷皮包裹，里面是用肉、胡萝卜、木耳、粉丝、蔬菜丝制成的馅料。这些食材互相补充，使菜肴的蛋白质、脂肪、淀粉、无机盐、水等营养要素俱全，咸、腻、酸、辣、甜五味俱全，黑、红、绿、白、黄五色俱备，不但营养价值高，而且香味浓郁，口感独特，令人回味。

2. 综合性还体现在越南人的饮食方式上。越南人的饭桌上经常同时摆放着米饭、汤羹、蔬菜、咸菜、鱼肉等，就餐时常常将米饭连同汤羹、蔬菜、鱼肉一同盛于碗内，从而一起吃到嘴里。越南的普通饭店里很流行一种吃法，叫做"吃碟饭"，就是将肉、蛋、蔬菜、咸菜等各种菜肴盛放在同一个碟子里。

3. 综合性还体现在一日三餐的多样性方面。越南人一日三餐的基本模式为：早餐为辅餐，以饼、稀饭、米粉、米线等为主；中餐和晚餐为主餐，一家人一起

---

① 制作方法为：椰子剖开，取半个椰壳，椰子原汁盛入椰壳，选新鲜大虾置入椰壳，用另外半个椰壳扣住，大火蒸熟，然后把大虾挂在椰壳一圈，虾肉鲜嫩弹牙，椰香浓郁。不同的饭店可能有不同的制作程序，但是用椰汁入虾味儿的理念是一致的。

② 前揭［越］陈玉添：《越南本色文化探寻》，第359～374页。

吃，一般包括：一锅米饭、一碗蘸料和三盘菜——一盘煎鱼或者煎猪肉、一盘水煮或炒蔬菜、一碗水煮蔬菜的汤或其他汤类。

（二）集体性

1. 集体性是由综合性决定的，主要体现在越南人的就餐模式上。越南人讲究"同吃"，或叫"共食"，就是一桌人同吃一锅饭、同吃一盘菜、同喝一碗汤、同蘸一份酱，而且喜欢边吃边聊，与西方的分餐制形成鲜明对比。在同一桌吃饭的人，往往是相互关系密切的人。西北少数民族地区有一种"竹管饮酒"的习俗，人们围坐在一大罐酒周围，每个人手拿一根弧形的长竹管，插入酒罐中同时饮用，或者多人共用一根竹管轮流饮酒，这正体现了越南饮食文化的集体性特点。

2. 集体性还体现在越南人的就餐礼仪上。老人经常教育小孩"看锅里吃饭，看方位入座"，也就是说，吃饭要照顾到彼此的感受，吃要有吃的规矩，坐要有坐的分寸。"看锅里吃饭"强调的是要克制，吃饭既不宜过快、过多而占用了别人的份额，也不宜过慢而让别人等待；"看方位入座"强调要坐到合适的地方，不能坐在长辈或客人应该坐的地方，不能坐得太占地方。总体上，"内敛、克制"是就餐的总原则，要时时提醒自己是就餐共同体中合乎自身身份的一员，比如尊敬长辈和客人，就餐时先满足长辈和客人的需求是越南人的习惯。

3. 集体性还体现在对特定餐具的使用上。就餐的时候，有的菜不见得每个人都会吃，但是米饭和蘸料是每个人都要食用的。饭锅和酱料碟是公用的，饭锅一般放在一边或餐桌边上，酱料碟放在餐盘或餐桌正中间，吃饭时应避免将蘸料滴洒得到处都是。家里的女主人或小辈儿负责给家里的长辈添饭，长辈则会给小辈儿夹菜以示关爱。

越南人评价一顿饭吃得香不香，是综合考虑天气、地点、就餐人、就餐气氛等多重要素后得出的结论。但是，只要就餐气氛好、来吃饭的人志趣相投，哪怕是喝一碗最便宜的汤也觉得特别的美味香甜。

（三）灵活性

按照越南人的饮食方式，其食物吃法千变万化，有多少人吃就有多少种不同的方式。如一桌酒席有4种菜，则食客可能有14种吃法。灵活性还体现在用餐工具上。越南人吃饭用筷子，甚至烹饪时也多用筷子。筷子能灵活地实现多种动作，如夹，扒、撕、戳、搅、拌、掏等。越南人还会制作多种筷子：有韧性好的竹筷，夹多热的食品都不坏；有越用越光亮的乌木筷子；有磨漆的筷子、镶蚌的筷子，就像一件微缩的艺术品；有高贵的玉筷、象牙筷；还有能发现食物中毒物的银筷。

（四）辨证性

1. 辩证性主要体现为饮食的阴阳协调。为烹调出阴阳平衡的食品，越南人将食物分成"寒、热、温、平、中"5性，分别对应五行的"水、火、木、金、土"。据此，越南人在烹饪时自觉遵循阴阳中和、转化的规律。越南的作料不仅能去除异味，突出香味，其含有的植物抗生素能够抑制微生物生长，便于食物的保存，更重要的是具有协调食物阴阳、寒热的作用。例如，生姜居热性（阳性）食物之首，具有清寒、解毒、治疗感冒的功效，所以用作冬瓜、芥菜、洋白菜、鱼等寒性（阴性）食物的作料；辣椒也是热性的，多用于既寒、平，又带有腥味的各类水产（鱼、虾、蟹等）的烹调中；寒性的荜拨要和热性的波萝蜜搭配；热性的鸭舌草要和寒性的毛蛋搭配。

2. 辩证性还体现为人与自然的阴阳平衡，也就是饮食要与当地的气候和季节相适应。越南地处热带，饮食以平性和寒性为主，这也是越南人吃植物（阴性）比吃动物（阳性）多的原因。在炎热的夏季，越南人吃蔬菜水果、鱼虾比吃肉多，常用白灼、煮汤、凉拌、腌制等方法烹调，制作的菜肴含水分较多，清淡、开胃、解暑、易消化。因此，越南人很喜欢吃酸、苦的食物，酸的如杨桃、人面果、酸豆、柠檬、胭脂果等，苦的如苦瓜等，苦瓜汤是越南南部人特别喜爱的菜肴。在寒冷的冬季，北部的越南人爱吃属阳性的肉和油脂类食物，有益于人体御寒，而烹调方式也多为炒、煎、焖、烤等，添加的作料也是阳性的辣椒、胡椒、生姜、蒜等。因为要经常出海和吃海鲜，中部沿海居民靠多吃辣椒来中和海鲜的寒性与平性。为此，越南人总结出了很多按季饮食的口诀："夏季河鱼，冬季海鱼"，"秋季鹌鸽，夏季斑鸿"，"九月新鲜空心菜，十月田鸡与火虾"等。

3. 辩证性还体现在对食材部位的选择上。由于每种食物各部位营养价值不同，越南人在选材时既重口感又重营养，于是得出如下经验："芹菜吃梗，空心菜吃叶"；"积雪草吃茎，香花苣吃叶"；"鲤鱼吃头，鲅鱼、鲢鱼吃嘴，梭子鱼吃肚皮肉"；"一鸡尾，二鸡翅"等等。

第二节　服饰

一般认为，服饰的产生源于保暖御寒、抵御攻击和装饰审美的需求。远古时代，人们多采用兽皮、鱼皮、鸟羽、兽毛等制作衣物，后来学会利用树叶、花朵、树皮等的纤维编制衣物，随着生产力水平的不断提高，人类学会了从更多的材料上提取纤维，编制衣物。一个民族的服饰发展史与其生产、生活方式紧密相连，作为物质文化的重要组成部分，服饰包含了重要的民族文化信息。

对人类来说，服饰的重要性仅次于饮食，越南俗语云："饱腹而后思暖。"越南人的服饰观念同饮食观念一样实际，首先是要满足人的生理需求，俗语"三碗饭，三件衣，饿不病，冻不死"就是这个观念的反映。当然，服饰的意义不仅仅在于应对自然环境，服饰还具有审美等社会价值。俗话说"人因绸美，稻因肥好，脚因鞋正，耳因饰显"，服饰已经成为人们日常生活中进行装饰、打扮的必然组成部分。此外，服饰还能够起到遮掩生理弱点、修饰年龄的作用。

一、布料和工艺

越南服饰有自身的特点，首先体现在质料上。越南属热带季风气候，植物品种较丰富，其中不少植物可以抽取纤维以制作布料。因此，越南人很早就知道使用黄麻、苎麻、树皮纤维、蕉丝、棉花等轻、薄、透气的植物原料纺织布料。越南有着悠久的养蚕种桑的历史，据《安南志略》引《交州记》记载："一岁八蚕茧，出日南。桑则大小两种，小桑孟春培之，枝叶繁茂。自三月至八月，皆养蚕，收丝事织。"[①]蚕丝可加工成各种各样的布料，如丝绸、绫罗、锦、丝光绸、绉纱、薄纱、缎、单面丝光绸、柞蚕丝、粗丝、粗绸等。蕉丝是具有越南特色的纺织原料，6世纪，用蕉丝纺织的布料就被称作"交趾葛"，此布为淡黄色，细软如绫罗，但易破。黄麻、苎麻等质料则能弥补蕉丝的缺点，其种植和纺织技术很早就为越南人所掌握，封建时期曾被用于制作官吏的品服，属珍贵布料一类。棉花的种植和纺织出现在上述纺织原料之后，但很快成为纺织行业的重要原料，在解决老百

---

① ［越］黎崱著，武尚清点校：《安南志略》，北京：中华书局，2000年，第361页。

姓的穿衣问题上具有重要的意义。现在棉、麻、丝绸、化纤是越南人使用最普遍的布料。

越南纺织业起步较早。自李朝，国家开始建立养蚕、缫丝的机构；陈朝能纺织出的棉布、薄纱、绫罗、绸缎、帛、麻布等布料有十多个品种；16—18世纪，越南丝绸工艺达到较高水平，并大量出口到日本及西方等国。18世纪，越南形成了以蕉丝、黄麻苎麻、蚕丝和棉花等四种原料为主的纺织业，能够纺织出不同的布料满足百姓的服饰需求。1909—1913年间，越南年均出口到法国的各类丝绸达183.3吨。1930年代，北部平原从事纺织业的人数达54 000人，是从业人数最多的手工行业。很多专门从事丝绸纺织的行业村一直保存至今，如河内的万福村等。

在印染技术方面，越南对植物染料的泡制和利用也十分独到。10世纪中后期，越南已掌握了青、红、黄、白、黑等正色和由各种正色搀杂而成的杂色的染织技术，并对各类品服的颜色作出了具体规定。在民间，蓝靛色、棕色是百姓最喜爱的两种服色，几乎每个家庭都熟悉蓝靛色和棕色的染布技术。黎贵惇对民间传统染布技术有过记载："我国俗，以木杵捣布，继而晒干染以制衣，曰青葛布。不分君民贵贱，衣皆如此，唯长短有异焉"。

二、传统服饰

越南的传统服饰根据种类和功能的不同，可分为上身类、下身类、帽类、鞋类和饰物。根据目的的不同，可分为劳作服和礼服。根据性别的不同，可分为男装和女装。下文从妇女服饰、男子服饰和少数民族服饰简介越南的传统服饰。

（一）越南妇女服饰

1.上身

上身衣包括肚兜、短衫或短衣。肚兜，又叫掩胸衣，是越南妇女贴身护在胸部和腹部的菱形状的布块，上下两端各有两根肚兜带。穿着时，将上端的两根带子扎在脖子后面，将下端的两根带子系后背上。肚兜样式丰富，尤其体现在衣领上，有圆领、开领、勺状领等。不同场合需穿不同颜色的肚兜，如农村妇女外出干活时穿棕色肚兜，在家则穿白色；城市妇女平常也穿白色肚兜。红色、桃红色或深红色肚兜则着于节会、庙会等隆重场合。旧时越南妇女往往自己裁剪、缝制和印染肚兜。

北方妇女还喜欢在肚兜外着短衫，短衫有立领或滚边领，有口袋，两边开叉。有时，肚兜外穿四幅式单衣，或外罩三、五件套衣。短衫上有扣子，但女性们习惯于敞开衣襟，一是为了凉爽，二是为了露出白色的肚兜而显得好看。南方妇女也喜欢类似北方短衫的短衣（衣短无领、袖长而阔，俗称"三婆衣"），或外罩两件套衣。短衣穿起来很凉爽，两侧的口袋便于放置小物品，且布料易洗、易干，因此深受九龙江平原地区人们的喜爱，不论劳动、赶集还是游玩时都穿着它。游玩时，妇女穿嫩绿或浅蓝的薄纱、丝绸料子的短衣。20世纪六七十年代，城里的妇女将短衣改成了收腰、束胸的贴身型，加长、加宽了衣袖，去掉了身前的口袋，使短衣穿起来更加轻巧、柔美、现代。

2. 下身

裙子是越南最具代表性的妇女服饰。穿裙子的习俗与炎热的气候以及农耕时的便利需要有关。越南人一度将裙子视作自己的民族服饰，以至于黎中兴时期国家曾下令禁止妇女穿裤子以保存国俗。越南妇女的裙子分为开口裙和合口裙两种。肚兜加裙子（不穿外衣，两手裸露）的衣着搭配非常适应越南炎热的天气，因而成为最稳定的越南妇女服饰。

此外，越南女性也穿裤子。越南女士裤多为深色，腰间系绳带，在身前打结。裤子有褐色粗布料的，也有粗丝和丝绸的，高档的有染花单面丝光缎的。以前穿白色长裤是崇洋媚外的表现，被称为"洋鬼子"，凡有教养的人是不允许这么穿着的。19世纪中叶，白色长裤流行于京城顺化的贵族女性群体中，之后逐渐被越南人接受和喜爱。

3. 长衫

长衫，又叫奥黛、长衫裙、越南长袍，是越南的传统国服。在庄重的场合，如庙会、节日、婚礼、宴会、出访等，女士常常着长衫。长衫是越南人在中国服饰文化影响下的一种本土化创造，它定型于18世纪中叶越南阮主（阮武王）时期。据《大南实录前编》记载："男性、女性日常穿着立领、短袖的长衫。长衫两腋要缝严，不得外露。男性只有在工作时才允许不穿这种领圆、袖窄的衣服。"1945年之后，长衫逐渐成为日常服饰。

妇女长衫根据缝制样式可分为四幅长衫和五幅长衫。四幅衣是越南北部妇女的服装,它反映了当时社会的审美观。四幅衣由四块布料缝制而成,其中身后的两块布料在背中央处缝合,前面的两块做衣襟,罩在掩胸衣和黑丝裙外,自然下垂或通过腰带系在一起,衣领高1~2厘米。四幅衣长至木屐,两袖收紧,颜色简单,花纹较少。在传统表演中,深色长衫是农村妇女角色的戏服,其右侧腋下有一排圆形纽扣。四幅衣适合常年从事耕作的农村女性,而五幅衣则是四幅衣的改良,适合闲暇的城市女性。五幅衣与四幅衣类似,只是左衣襟用两块布料缝合,称"大衣襟";穿着时置于右衣襟外侧,不致内衣外露。与四幅衣相比,五幅衣在布料、颜色和花纹上都有改进,穿起来显得更加端庄、高贵。

传统长衫缝制较为宽大,腰部遮严,故意掩盖妇女的身型美。颜色也以深、暗色为主,北部以棕色、暗红色居多,中部顺化地区偏爱紫色,南部多用黑色。在庙会、节日等场合,则需在长衫内穿色彩鲜艳的短衫或肚兜,以增加服饰的亮丽色彩。

20世纪初,受西方文化影响,越南妇女的传统长衫在样式上有了一些变化:四幅衣逐渐变成单襟衣(只有前后两片),并且在腰、领口、袖子的裁剪上呈现出不同的风格。经过越南人的不断改造,一种有别于传统长衫的新式长衫诞生了(传统长衫只在庙会时穿着)。在延续传统长衫含蓄、庄重风格的同时,新式长衫更注重体现越南妇女的身形,主要表现在:(1)色彩多样化;(2)由传统的"五幅"、"四幅"变为前后"两幅",看上去更加端庄;(3)设计更贴身,以突出胸部和腰部;(4)两边开叉更高,及至腰部以上;(5)布料更薄、更软;(6)内衣以胸罩代替短衫和掩胸衣。新式长衫将越南妇女的含蓄、庄重和性感之美展露无遗,很快它便与河内、顺化和胡志明等地的服饰风格结合在一起,成为"家乡"形象的象征,享有"国服"之美誉,并在1995年国际选美比赛中获"最美民族服饰奖"。如今,在农村举行传统婚礼时,新郎可以穿西服,新娘要穿大红或粉红的长衫[①]。白色长衫则是办公服、校服、外出游玩或在家待客的首选服装。

4.鞋子、腰带

越南位于热带季风气候区,雨季较长。以前,每逢雨季,道路泥泞,积水较

---

① 在越南人的观念中,红色是美好、吉利的象征。

多，为了方便，人们在干农活或在室内时常常赤脚，只有天气炎热、出远门、逢庙会、赶集或从事繁重体力劳动时才会穿鞋，有钱人家的妇女才会在平时穿鞋。到别家去做客，人们常赤着脚走路，将鞋子拿在手中、别在腰间或挟在腋下，快到地方时才将双脚洗净穿鞋入内。

越南妇女常穿的鞋有木屐和拖鞋。木屐用老的竹根制成，鞋尖上翘，鞋底可厚达6厘米，便于下雨天在路上行走时防泥，庄重场合一般要穿红漆木屐。1910年，越南出现了一种用木头和橡胶制成的"西贡木屐"，很快就风靡全国。越南的拖鞋多为"人"字拖鞋：一块牛皮作鞋底，一根长绳绑在脚面上，一根短绳卡在大拇趾和食趾之间。古时还有一种比较高级的拖鞋，称"弓鞋"，其鞋底漆成黑色，鞋带上有绒毛，鞋尖向上翘起，一般为有钱人家的妇女游玩、婚礼或庙会时穿着。此外，还有草鞋、蒲草鞋、椰子壳鞋和橡胶鞋几种，橡胶拖鞋是越南的特产。

越南妇女系腰带的最初目的是防止下身服饰脱落，并使长衫看起来更利索，后来逐渐具有了修饰形体美的装饰功能。腰带常缝制成长条的布筒形状（又被称作"大象肠"），因而又可做口袋之用，用于放置槟榔、钱物等。

5. 发髻、斗笠

在头饰上，越南妇女常用卷巾将头发盘起，留一小撮发梢在外面，称作"鸡尾"。越语歌谣有云："一爱鸡尾发，二爱言谈温柔可人。"盘发之外还要缠深色粗布、绉纱或黑色丝绒头巾，天冷时将头巾缠成"乌鸦喙"形（在下颚处打结），天热时缠成"铜钱"形（在脑后打结）；南方妇女则喜欢将斑纹头巾披在后脑髻上。

斗笠是另一种越南传统头部装饰，其功能是遮蔽阳光和雨水。斗笠多由竹条和棕榈叶制成，分为扁斗笠和尖斗笠两大类，都需系带。扁斗笠顶平、边宽，内有帽圈，便于防暑；尖斗笠呈利于防雨的锥形，内部由细竹条弯成的大小不同、均匀分布的圆圈来固定，外面用棕榈叶或蒲葵叶层层铺开。越南最具代表性的斗笠是平顶斗笠和"诗篇"斗笠。平顶斗笠又叫平顶笠，是越南最为常见的斗笠，旧时在越南北部妇女中流行。该斗笠由棕榈叶或蒲葵叶制成，顶部形似平菇，直径70～80厘米，箍长10～12厘米。系带由1～8根黑色丝线结成。如今，这种斗笠只用于文艺演出或在北宁省唱官贺时才穿戴。顺化的"诗篇"斗笠在越南最为有名，其特点是薄而轻，两层叶子中间绘有山水画或写上诗歌，当阳光照射时，画与诗就会显现。"诗篇"斗笠制作工艺考究，其叶白而薄，排列匀称，斗笠边缘打磨精细，用白色细线缝合，几乎看不出痕迹。斗笠的系带分彩色绸带①、白色绸带和黑色锦带等。有的斗笠顶中央还放有小镜子，可供妇女在外梳妆之用。斗笠是越南妇女传统服饰的重要组成部分，它增加了越南妇女的含蓄美，在不同的场合，斗笠还被当做扇子、瓢、盆和屏风等。"诗篇"斗笠和紫色长衫一起构成了顺化女性美的象征。

6. 首饰

首饰也是女性服饰中必不可少的，越南东山文化时期的铜鼓上已经出现了戴耳环、手镯、并挂有铜铃等饰物的舞女形象。耳坠、耳环、手镯、项链、脚环等都是越南妇女喜爱的首饰，其中金饰是首选，银饰居其次。越南妇女还喜欢戴水晶耳坠，将长串的金珠链在脖子上围四五圈后吊在胸前，手腕上戴两到四对金手镯。越南人认为戴耳环可使耳垂变长而显得美观，山区少数民族至今还有拉耳垂的习俗。以前，一些有钱人家还喜欢让小孩戴如意②、手镯、脚环等首饰，上配一个或三个小铃铛，以免孩子走丢。

7. 妆饰

越南妇女还有染黑齿和用指甲花染指甲等习俗。陈朝以前还有在身上纹鳄鱼图案，以免下水时被鱼咬伤的习俗。越南人染牙的习俗古已有之，一直保持到20世纪。根据古代越南人的观念，染黑牙对女性和男性来说都是美的体现，还能保护牙齿不受有害细菌的侵蚀。染牙的过程比较复杂，也不乏疼痛。老百姓的方法比较简单廉价，而贵族官员则使用祖传秘方泡制的药水染牙以使效果更持久。染牙之前需先清理牙床，用干槟榔和粉状煤刷牙、剔牙2～3天；染牙前一天要嚼柠檬薄片，并用泡有柠檬的白酒漱口，使柠檬酸浸入牙齿的珐琅层，便于染药更好地吸附在牙壁上。染牙要经历两个阶段：染红和染黑。人们将染料涂抹在香蕉叶、椰子叶或槟榔叶上，裁剪成合适大小后紧贴在牙齿表面，张开嘴躺着，牙齿和舌头都不能动，每隔9～10个小时换一次药；到第二天早晨才能用上等的鱼露漱口，清除粘在牙缝里的染药。15天内只能吞食粥、米线等软食，不能咀嚼，吃完还要用药水漱口；15天后再用药粉将牙齿染黑，最终成为如黑宝石般发亮的牙齿。

---

① 由粉红、天蓝、水绿、杏黄、茄花紫等颜色的新绸编织成。
② 一种金银制磬形首饰。

（二）越南男子服饰

1.上身

越南男子也穿短衫。旧式短衫的左衣襟在外侧，将右衣襟遮去一半，上有五个盘扣、盘花连接左右衣襟。改良后的短衫去除了立式衣领和前衣襟，用西式扣子代替了盘扣和盘花，扣子也从左衣襟上改到了右衣襟上，两侧衣襟下半部各有一个口袋，左衣襟上半部还增加了一个放怀表的小圆口袋。

旧时，为了不失礼仪，上层社会的男子出门或在家待客时要穿深色薄纱短衣。富人热天穿着长衫时在外面套一件纯色或花色的短衣，逢年过节时穿蓝色、黑色纱衣或绣有金银花的锦制短衣；冷天则穿着薄纱、绉纱、缎、锦等料子制成的各种颜色鲜艳的衣服。按规定，平民和小官不能穿锦绣衣，到官府办事不能穿白衣服、不能光着头什么都不戴、不能打赤脚。

长衫不仅是越南妇女的最爱，也是旧时男人在庙会等重要场合穿着的服饰，一些上流社会人士在平时也喜欢穿长衫。男人的长衫只选用黑色、白色或深蓝色薄纱材质，下身穿白色绸裤。现在，除了特别传统的场合，很少有男性穿长衫。

2.下身

遮羞布是越南男人的最早装束。它实际上就是一条缠于腹部一圈或数圈，并将其末端搭于前面的长布。遮羞布穿在身上很凉快，既与气候条件相适应，又方便生产劳动，因此在历史上流行过很长一段时期。遮羞布甚至成为越南男人外在的审美标准，俗语云："男人穿遮羞布留鳝鱼尾，女人穿红肚兜露肩才好看。"阮朝时，还使用不同颜色的腰带①来区分军队属性，如蓝带兵指地方军，红带兵指常驻军，黄带兵指朝廷禁卫军。

如今，越南男人早已不再穿遮羞布，但由于气候炎热，不管大人小孩，大部分人在家时都是上身打赤膊，下身穿裤衩，此种穿法与遮羞布的实质无异。裤子传入越南后，男士逐渐习惯穿裤子。平时多穿棕色或其他深色裤子，祭祀和节日时穿白布裤子，老人过寿时穿桃红色裤子，富翁则穿大红色丝光绸裤或绉纱裤。穿着裤子时，裤腰上缠一条用棉布、柞蚕丝、绸子或绉纱做成的腰带，缠两圈后在前方打结。20世纪初，殖民当局的雇员们常常上身穿一件熨得发亮的白色高领短衫，下身穿一条熨得笔挺的白裤，腰间系一条桃红色腰带，行走在大街上，显

---

① 原文 "khố" 其实指 "遮羞布"，这里译作 "腰带"。

得十分高傲。

今天，越南的男士裤子主要有两类：耷拉裤和细腿裤。耷拉裤裤腿粗、裤裆深、裤腰肥，穿时系腰带，腰带上端多余的裤腰自然垂下，看起来很像女性的裙子。耷拉裤凉快，且裤腿高度可调节，适宜耕种时穿着。细腿裤多为白色，裤腿细、裤裆浅，穿着利索、美观。长衫、绸裤、盘巾、木屐、黑雨伞的搭配构成了越南男士在正式场合的传统经典装束。

3. 发髻、鞋帽

越南男性古时留长发，每逢庄重场合，要将长发在头顶盘成圆形，扎上黑色盘巾，露出头顶；劳作时则盘成斧头形，所戴头巾称斧头巾。鞋帽方面，木屐、布鞋、拖鞋深受男士的青睐。穿长衫时多穿木屐或布鞋；日常生活中拖鞋最为普遍，橡胶拖鞋轻便透气，深受越南人喜爱。较之斗笠，越南男人更喜欢戴帽子，虽然是舶来品，但越南人很早就接受了它。封建时期帽子是官吏的专利；法属时期，帽盔、鸭舌帽、呢子帽大量涌入，深受公职人员喜爱；抗美战争期间，越南人发明了大耳朵帽[①]和草帽。受战争影响，越南男人特别是劳动者至今仍喜欢戴绿色头盔帽。[②]

（三）少数民族服饰

越南共有53个少数民族，总人口约1 300万，占全国人口的14%。各少数民族在长期的生活中也形成了自己独特的服饰文化，是越南服饰文化的重要组成部分。

几个人口较多的少数民族，如岱依族、泰族、侬族、芒族等，其男子服饰与越族差别不大，普遍穿蓝色、黑色、白色等的无领对襟上衣和蓝、黑、褐色的宽腿长裤；但妇女服饰仍保留着传统的民族特色，如泰族妇女喜欢穿缀有两排漂亮蝴蝶形银制纽扣的对襟紧身短衣，下身穿一条长至脚背的紧身筒裙，下摆织有雅致秀丽的图案，具有鲜明的民族特色。

苗、瑶等山地民族的妇女服饰也具有本民族的特色。苗族妇女传统服饰由斗笠形折裙、前襟开缝带有短围胸的上衣、围裙、腰带、绑腿组成。而瑶族支系的

① 大耳朵帽源自南方解放军的军帽。

② 许多中国人认为越南的绿色头盔帽很难看，但是这种在抗美战争期间广泛流行的帽子有自己独特的优点：首先，绿色是热带丛林的底色，绿帽子、绿军装有利于战士隐蔽；其次，正宗的头盔以藤条为主要原料，非常轻便透气，比较适应炎热的气候；最后，保护功能也比较突出；因此这种帽子深受越南军人的喜爱，便逐渐在民众中流行开来。

名称则是由妇女服饰特点而来：红瑶妇女头戴红巾，胸前缀有红花图案；钱瑶妇女衣领后钉有几枚铜钱，故名钱瑶；角昂瑶，姑娘出嫁时要戴一块缀有兽角形木块的头巾；青衣瑶，穿青色衣服，头戴角状帽；白裤瑶，姑娘出嫁时穿白色裤子；窄裤瑶，妇女穿长衣，过膝短裤，等等。

各少数民族普遍喜欢戴装饰品，如侬族，男子戴手镯和戒指，妇女戴项圈、项链和手镯、脚镯。越族、泰族男子喜欢在身上纹龙形图案。布娄族男女都有纹身、纹面习俗，还有锉齿习俗，不论男女到了青春期就要将4颗上门牙锉短锉齐，以此作为成人标志。芒族少女有纹唇的习俗。

三、服饰穿着现状

近年来，越南人的衣着观念在逐渐发生变化，在服饰穿着上显出多元化的特点，尤其是在河内、胡志明市等大都市，人们对衣着的审美情趣越来越多元，对衣着的宽容度也在不断增加。

女性服饰方面，长衫或者长衫裙仍然享有独尊的地位，凡重要场合，女士必穿长衫。传统长衫裙以白色丝绸质地的居多，但是现在，其他颜色也越来越受到越南妇女的喜爱，如红色、黄色、绿色、棕色，紫色等等。在颜色的多元化之外，长衫裙还往精致化、艺术化的方向发展，不少经济条件优越的妇女选择在长衫裙上用手工刺绣，一般选择荷花、凤凰等作为图案。

此外，都市妇女的衣着还越来越追求时髦，衬衣、T恤、裙子、风衣、牛仔裤等应有尽有。尤其是裙子的穿着逐年增多[1]，但是牛仔裤仍然是都市青年女性的首选。女学生的衣服大多较差，化纤质地的衬衣比较普遍。中年女性注重穿着的比例在上升，但是仍然有不少人穿着睡衣上街。首饰使用普遍，以金饰为主。

男人的穿着以衬衣和西装裤为主，休闲装还不多见。正式的场合越南男性一般着西装或裤子加短袖衬衣配领带，一般的工作场所也多着衬衣长裤。青年男性穿着T恤的比例在增加，但短裤仍不能被接受，凡穿着短裤的男性一般都是外国

---

[1] 笔者2004—2005年在越南留学，在河内大街上很少看到越南妇女穿裙子，当时很不解，因为越南的气候湿热，穿裙子凉快又美观，是十分应时的穿着。后来逐渐了解到，首先越南的传统观念里认为衣着应含蓄，因此对穿短裙和短裤是不太认可的；其次，越南妇女多骑摩托车出行，穿裙子非常不方面。2007—2008年笔者再次到越南访学，河内大街上穿裙子的姑娘明显多了，越南朋友还告诉我，穿套装裙的一般是合资公司或外资公司的白领，穿迷你短裙的多是"太妹"，穿长裙的多为有国外生活经历的女性等等。

人，这也从侧面反映了越南人在衣着方面的相对保守。

不分男女，拖鞋和凉鞋的穿着很普遍。白领女性穿时装拖鞋，社会地位较高的男性穿皮质拖鞋或凉鞋，社会底层民众多着橡胶拖鞋。橡胶拖鞋价格便宜、防滑耐用，深受越南人喜爱，拖鞋的造型和制造工艺也日益改进。

第三节　民居

民居，或称住所，它是人类应对自然环境所建造的居所，是稳定生活的基本保障。越语俗语云："第一阳居，第二阴府"，意即不管是生前还是死后，住所都是最重要的。

一、越南民居的特点

每一种文化都会利用现有的材料和建筑经验建造出适合本地区自然和人文环境的居所。越南人的居住方式也不例外，受阴阳学说、和谐生活观念的影响，其特点具体表现在以下几方面：

（一）伴水而居

越南多江、河、湖、海，这不仅是稻作文化的基础，还影响到越南民居的选址。方便地获取水和食物是生存的第一要务，因此不同地域的居民也因应这一特点，建构起自身的亲水居所。

最为典型的亲水居所是水乡地区的"船屋"。越南以水为生的人往往以船为家，很多这样的家庭聚居在一起就形成了非常有特色的"浮村"。1909年一位西方人这样描述道："越南人非常喜欢水，相比岸边，他们更喜欢生活在水上。所以大部分江河都布满了船，这些船就是他们的家。船非常干净，哪怕是他们在船上养家畜。"[①]此外，越南的许多村庄都坐落在江、河、湖、海的岸边，不仅便于取水引用、引水灌溉、日常洗濯、捕鱼捉虾，还便利出行。

高脚楼[②]也与水有关，其居室脱离地面的结构在应对涝灾方面非常有效。此外，这种建筑样式还与气候、环境、建筑材料有直接关系——气候炎热、雨量充

———————————

① 前揭［越］陈玉添：《越南本色文化探寻》，第405页。
② 也称高脚屋、吊脚屋、吊脚楼等，丘陵和山区非常普遍。

沛、虫蛇猛兽多的地区，以竹木为墙的高脚楼安全舒适，是人们的理想居所。高湿度地区的仓房也建成高脚楼样式。古代百越民族很早就掌握了高脚楼的建筑方法。根据考古学的资料，越南在东山文化时期，高脚楼已较为普遍。17世纪的很多村亭也仿照高脚楼的样式修建。如今，在越南的农村、山区以及易被水淹的地区高脚楼还处处可见。

水对越南民居的影响还体现在人们仿照船身建造弯形屋顶。东山时期的高脚楼已经有了这种屋顶，出土的铜鼓文物上也有这种屋顶的图案。弯形屋顶房屋两头的柱子比中间的高出3、4厘米，房顶、特别是村亭寺庙、宫殿的四角像弯刀一样向上翘起，给人一种洒脱和流畅的美感。到后来，为了简易，老百姓将屋顶修成直线型，只有大型建筑，如村亭、寺庙、宫殿、官府等才采用弯屋顶。现在西原地区的鼓楼、坟屋也都还是这种弯屋顶。

（二）朝向和风水

受中国阴阳五行学说的影响，越南人在建房时非常重视朝向和风水。选朝向和看风水是越南人建房的第一步。越语俗语说："娶媳妇要找女人，建房子要朝南边。"可见房屋朝南与媳妇是女人一样天经地义。越南东面临海，处于热带季风区，只有南向或东南向是最佳朝向。因为这个朝向可以避免与来自西边的炎热、东边的风暴以及北方的冷风正面相对，还可以享受炎热季节来自南边或东南的凉风。俗语说："南风送凉睡得香。"越南古代城墙都将南门作为正门，如果有两个南门，则以东边（左边）的为正门，如古都顺化的午门就位于南城墙上。

房屋朝南，屋脊则为东西朝向。同中国人一样，越南人也有重视东向（左边）的传统。因此，作为一家生存保障的厨房，自然就被设在正室左边，面朝西向。根据民间的经验，这种设置能够防止来自东边的海风吹乱柴草而引起火灾，还能防止家庭闹矛盾。与之对应，越南人最重要的家神——掌管厨房和家庭之事的土公（也即灶君）的供桌也位于祖先供桌之左，同时越南土公还借用了中国灶神"东厨司命灶府神君"的神号。

除了朝向，越南人建造阳宅和阴宅时重视"择地"——看风水。风水说源于中国，究其本质，它是农业社会的人们在定居过程中的精细化需求和丰富劳动经验的总结，体现了人们对居住环境进行选择、处理的观念和方式，只不过这一环境规划科学被阴阳五行学说披上了一层神秘的面纱。在越南民间，风水是仅次于宗教信仰的行为。相比而言，人们更注重阴宅的风水，因而在选择墓地时要请风水师；阳宅风水则更多体现在寺庙、村亭、村落、都市建设中，普通百姓的居所多只看朝向而已。

在农村，房屋一般建在离鱼塘、果园近的地方。此外，越南人建房选址还要看周围的乡亲邻里以及交通是否便利等等。如今，越南人"择地而居"的观念凝练成了"一近市，二近邻，三近江，四近路，五近田"。可见越南民居在解决了朝向、风水问题之后，还有更多务实的考虑。

（三）排水和通风

越南民居在排水、通风纳凉等方面都有相应的设计。排水方面，首先，民居多采用人字形屋顶，倾斜角一般大于45°[①]，除了审美的因素外，还因为这种屋顶非常利于雨水的快速下泄，可以预防渗漏和屋顶腐烂，适应多雨的气候特点。其次，在屋基四周开挖排水沟并引到公共泄水沟渠，一方面可以预防雨水浸泡屋基，另一方面还可以防止从地势高处泄下的水冲刷屋基。通风方面，越南民居一般采取高屋基、高屋顶设计。高房基的主要目的是防水淹、潮湿和虫蛇，但也有增加受风面的考虑；高屋顶则主要是为了创造宽敞、通风的居住空间以应对炎热、多雨的天气。

门的设计也独具特色。门不能高，而是要宽。门高会导致阳光和雨水的进入。为了避免阳光直射，人们还编制竹帘挂于门檐上，或在房屋外围修建走廊，使屋檐延伸较远，避免雨水腐蚀木柱。宽门设计是为了让更多的凉风吹进屋内，山墙处常留一个三角形的空间以排热气和炊烟，以此构成一个完备的通风系统。同时，为躲避强风，在建造宅院时需将院门和房门的位置错开，一般来说房门居中、院门偏右，并且绝对要避免让门正对马路。[②]

（四）房屋架构

越南民居房屋的主架构是六面体，由柱、梁、椽、桁等搭建而成。具体而言，垂直方向上由房柱，包括主柱、小柱、轩柱来承重，柱子要切削成杆秤形，上端小下端大，叉开竖立，便于分散受力；水平方向上由椽子、桁等将各个柱子相连；

---

① 当然，屋顶坡度不是越大越好，而是使屋顶所在直角三角形的两条直角边呈3∶2（水平为3，垂直为2）的比例为宜。而在沿海地区，屋顶坡度宜小不宜大，主要是为了减小台风对房屋的损坏。

② 民间认为，如果不这样做家庭子女会多病、死亡或绝嗣，如果无法避免，则要用绿树屏风或砖墙遮挡。

纵向又有各个梁，包括顶梁、上梁、中梁、下梁、底梁等将椽子相连；各部分通过榫头（木屋）、插销（竹屋）、拴绳等连接，装卸非常灵活。房屋的各个面则由土砖、薄竹或木板等材料建成，起到遮挡风雨的作用。历史上，越南阮朝的嘉隆皇帝曾将河内的一些宫殿经水路运到顺化，又将位于顺化的祠堂运至河内。为了避免洪灾，人们还将二征庙和镇国寺从红河沿岸转移到现在的位置。正是由于这种灵活性，在越南买卖房屋和买卖土地是分开的。

越南木匠使用寻尺进行丈量。寻尺取材于一种比房柱稍高的分叉的竹子，在其内壁上刻上刻度便能作为丈量的工具。但是，寻尺长短不一，其长度一般等同于家中主人的一拃——大拇指和中指两端的距离，并且在丈量房屋时只能使用自家的寻尺，因而使得各家的房屋在规格上打上了特定的烙印，寻尺也就成了家主对房屋所有权的象征。当房屋建好后，要举行意在向土地神报告的隆重仪式，并将寻尺置于房梁上，只有到修缮房屋需要丈量时才能取下。

（五）建筑布局

越南民居的房屋布局相对固定。房屋分正屋和侧屋，正屋一般为三间，中间为堂屋，两边为厢房，有宽大的屋檐。屋檐下挂着一层便于拆卸的竹帘，既能保护隐私，又能扩展空间，夏能遮阳，冬可挡风。堂屋是用来用餐、祭祖和待客的场所。厢房一般不设窗户，用作卧室或储藏室。侧屋主要包括厨房、厕所、猪舍、鸡圈等。正屋和侧屋按照"L"形布局，屋前有个院子，院子里有菜地和池塘——池塘形成于房屋奠基时留下的坑，池塘周围种竹子、榕树、椰树、槟榔树等多年生植物。

房屋的内部布局反映了越南文化的集体性特征。旧时，屋内一般不再分独立的小房间，未成年的子女往往共居一室。越南人有供祖、好客的传统，位于中间的堂屋优先留作此用；堂屋正中靠北墙的位置摆放着祭祀祖先的供桌，外侧是用来接待客人的桌椅。供桌（或牌位）的摆放也是有讲究的，内戚居左，外戚居右；父母过世的话则父母居左，祖父母居右；这反映了越南人重视左边的文化传统。此外，村社中不少家庭之间仅用一排稀疏的短树隔开，便于两家交谈，必要时只需穿过这排"栅栏"便可走近路到对方家中。

越南建筑的布局还体现了越南人尊崇奇数的心理。奇数是阳数，在世的人应该使用阳数。比如，进入寺院、村亭的门有3个门洞；进入屋内的台阶一般是3级；

老百姓的房屋一般分成3间或5间；城墙一般是3道。午门成倒立的"U"形，正面有3个主门——供皇帝和官员通行，两边各外加1个旁门——供士兵和牲畜通行，城门楼顶有9组屋檐。相反，偶数是阴数，只有过世的人才使用偶数，比如越北、西原地区少数民族坟屋的阶梯数为偶数。

（六）就地取材

越南丰富的植物资源为建房提供了丰富的材料，其中竹子和木材是最现成，也是最常用的建筑材料。竹子有降温、挡风、改善生态环境等作用，越南人善于发挥不同种类竹子的特性，将其运用于不同场合。毛竹、大箬竹粗大肥厚，经火烤后耐压性强，可用作房柱；金丝竹细软如树皮，延展性强，可用作桁条；薄竹可以用于建造屋檐和糊墙；此外还有细竹、大竹、玉竹、江竹、藤竹等等。为防虫蛀，要先将竹子水煮，而后劈开，放到火上烤至冒烟，再浸泡于淤泥中一年后取出，竹子如米线般柔软易弯曲，晾干后抗蛀能力极强。越南人喜爱竹子，并将其视为民族性格的象征。

名贵木材是建造房屋的理想材料，如金丝楠木、格木、朴树等是建造寺庙、宫殿的常用木材，而苦楝子木、菠萝蜜木是最常见的民居建材。在越南农村，人们结婚建房之初，要在院子一角种上一片竹丛、一排苦楝子树和几棵菠萝蜜树；20年后，当子女娶妻嫁夫时，这些树木也已成才，可做子女建房之用。苦楝子树高而直，树根切圆可作桩，树身树梢削剪可作柱、梁、椽，且有很好的防虫效果。屋顶则多使用稻草、蒲草、椰子叶、茅草和薄竹。在南部，人们先在椽上浇一层黏土，再盖上棕榈叶、椰子叶，能起到很好的隔热、防火作用。

墙砖和瓦用土烧制。砖有十字砖、方砖、圆砖、盒砖、曲尺砖、柚瓣砖、多角砖等等，瓦分为阴阳瓦、平瓦、龙鳞瓦、琉璃瓦等等。越南人还创造性地将螺壳、蛤蜊壳烧成灰，与沙子、揉烂的细草纸或糯米秆、树皮、甘蔗汁混合搅拌，制成一种粘性非常强的石灰涂料，用于塑造弯形屋檐和屋顶上的龙、凤、麒麟、鳄鱼等饰物。

二、现代民居样式

尽管各地的环境、气候、生产习惯不同，但越南农村民居保持了大致相同的结构。在北部，正房和厢房成"L"形；在南部则成"T"形，门皆朝南。在红河平原地区，一般每家都围有一个小院子，房前屋后常常有槟榔或菠萝蜜树，院子里总要留出一块小地种花、种菜。几十户、上百户组成一个自然村，北方的村庄周围一般有茂密的竹丛环绕，南方的村庄则隐没在椰树林中。每个村庄一般建有村亭或寺庙，位于村寨中央，村亭是村社传统的"政治中心"，也是节日举行庆祝活动和平日闲聚的场所。竹丛、榕树、椰林、槟榔树、池塘和村亭（庙）构成了平原地区越族人传统的村舍特征。

在城市，越南人的住房主体为自建房，一般是临街一面较窄，宽度从两米到十几米，纵深则一般超过10米，有的甚至长达30米。形状细长，通常建二三层，少数也有建十几层的。第一层一般为客厅和餐厅，设祭祖供桌，如果没有院子，晚上还放摩托车；第二层以上每层结构类同，一般有卧室、卫生间等。房屋外墙一般刷成土黄色，窗户使用百叶窗，颜色以深绿色居多。随着城市化进程的加快，城市土地日益短缺，自建房由于土地使用效率较低，难以规划和管理，政府开始鼓励房地产商开发出售公寓房，河内的美庭新城是较典型的代表，而且正逐渐被城市年轻人认可。

泰族、岱依族、侬族、芒族一般住竹木结构的高脚屋。少数民族多居住在山区，而高脚屋非常适合依山建构，还兼具防潮、防野兽和毒虫等功能，屋脚空间可以住牛、猪等牲畜，可谓一举多得的建筑模式，充分反映了民族智慧。

岱依族的住房形式较有特色，住房主要有三种形式：高脚屋、平房、防守屋。高脚屋最为普遍，有木结构和土墙结构两种类型。防守屋多见于边境地区，墙高而厚，一般不开窗户，四角有岗楼式建筑，下面是地堡，所有的房间都有暗道相通，墙上开有枪眼，有的还在房屋四周挖有壕沟，布有尖桩和鹿砦。

第四节　交通

交通在人类社会发展和文化交流中有非常重要的地位，助推人类不断拓展生存和交际的空间。交通包括道路和交通工具两个基本要素。传统越南社会是自给自足的小农社会，人们安土重迁，较少有交通需求，即便出门也只是到附近的地方，有的人甚至一生都没有踏出自己的村社。但是随着经济社会的不断发展，交通需求日益增大，由此催生了越来越快的交通工具，人们的活动半径也越来越大并逐渐形成了全国性的交通网络。

首先，随着生产力的提高，产生了剩余产品，对剩余产品进行交换催生了集市，并逐渐形成以集市为中心的区域交通网络；其次，国家政权要有效实施国家管理则要修建驿道方便公文往来；最后，集市，进而城市的兴起进一步刺激商业发展，货畅其流的要求进一步丰富了道路网络。

农业社会相对近距离的交通活动及耕作格局形成了以人力为主的交通方式，这一时期，徒步是最普遍的交通方式，人既是交通需求的主体，又是交通的提供者。而道路则主要是连接周围村庄的小路，需要过河则依靠简易木桥或者渡船。在运输方面，主要依靠人的手、头、肩、背负载物件，越语中有"提"、"拉"、"捧"、"抱"、"驮"、"夹"、"扛"等许多表示人力运输的词汇，充分表明越南古代人力运输的多样性。其中，较有越南特色运输方式是"顶"；时至今日，头"顶"的携物及售货方式在越南大街小巷仍然随处可见。

随着交通需求的增加，牛、马、象等动物逐渐被用于交通运输。牛的优点是温顺、耐久、负重和相对易得，缺点是慢；马的优点是快、负重性较好，缺点是成本较高；象的优点是负重性好，缺点是难以家养且成本高昂。木轮车和牛、马的结合进一步提高了运输效率。

到阮朝，越南建立起了相对完备的全国性驿站系统，但一封公文从顺化转至嘉定也需4天时间。这一时期，马是主要的交通工具，驿道是全国道路网络的骨干。到法国殖民时期，城市出现了三轮车①，并逐渐取代了人力拉车，一度成为越南都市最普遍的交通工具。

河流密布的自然地貌经常造成道路被分隔，为了解决道路的连接，越南人很早就知道造桥，他们发明的移动浮桥比欧洲早好几百年。桥在越南随处可见，其种类不胜枚举，按建造材料可分为竹桥、木桥、石桥、铁桥、藤桥等。此外，越南还有一些颇具特色的桥，比如："猴桥"——只用几根竹子首尾相接做桥身的桥，走起来很摇晃；船桥——以船身做桥；瓦桥——有瓦顶和石凳，可供行人休憩；寺桥——桥上有寺庙供游客拜佛；云桥——横在山间深渊上，有如架在云端。

与传统陆路交通的缓慢发展相反，越南传统的水上交通发展较快。越南河流

---

① 越南的三轮车车斗在前面，既可以拉货，又可以载客。载客时，客人坐在车斗里一边听车夫介绍、一边毫无遮挡地欣赏城市美景，极具越南风情。今天，在越南的都市中，三轮车已经很少被用于拉货，主要用于都市旅游。

众多，水网密布，舟楫往来比陆路交通要便利和经济得多。红河平原众多的运河、水渠、水道也从侧面证明了该地区水上交通的便利和兴盛。越南人很早就掌握了造船技术，从独木舟、竹筏、木筏、小扁舟、竹篾船等简单船只逐渐过渡到龙舟、木船、帆船等做工复杂的船只。到17世纪，越南成为亚洲参与世界帆船贸易的重要国家，云屯、浦献、会安等一度成为兴盛的国际贸易港。

总结起来，历史上越南交通领域凝结的物质文明主要包括驿站系统、水上航道以及各型车船的引进、发明和使用。近代以来，随着蒸汽机的发明，火车、汽车、飞机、轮船相继问世，并渐次传入越南，越南也逐步建立起了与这些现代交通工具相适应的道路系统。

一、陆地交通

现代越南的陆上交通种类齐全，火车、汽车、摩托车、自行车、三轮车等应有尽有，但是最具越南特色的交通工具还是摩托车。陆路交通网络也日益完备。

(一)铁路交通

铁路方面，今天，越南铁路交通线总长达到2 855公里①，基本建成了以统一铁路为干线的全国铁路网。主要铁路线有：

1.河内—海防，长102公里；

2.河内—太原，长76公里；

3.河内—同登—广西凭祥，长165公里；

4.河内—胡志明市(统一铁路)，长1 729公里；

5.河内—老街—云南河口，长283公里；

6.(太原)同喜—汪秘—鸿基(下龙市)，长178公里；

7.大叻—宁山—新美—藩朗西，长108公里；

8.泰和—黄刘，长35公里。

此外，还有一些工矿、码头专用铁路线。

越南的铁路除个别短途支线系新修建的以外，主要铁路线都是19世纪末到20世纪初修建的，且经受过战争的破坏，目前只能保持基本运营。此外，越南

---

① 本数据只计算干线里程；有的统计数据为3 259.5公里，是由于计算项目包含了工厂、码头专用线。

铁路轨道宽度不统一，大部分铁路线为米轨①，部分线路为准轨②，还有的线路为套轨③，由此造成运力低下。铁路多处急需维修或重建；铁路沿线共有大小车站260个，多数陈旧破烂；使用的信号设备多数还是半自动化设备，只能保证180～300公里范围的通讯联络；总之，越南铁路路轨差、调度不力、运力低。在火车机车和车辆方面，越南近年来也加大了改造提升的力度，不断提升火车乘坐的舒适性。

（二）公路交通

公路方面，越南全境公路线总长约18.1万公里，分为国家级公路（国道）、省级公路、县级公路、乡级公路、城市街道马路、专用公路线共6种。其中国家级公路（国道）全长15 065公里，主要干线有：

1A号公路：河内—宁平—清化—荣市—河静—洞海—东河—顺化—岘港—三圻—广义—归仁—绥和—宁和—芽庄—金兰—藩朗—边和—胡志明市，长1 768公里；

1B号公路：河内—北宁—谅山—友谊关，全长194公里（实为1A号公路向北延伸线）；

1N号公路：胡志明市—美萩—芹苴—朔庄—薄寮—金瓯，长360公里（实为1A号公路向南延伸线）；

2号公路：河内—越池—宣光—河江，长318公里；

3号公路：河内—太原—高平，长305公里；

4A号公路：谅山—高平，长132公里；

4B号公路：谅山—禄平—亭立—先安—海宁—茶古—玉山，长201公里；

5号公路：河内—海阳—海防，106公里；

6号公路：河内—山萝—莱州，长511公里；

7号公路：演州（乂安省）—南根（越老边界）④，长225公里；

8号公路：荣市—浦州—金刚—胶纳（越老边界）。长109公里；

9号公路：东河—辽保（越老边界），长98公里；

---

① 轨距为1米。

② 国际通用的铁轨宽度轨距为1.435米，凡同此标准的轨道称准轨。

③ 所谓套轨即准轨里有米轨。

④ 再向西进入老挝境内，可达川圹、琅勃拉邦。7号公路和8号公路是老挝通往东部出海口——乂安省炉门港的两条极为重要的通道。9号公路向西直通老挝的沙湾拿吉。

10号公路：宁平—南定—太平—海防—表仪（广宁省）；

11号公路：河内—老街，长346公里；

13号公路：胡志明市—禄宁—越柬边界，长154公里；

18号公路：海防—鸿基—先安，长209公里；

19号公路：归仁—波莱古—德基—越柬边界，长238公里；

20号公路：藩朗—大叻—保禄—边和；

22号公路：胡志明市—西宁—柬埔寨，长141公里；

51号公路：胡志明市—头顿，长125公里；

80号公路：芹苴—迪石。

其他公路包括省级公路①36 255公里，县、乡级公路129 259公里。

越南公路总体质量较差，年久失修，负荷过重。具体而言，广治以南的南方公路比北方公路好，路面稍宽，柏油罩面的路段较多。从路面结构看，罩面路②87 941公里，占48.7%；石子路8 898公里，占5.0%；基配路37 060公里，占20.5%；土沙路46 650公里，占25.8%。近年来，越南加大了对公路建设、改造的力度，尤其是高速公路③建设成效比较明显。河内—内排，河内—海防，河内—北宁（部分），河内—河西工业园，河内—府里，胡志明市—头顿高速公路相继完成改造、升级。

城市街道方面，传统的老城区一般街巷纵横弯曲，道路狭窄，多数只能勉强满足车辆双向通行。不少巷子只能走摩托车。法国殖民时期规划建设的一些街道相对较宽且直，排水设施比较完善，多数成为都市的主干道。

公路交通的主要工具是各型汽车和摩托车，以及自行车和三轮车等。在革新开放以前，越南的汽车主要从苏联和中国进口，还有少部分缴获的美式汽车。革新开放以后，国际上不少汽车企业到越南投资办厂，生产合资汽车。今天，越南的大街小巷可以看到世界各地的汽车品牌，汽车越来越多、越来越好。

在越南，摩托车是越南人首选的交通工具，大街小巷、城市乡村无处不见的摩托车使越南获得了"摩托车王国"称号。越南人的摩托车车技也堪称一

① 指多在一省内或不超过两省内的公路，由各省管理，俗称省道。省级公路以下属地方性公路，常常没有编号和名称。
② 罩面路指柏油或水泥路面，属于高质量公路。
③ 越南的高速公路多不是完整意义上的高速公路，类同于高等级公路，中间有隔离带，但有平交路口。比如河内至海防的5号公路。

绝，在河内，经常看见一辆摩托车乘坐七八个人风一样地在街上飞驰；或者在摩托车的脚踏部位放置大量货物，骑手趴在货物上，双手握车把，两脚腾空疾驰而过。

大量的汽车、摩托车与狭窄的城市道路构成了一对难以解决的矛盾。现在，堵车已经成了大都市每天都要上演的剧目。此外，由于安全意识不足等原因，越南的车祸造成的死伤情况每年都很惊人。

二、水上交通

越南全国河网密布，水渠通连，海岸线绵长，水上通行十分便利。便利的水上交通也催生了不少都市，越南历史上的很多城市都沿河或临海而建。沿河城市有：越池（红河）、河内（红河）、清化（马江）、荣市（大江）、顺化（香江）、胡志明市（西贡河）和芹苴（后江）等；沿海城市有：云屯、会安、海防、岘港、归仁、藩朗、藩切、头顿等。这些城市首先形成以自己为中心的辐射状水路网，然后再通过干线水路与其他水路交通枢纽相连，形成全国性、甚至是国际性的水上交通网络。

早在东山文化时期，今越南土地上的居民就开始以船为交通工具了，这一点可以从铜鼓上的船形图案得到印证。3世纪，交趾之地出现了能承载上百人，并在海上航行的大船。17世纪，越南的造船工艺已达到较高水平，黎朝时期出现了长26～30米，宽3.6～5米，能容纳34～50只桨同时划行，载重35～50吨的战船。到18世纪末，越南制造的海船长达15～24米，安全性能较高，触礁也不易沉没。

越南的船类型多样，分为舟、艇、筏、排、轮、船、舫等。具体而言，又有乌篷船、帆船、梭形船、渔船、龙船、独木舟、舢板船、竹篾船、夹板船、巨舫、平头艇、渡船、竹船等等。《嘉定城通志·风俗志》记载："嘉定船艘处处有之，或以船为家，或籍以趁市探亲，运柴米，行商贾，尤为利用。而满江舟楫，日夜往来，舳舻相接，故多有抵触毁伤以构于讼者。"[1]船之于越南人的重要性和其灵动性使得人们认为它是有灵魂的，于是产生了画眼于船的习俗。人们相信船眼能帮助船只躲避怪兽和蛟龙，帮助渔民打到更多的鱼，帮助商人找到安全的港口等。船不

---

① ［越］郑怀德辑，戴可来、杨保筠校注：《岭南摭怪等史料三种》，郑州：中州古籍出版社，1991年，第179页。

仅是越南人主要的交通运输工具，而且还构成了生活场所，甚至有人将棺材也做成船的形状，便于去世后在另一个世界出行。

内河航运方面，越南河流众多，总长约4.1万公里，内河运输潜力较大，但是现在通航里程还相对有限。原因主要有：（1）航道条件有待改善，深水航道较少，越南的不少河流流程短、落差大，适宜通航的里程较短；（2）北方的河流淤沙较多，不少河段河床较浅，通航吨位小，影响运输效率；（3）内河航运需求不足也限制了内河航运的发展；（4）码头等基础设施的条件也有待提高。

海上交通方面，越南海岸线长，岛屿众多，有大量天然良港；同时，位于世界上最繁忙的海上航线①附近，方便融入国际航线。主要国家级港口有：盖遴、海防、芽庄、岘港、归仁、金兰湾、西贡、头顿等。近年来，远洋运输业发展很快，目前已有用于远洋运输的300余艘大小轮船。同时，白藤、海防、三泊3家造船厂，已具有设计制造远洋大船的能力。越南正修建或扩建一些能供巨轮进出的现代化港口，如：3万～5万吨级的盖遴港，1万吨级的岘港港新码头，5万～7万吨级的头顿港新码头，宜山、罗岛、头盘、榕橘等地的专用水泥、石油、煤炭码头。扩建西贡港、岘港港、海防港，使其成为越南的三大支柱港口。但是，目前越南的港口服务还存在着多头管理、缺乏效率等问题。

三、航空运输

越南航空运输业起点低，但是发展较快。1954年10月，越军从法军手中接管河内市东郊的嘉林机场，标志着越南航空事业的开始。1956年4月，越南正式开通了河内—北京第一条国际航线。1958年，开通了河内—荣市，河内—洞海，河内—奠边府3条国内航线。1975年统一后，航空运输业得到较快发展。1976年2月11日，越南民航总局②成立，并组建了航空飞行大队。1977年，越南民航运送旅客21 000人次，其中7 000人次系外国旅客，空运货物3 000吨。1989年，越南组建航空总公司；1993年4月又改组为直属国家民航总局的越南国家航空公司。此后，越南航空运输迎来了爆发式增长，1996年空运旅客达90万人次，空运货物达1.2万吨。2010年，越南航空完成旅客运送达1 414万人次，空运货物

① 连接太平洋和印度洋，穿过马六甲海峡的航线是世界上最繁忙、最重要的海上航线。
② 其时，在业务上与空军仍属一个指挥系统。

达17.6万吨。

在机场建设方面,越南规划建设52个机场[1],除了新山一、内排、岘港3个最大的机场为国际机场外,还计划把海防、朱莱、龙成建成备用国际机场。随着革新开放的推进,越南与国际社会的交流日益频繁,为了满足日益增长的航空运输需求,越南航空公司通过购买或租借等方式不断增加运营飞机的数量,以扩大运力。同时,加快机场等航空基础设施的建设,近年来,已经对吞吐量最大的3个国际机场进行了改造升级,包括更新导航设备,新建、扩建候机设施等。

总体来看,越南的交通水平和交通能力都还在不断提升之中,其中比较突出的是水上交通,尤其是海洋运输,这符合越南临海、河流多的自然条件,具体表现为造船能力不断提升,远洋运输量逐年增加;其次,航空运输业发展迅猛,可以预计,随着越南与世界的交流日益加深,航空业还有更大的发展空间;最后,陆路交通方面,越南也正打造自己的高速公路体系,虽然还面临资金、拆迁等诸多困难,但是越南狭长形的国土非常需要一条纵贯南北的高速公路,预计将来会逐步实现。

第五节　南医南药

越南将自己的传统医药称为"南医南药"[2],其实质是将中医的理论与本土的药材相结合的理念及实践,可以说南医南药是中医中药的一个支系。具体而言,南药的独特性或民族性更凸显一些;南医的越南特征主要体现在医治手法方面,其理念和药理均源自中医。

中医理论认为,人与自然是一体的,要遵循自然规律和人体节律。当人体自身的循环与大自然的循环节奏吻合,身体就会健康。这个朴素认知深为越南民众推崇,他们也认为:(1)"一物降一物",一种疾病发生了,一定有某种药物可以克制病原,而且这个"克星"一定就在我们的身边,找到它既需要经验或实践,也需要"神灵"的指引;(2)采用身边的动植物或天然存在的药物来治病,才是最

---

① 投入日常运营的机场有22个,其他多数机场为抗美战争时期遗留下来的,只能起降小型飞机。

② 因越南位于中国南方,越南人习惯上将中医中药称作"东医北药",将自己的传统医药称为"南医南药"。

安全和最科学的；（3）治未病或未病先防，从生活的细节做起，特别是从心境的调养和起居饮食做起，发现身体不适，或不同的季节和环境何种疾病的发病率会高，就提前做相应的预防；（4）食药同源，以食养身，在越南民间，很多蔬菜其实都是可以入药的，如鱼腥草、荆芥、野薄荷、柠檬、紫苏等；（5）大病靠养，小病要防，这也是越南民众普遍接受的观点，如对于普通人来说，得了大病先在医院进行前期的治疗，等病情稳定以后就回到家里用中药调理和修养。今天看来，这些理念都还闪烁着智慧的光芒。

一、南医南药的缘起和发展

（一）中医传入越南

历史上，中越两国的医药交流比较频繁，越南有很多人到中国学习医术；而越南的很多花草和植物种子传到中原后被发现有药用价值而成为中草药，例如"薏苡仁"就是在汉代从越南传入中原的。作为越南的传统医药，南医南药有其独特性，主要体现为药材的特殊性和操作的简易性，但从系统性和精细程度上看，与中医中药还有较大的差距。

随着中越两国交流，中医也很早就传入越南。据传，公元前257年，中国医生崔伟曾治愈雍玄和任修的虚弱症，并写下一部医书《公余集记》，在越南流传。这可能是中医和中药传入越南的开始。①秦汉以来，中医和中药传入越南形成了"北方学派"；三国时代名医董奉游交趾，士燮"气绝三日"，董奉进以药丸治愈；南北朝时期，南朝阴铿的妻子患病，被当时到越南采药的苍梧道士以"温白丸"治愈。此后，随着两国交流的日益频繁，中医中药在越南传播更加迅速和广泛。李朝时，中国高僧明空曾经把李神宗从死亡线上救了回来，被封为"国师"。13—14世纪，中国的针灸疗法在越南广泛传播。隋唐至宋元时期，《内经》《脉经》等中医药典籍已经传入越南。明清时期，中医中药在越南影响达到顶点，明代张介宾的《景岳全书》、李时珍的《本草纲目》等先后传入越南。1403年，越南任命阮大能为广济署长，负责医疗事务。后来，黎朝又成立了太医院和济生堂。1825年，阮朝设立先医庙。1850年参照明清典籍，对古代名医进行祭祀，其中包括不

① 马达：《历史上中医中药在越南的传播和影响》，载《医学与哲学（人文社会科学版）》，2008年第3期。

少中国的名医，如孙思邈、扁鹊、葛洪、俞跗、张机等。①

明清时期，越南还从中国进口大量药材。《明史·安南传》记载，景泰元年（1450年）越南曾"乞以土物易书籍、药材，从之。"《明实录》第二七九卷"英宗天顺元年"条记载，天顺元年（1457年）越南使臣黎文老上表："本国自古以来，每资中国书籍药材以明道义，以跻寿域。"请求以土物香料交换书籍、药材，获准。越南沦为法国殖民地之后，民间治病仍以中医中药为主。20世纪初，随着大批华人移居越南，不少华人在越南行医或开中药行、药店，并在华人聚居的地区创办中医医院，如广肇医院、寿康医院等，进一步促进了中医中药在越南的发展。

可见，中医中药在越南的传播不仅历史悠久，而且影响深远，有效促进了越南医学技术的发展，改善了越南人民的健康水平。越南医生学习中国中医中药著作，并结合民众的身体特质和本土药材辨证施治，逐渐形成了自己的传统。

（二）代表性医生和著作

越南的医生在学习中医中药的过程中，不断进行本土化实践，写出了大量医学著作，如慧静的《南药》、无名氏的《新方八阵国语》、潘学先的《本草植物纂要》、范百福的《仙传痘疹医书》、武平府的《医书抄略》、惠静的《神效南药》、黎有晫的《海上医宗心领全帙》、陈元陶的《菊堂遗草》、阮之新的《药草新编》以及作者不详的《本草拾遗》、《中越药性合编》、《南药考辨》等。这些医学书籍在传统中医药的基础上结合本土草药的特性和民间用药的经验，创造性地总结出了一些有效的治疗方法，尤其对本地多发、易发的湿热类疾病、胃肠道疾病有明显疗效。

10世纪末，越南出现了自主建国后的第一位名医——慧静。他生于海阳省，未出家时就以聪颖好学闻名天下，丁先皇欲授其官职，他谢绝后躲到寺庙中修行，仍被强令邀请，不得已躲到中国万福寺，从师中国名医达十年之久。回洪云寺后，慧静和尚救死扶伤，传授医学，治愈了太子黎龙越和皇帝黎中宗的病痛，留下一本《南药》手稿，记载了多种药物的药性、药理。

17世纪中叶，一位法号为"惠静"的和尚撰写了《神效南药》，全套共6册，流传至今。惠静字无逸，海阳省人，修行于南定省春长府教水县的户舍寺，精通医学，曾分别用汉字和喃字撰写《本草》，其内容包括对630味药的记载、伤寒的

---

① 陈玉龙：《中国和越南、柬埔寨、老挝文化交流》，载周一良主编：《中外文化交流史》，郑州：河南人民出版社，1987年，第670～742页。

37种治疗方法等。[①]该书于1717年再版，更名为《南药正本》，又名《洪义觉资医书》。1761年，由河内洪福寺本来和尚作序的《洪义觉资医书》（第三版）问世，全书共11卷。1922年，新版的《神效南药》在河内出版，全书共11卷。该版本还收录了惠静和尚的《药性指南》和《十三方加减》等文章。

18世纪，越南诞生了一位有名的医师——黎有晫（1720—1791年），别号"海上懒翁"，被后人尊为"医圣"。海上懒翁原本进士出身，官至尚书，但不图名利，隐居乡野，潜心研究，治病救人。1770年，海上懒翁用中文写成医学巨著《懒翁心领》，[②]共28集，66卷。《懒翁心领》也称《海上医宗心领全帙》，内容完备，阐述了阴阳、五行、病机等医学理论、药学知识、临床各科治疗等，是越南医学史上巨著。尤为可贵的是，他广泛收集民间验方，结合个人实践自创新方，将其宝贵经验写成《医案》，从而丰富了越南医学的传统。如同日本的丹波元简、韩国的许浚一样，黎有晫在越南被视为民族医药的代表人物。为了纪念他的贡献，河内市有一条街被命名为懒翁街。在越南传统医药的相关场所，到处可见他的塑像、画像。

此外，阮朝还涌现出了阮佳潘、泽员、杜文选等名医。1910年，一位西方传教士在对越南北部、中部山区实地考察的基础上写成了《药书》。该书厚达300页，用越南语记载了南医南药的很多治疗方法，很好地反映了越南传统医学的特点，受到很多业内人士的推崇。

（三）朝廷医疗机构助推南医南药发展

近代以前，越南缺乏体系的国家医疗。行医授药、治病救人的技术掌握在民间"能人"手里。这些能人通过自行研读医书、拜师学艺或祖传口授等方式掌握了医治技艺，然后在一定地域范围内行医，医术极其高明者可能被介绍到朝廷为帝王及王室提供医疗服务。

随着百姓医疗需求的增加，封建帝王也意识到应把医疗事务管理起来。陈朝时期，陈圣宗宝附二年（1274年），仿照中国设立太医院，专门为王公贵族

---

① 壹清、武文挑：《乡风土俗——越南风俗》，美国：大南出版机构，1968年，第187～188页。
② 《懒翁心领》的最后完成得益于清初浙江海盐冯兆张的著作《冯氏锦囊秘录》。他写道："及得《锦囊》全部，阴阳妙用，水火真机，方能悟透。"他研习《内经》问对诸篇，融会贯通，分为阴阳、化机、脏腑、病能、治则、颐养、脉经七条；而在《药品汇要》中每品标明主用、合用、禁用、制法，比冯书脉络更加清晰。我国著名越南历史研究专家张秀民说："假使把阮攸比作越南的歌德，也不妨称黎有卓是越南的李时珍。"

等上层人物治病。陈圣宗宝附四年（1276年）建立管理老百姓医疗事务的"广济署"，通过学习、考试遴选医药人才，培养出一大批医生，著名的如郑仲子等。1362年，陈裕宗到天长府，看到老百姓有疾病，就赐给他们官药和钱米，其中的丸药有"红玉相丸"，据说能包治百病。胡朝皇帝胡汉苍在位时（1401—1407），成立了专门掌管全国医药的医司。属明时期，交趾郡都护黄福选拔一些医术较好的人任教官，自此，医学知识的讲授被纳入官方管理，成为体系化培养医疗人才的开端。后黎朝圣宗时期（1460—1497），为照顾重大病症患者，官府设立"济生所"，一方面收治体弱多病的群众，另一方面在流行病发时组织人员到疫区进行救治。1467年，国威、三带等地爆发疫情，皇帝从国库拨专款调集人员前往救治。阮朝初期设立太医院，由院使掌管，下设御医、副御医、医左院判、医右院判、医正、医副、太医医正、省医生等职位。在各省均有医官负责掌管当地的医疗事务。明命皇帝时期（1820—1840），有的太医院医生被外派到军队中履职，类似于现在的军医。阮朝成太年间（1888年）规定，各省督学室内设负责医疗事务的官员两名①，由此可见医疗事务由礼部直属机构学政司管理。在这些官方医疗机构的管理和推动下，南医南药逐渐积累起自己的医疗经验和药物运用方法。其中一些著名的医生更是把自己的多年行医的心得体会整理成书，加速了南医南药理论和实践体系的成型。

（四）传统医学的现状

现在，越南仍然十分重视传统医学。一方面是因为传统医学的治疗成本相对较低，容易普及，更重要的是民众对传统医学有较高的认知和认同。目前，越南全国的医药院校中，50%设有东医系②，可见政府对传统医学的重视。知名的传统医学机构有河内的针灸医院、军队民族传统医学研究院等。此外，各个少数民族的传统医学经验也受到相当的重视，不少验方被纳入传统医学的教材。③

在药学教育方面，全越南主要有两所药科大学，一所在河内，另一所在胡志明市，其余的是规模比较小的学院或医学院校的系。越南药学教育为5年，前3年为基础教育，后两年根据兴趣专业分流。如西医药、东医药，学习的课程包

---

① 一名为 y sinh，一名为 y thuộc。
② 现在，越南的"东医"其实质是以中医为基础的包含南医特色的传统医学。
③ 如北部山区的赫蒙、瑶、侬等民族治疗感冒、腹泻、疟疾等疾病的"土方"，治疗蛇咬伤和控制生育等的单方。

括传统和现代两部分。①学生毕业实习，有的到医院、有的去药房。学生毕业5年，并有了一定的工作经验后，方可参加全国统一考试，合格后方能获得药剂师的执照。

越南的传统医药高等教育，与中国内地、中国台湾和韩国一样，多是在二次大战后起步。在越南传统医药领域，有几个里程碑式的标志。1957成立越南传统医学医院；1961年成立越南中央药物研究院；1971年成立河内药科大学；1988年建立世界卫生组织第22个世界传统医学合作中心。

与此相应，越南医药界的国家工程《越南药典》初版于1984年完成。《越南药典》收录有244种植物药，到了2007年的第四版已经增加到335种，还包括了94种传统医药制剂产品、60种常见的种植品种。《越南药典》中收录有不少具有地方特色而中国药典没有收载的品种如功劳木、叶下珠、越南人参、白千层、越南安息香、宽筋藤、鹅掌柴、鸡蛋花、长春花、刺桐等。此外还有些品种与传统中药所使用的药用部位不同，如曼陀罗叶、红背叶、接骨草、海滨木巴戟、台湾海棠、磨盘草、臭茉莉、野甘草、罗勒、山竹、毛当归、崖豆藤、云木香、赤蜈蚣等。还有一些同属不同种的植物，如越南马钱子、越南巴豆。这些药材的采集、泡制和使用不少都极具越南特色。

在今天，西医循证医学在面对不少疾病时显得无计可施，而讲究阴阳平衡、辨证施治的东方传统医学则显得更有办法，尤其是对不少慢性病的治疗，传统医学的理念和治疗方式都更有效。但是，现代医疗体系都是按西医的模式建立的，西医的主导地位难以撼动，在越南也不例外。现在，越南传统医学面临不少困境。首先是人才培养问题，传统医学的人才培养主要通过师傅带徒弟的模式，尤其是"切脉"，没有十数年的实践难以掌握其要义，无法实现人才培养的标准化和规模化。此外，传统医药进行工业化生产后难以保证药物的疗效，辨证施治讲究针对每个患者的具体情况用药，这也影响了民众对传统医药的信任，因此，越南人一般也仅把传统医药作为预防或调养的药物使用。

二、南医南药的运用

南医南药强调依托本土药材的实践，并形成了简便易行的实践性特征，在具

---

① 课程分为西医基础、传统医药和公共课程。与传统医药相关的特色课程为：营养保健食品学、药物加工学、传统医学与临床药学、传统药学、方剂学、中药的炮制、生药学等。

体运用方面更体现了越南人的聪明才智。

（一）自主疗治

在古代，生病后有两种治疗方式，一是根据民间流传的办法自主救治；二是求助大夫。遇到小病、轻伤，人们多自行救助。很多人越南人，尤其是老人，多少都知道一些民间偏方。比如，手指被烫后立刻放在耳垂上；额头撞肿了用烤热的大扁竹筷按压；头晕、鼻塞难忍则涂"神骨油"（万精油）；头痛则将沾石灰的水果薄片贴于两侧太阳穴处；感冒不出汗则将紫色蓖麻叶绑在额头上；发高烧则用烧开后的竹叶水或紫苏叶水滴入万精油冲洗；被棍棒打伤则喝活螃蟹水；小孩多盗汗则吃黑糯米饭；漆毒疹则服用蟹黄；疟疾喝黄连水；脸上长粉刺则涂抹掺水捣碎的菟丝子；治疗痢疾的方法是将切碎的三瓣杏叶与鸡蛋搅拌，用嫩香蕉叶包裹烤熟后服用一到两次；被蛇咬就嚼白鹤草根，并将残渣敷于伤口，如果皮破了则敷上旱莲草叶止血。这些做法虽然可能会使伤口感染，但在找不到大夫的情况下也是不得已而为之。这些处方就地取材，简便易行，已经成为常用的治疗方法，通过口头形式代代相传，有的还被编成了口诀。

自主疗治，或者通过休息、补养让身体自行恢复甚至是放任不治是古代普通越南人应对疾病的常见方式。以今天的眼光来看，这似乎正应和了激发人体自身免疫力的先进理念，但是在古代普遍营养不良的情况下，放任不治的后果要比今天严重。

（二）医生治疗

总体来讲，近代以前的越南，医疗资源一直都很稀缺，尤其缺乏专业医生，良医名医更是可遇不可求。因此，在过去，普通越南人往往遇到重大的、久治不愈的病痛时，才会去求助大夫。

首先，开馆行医的大夫大多集中大、中城市，农村缺乏高水平的医生，传统医生又多以师—徒方式进行传承，难以扩大规模。其次，与中国类似，越南古代的很多大夫都是长年考取功名不中、自行研习医药书籍而成，因此他们往往并不靠给人治病谋生，一些有医术的人并不开馆行医，只给熟悉的人看病。[①]第三，也有一些人是根据祖传经验掌握了一些治病方法，比如用推拿法治疗扭伤、关节

---

① 所谓"杏林圣手"即源于此，中国古代有的医生给人看好病之后并不要求报偿，只希望病人或病人家庭给自己种一棵银杏树，久而久之成为杏林，这在古代是无上的荣耀。

错位；包扎法治疗骨折、骨裂；膏药法治疗痈病等等。第四，还有一些江湖游医，因为其流动性特征又难以获得民众的信任。他们自由行医，无固定诊所，器械简陋，看病不开处方，还根据祖传秘方自制一些用于治疗小儿疳症、伤风、百日咳、龋齿、打喷嚏等常见病症的膏丹丸散，用纸、盒子或小瓶子包装好，拿到集市上出售。总之，真正能看病的大夫是稀缺的，城市地区相对较好，农村地区就更困难了，可能好几个村才有一个乡村医生，去求医时还可能遇到大夫出诊等。交通不便，通讯不便，名医、良药又求之不得，人们往往求助巫婆神汉作法驱邪，常常延误救治的时机，如果是传染性疾病还会迅速蔓延开来。所以，"求医不如求己"，人们只好掌握一些偏方，以便在必要时自救。

在医疗资源稀缺的背景下，医生的专业治疗也趋于简便化、验方化或秘方化。所谓简便化就是治疗程序简易，治疗药物易得，治疗只针对基本或核心病原，然后依靠在家调养；所谓验方化就是把数种常见的药材进行配伍制药以对付常发易发的疾病；在验方化的同时伴有秘方化，一些家族往往把一些验方的配伍视作家族的核心秘密，传承的时候也只传给一个继承人，以保证验方的秘密始终在掌握在家族手中。越南现在还有不少验方的秘密掌握在一些东医世家手里。

（三）南药药材

南药的主体是草药，也就是植物类药材，此外，还有动物类药材和矿物质等。越南气候炎热潮湿，动植物资源丰富，曾被联合国教科文组织评为世界上最具生物多样性的国家，这为传统医药提供了丰富的药材资源。

在越南，根据经验或老辈们的指教，人们一般都知道数种利用野草、野花、野果、树叶、树根等治病的单方，这些单方往往对本地易发常发的疾病有效。比如利用艾叶煎鸡蛋治咳嗽；用黄姜红糖煮鸡蛋可以治胃寒引起的胃痛；用马齿苋可以调理肠胃等。此外，已经进入中草药目录，成为南药代表的草药也不少，如豆蔻、肉桂、桂圆、鸡血藤、砂仁、薏苡仁、檀香、罗汉果、香茅、桑黄、灵芝、番石榴叶、丁香油、水安息、胖大海、十大功劳木等。

比较具有代表性的动物类南药药材有熊胆汁、鱼卵浆、龙涎香、龟甲、墨鱼壳、穿山甲鳞片等。珍贵药材有虎骨膏、麝香、鹿茸、猴骨膏、龟板膏等。

在药材的使用方面，南药特别强调某一种药材的主要药性，与之配伍使用的药材种类相对较少。

在药物的服用方面，除服用药汤、药剂、药丸、药片之外，一般还辅以药引子，以引发或增强药剂的效力。比如，仅感冒丸可搭配的药引子就有好几种：中暑用紫苏，风寒用姜，还有盐、蜂蜜等等。

（四）饮食疗法

越南人还通过合理饮食来预防或治疗疾病，是为饮食疗法。饮食疗法的核心原则是阴阳平衡、寒热互补，使身体运行的状态与自然循环基本同步。根据中国《易经》的理念，把不同食材分为热性、温性、中性、凉性、寒性食物，然后把季节也分为阴阳，然后在此基础上进行进行搭配，制作烹饪出符合平衡原则的食物。中国俗语云："冬吃萝卜夏吃姜，不找医生开药方。"冬天是阴性的，而萝卜也是凉性的，为什么冬天还要吃萝卜呢？其实这里面还有更深的辩证法，时节到了冬季，但是人体的阴阳温寒转换不如天气那么迅速，是一个相对缓慢的过程，这时进食凉性的萝卜，使人体器脏进一步降低活力，达到与冬天匹配的程度，达到养生抑病的效果。夏天吃热性的姜，道理也是一样的，进一步提升人体器脏的热性，达到与夏天炎热天气匹配的程度。越南人也深受该理论的影响，在饮食上注意应时而变，温热搭配，达到食疗的目的。

具体的例子比比皆是，比如：将生鱼片配上杀菌的三叶草；将白斩鸡配上生柠檬叶还能防止蛀牙等等。越南人在饮食习惯上还有一些明确的禁忌，比如：小孩不能吃鸡肝，否则容易得疳症；体寒的人不宜吃过多蚌螺（寒性），否则会消化不良引发腹痛等等。

然而，现实的情况是大多数越南人生活条件有限，难以遵守食疗的诸多法则，只能是有什么吃什么，或者根据老辈儿的经验无意识地践行食疗。比如，许多农民终年只能吃到大米、鱼露、玉米、薯类，无法食用奶、油、鱼、肉来补养身子，但是也知道用甘薯润肠、用黑豆解暑、用糯米健脾、用芋头治疗痢疾、吃鳝鱼滋补阴气、吃狗肉补火补血等等。富裕人家则用蛤蚧、燕窝、鹿胚胎、人参、鹿茸等大补的药膳来调理身体，但是往往又容易进补太猛，造成身体的寒热失衡。

今天，越南人也越来越意识到食疗对于人体健康的重要作用，但是如何把传统的智慧结合现实的情况来发挥真正的效用，还需要不断地探索和实践。

参考文献

中文部分

[1]陈益源.越南女神柳杏公主汉喃文献考察[J].上海：中华文史论丛，2009（1）.

[2]陈玉龙.中国和越南、柬埔寨、老挝文化交流[A]//周一良.中外文化交流史[C].郑州：河南人民出版社，1987.

[3]陈玉龙，杨通方.汉文化论纲[M].北京大学出版社，1993.

[4][越]陈重金著，戴可来译.越南通史[M].北京：商务印书馆，1992.

[5]丛国胜.越南行政地名译名手册[M].北京：军事谊文出版社，2004.

[6]戴可来，于向东.越南[M].南宁：广西人民出版社，1998.

[7]戴可来，于向东.越南历史与现状研究[M].香港社会科学出版社有限公司，2006.

[8]杜敦信，赵和曼.越南、老挝、柬埔寨手册[M].北京：时事出版社，1988.

[9]古小松.越南的社会主义[M].北京：人民出版社，1995.

[10]古小松.2010越南国情报告（蓝皮书）[M].南宁：广西人民出版社，2010.

[11]何成轩.儒学南传史[M].北京大学出版社，2000.

[12]兰强，徐方宇，李华杰.越南概论[M].广州：世界图书出版公司，2012.

[13]雷慧萃.越南的高台教[J].东南亚纵横，2003（11）.

[14]李晨阳.印度支那地区伊斯兰教的发展[J].东南亚，2002（4）.

[15]李太生.越南独特的饮食文化[J].南宁职业技术学院学报，2007（4）.

[16]黎正甫.郡县时代之安南[M].北京：商务印书馆，1945.

[17]梁志明.当代越南经济革新与发展[M].厦门：鹭江出版社，1996.

[18]林明华.越南语言文化散步[M].香港：开益出版社，2002.

[19]刘稚.当代越南经济[M].昆明：云南大学出版社，2000.

[20]马强，马雯.越南的伊斯兰教[J].东南亚研究，2012（1）.

[21] [法] 马司培罗著, 冯承均译. 郡县时代之安南 [M]. 台北: 台湾商务印书馆, 1956.

[22] 马书田. 华夏诸神 [M]. 北京燕山出版社, 1990.

[23] 孟庆捷. 畅游越南 [M]. 上海: 文汇出版社, 2000.

[24] 纳日碧力戈. 姓名论 [M]. 北京: 社会科学文献出版社, 1997.

[25] 聂慧慧. 占婆国故地婆尼教寻踪——越南本土化伊斯兰教初探 [J]. 世界宗教研究, 2013 (2).

[26] 阮翠鸾. 越南的端午节 [A] // 亚细亚民俗研究 (第六辑) [C]. 北京: 学苑出版社, 2006.

[27] [法] 赛代斯著, 蔡华、杨保筠译. 越南通史 [M]. 北京: 商务印书馆, 2008.

[28] 唐小诗. 越南民族的美牙习俗 [J]. 东南亚纵横, 2003 (7).

[29] [越] 陶维英著, 刘统文、子钺译. 越南古代史 (上、下册) [M]. 北京: 商务印书馆, 1976.

[30] 滕成达. 伊斯兰教在越南 [J]. 中国穆斯林, 2004 (6).

[31] 滕成达. 当代越南占族与伊斯兰教 [J]. 西北第二民族学院学报 (哲学社会科学版), 2005 (1).

[32] 田惠刚. 中西人际称谓系统 [M]. 北京: 外语教学与研究出版社, 1998.

[33] 田平. 体验越南咖啡文化 [J]. 世界文化, 2009 (2).

[34] 王世录, 刘稚. 当代越南 [M]. 成都: 四川人民出版社, 1992.

[35] [越] 吴士连等纂修.《大越史记全书》卷二, 陈荆和校合本, 日本东京大学东洋文化研究所, 昭和五十九年 (1984) 印行。

[36] 徐绍丽, 利国. 越南民族 [M]. 北京: 华夏出版社, 1989.

[37] 徐绍丽, 利国等. 列国志·越南 [M]. 北京: 社会科学文献出版社, 2009.

[38] 杨焕英. 孔子思想在越南的传播与影响 [M]. 北京: 教育科学出版社, 1987.

[39] 杨全喜, 钟智翔. 东盟国家军事概览 [M]. 北京: 军事谊文出版社, 2003.

[40] 于在照. 越南文学史 [M]. 北京: 军事谊文出版社, 2001.

[41] 越南国防部军事历史院. 越南人民军50年 [M]. 北京: 军事谊文出版社, 1996.

[42] 张加祥, 俞培玲. 越南 [M]. 北京: 当代世界出版社, 1998.

[43] 张君. 神秘的节俗——传统节日礼俗、禁忌研究 [M]. 南宁: 广西人民出版

社, 2004.

[44] 张锡镇. 当代东南亚政治 [M]. 南宁: 广西人民出版社, 1994.

[45] 赵和曼. 东南亚手册 [M]. 南宁: 广西人民出版社, 2000.

[46] 钟敬文. 民俗学概论 [M]. 上海文艺出版社, 1998.

[47] 朱云影. 中国文化对日韩越的影响 [M]. 台北: 黎明文化出版社, 1981.

越文部分

[1] Ban Tôn giáo Chính phủ. *Tôn giáo và chính sách tôn giáo ở Việt Nam* [M]. Hà Nội: Nhà xuất bản Tôn giáo, năm 2007.

[2] Bùi Xuân Mỹ, *Tục thờ cúng trong gia đình người Việt* [M]. Hà Nội: Nxb Văn hoá Thông tin, năm 2001.

[3] Dương Kỳ Đức. *Văn hóa trong tên người Việt* [A]. // Hội Ngôn ngữ học Việt Nam. *Ngữ học trẻ* [C]. Hà Nội: Hội Ngôn ngữ học Việt Nam, năm 1998.

[4] Đại hội Đại biểu Ban đại diện cộng đồng Hồi giáo-Islam tỉnh Ninh Thuận [EB/OL]. (2012-5-28) [2014-03-06]. http://baoninhthuan.com.vn/diendan/26113p1c30/dai-hoi-dai-bieu-ban-dai-dien-cong-dong-hoi-giao-islam-tinh-ninh-thuan.htm.

[5] Đại hội đại biểu Cộng đồng Hồi giáo Tây Ninh lần thứ I, nhiệm kỳ 2010—2015 [EB/OL]. (2010-03-28) [2014-03-06]. http://baotayninh.vn/tin-tuc/dai-hoi-dai-bieu-cong-dong-hoi-giao-tay-ninh-lan-thu-i-nhiem-ky-2010-2015-12014.html.

[6] Đại hội lần 2 Hội đồng Sư cả Hồi giáo Chăm Bàni [EB/OL]. (2011-12-07) [2014-03-06]. http://www.vietnamplus.vn/dai-hoi-lan-2-hoi-dong-su-ca-hoi-giao-cham-bani/119069.vnp.

[7] Đào Duy Anh. *Việt Nam Văn Hóa Sử Cương* [M]. TP. HCM: Nxb TP. HCM, 1992.

[8] Đặng Nghiêm Vạn. *Bàn về dòng họ người Việt* [J]. Dân tộc học, số 3, năm 1998.

[9] Đinh Gia Khánh, Huy Cần. *Các vùng văn hóa Việt Nam* [M]. Hà Nội: Nxb Văn học, năm 1995.

[10] Đinh Xuân Lâm. *Lịch sử* (*giáo trình trung học phổ thông, lớp 6-12*) [M]. Hà

Nội: Nxb Giáo dục, năm 2004.

［11］Đinh Xuân Lâm. *Đại cương lịch sử Việt Nam*（*tập II*）［M］. Hà Nội: Nxb Giáo dục, năm 2006.

［12］Kiều Văn. *Giai thoại lịch sử Việt Nam*（*tập I, II*）［M］. Hà Nội: Nxb Văn hóa Thông tin, năm 2002.

［13］Lê Bá Thảo. *Lãnh thổ và các khu vực địa lý*［M］. Hà Nội: Nxb Thế giới, năm 2001.

［14］Lê Mậu Hãn. *Đại cương lịch sử Việt Nam*（*tập III*）［M］. Hà Nội: Nxb Giáo dục, năm 2006.

［15］Lê Nhẩm. Về cộng đồng Hồi giáo ở Việt Nam hiện nay［EB/OL］.（2004-11-15）［2014-03-06］. http://cpv.org.vn/cpv/Modules/News/NewsDetail.aspx?co_id=10005&cn_id=188946.

［16］Lê Văn Chưởng, *Cơ sở văn hóa Việt Nam*［M］. Hà Nội: Nxb Trẻ, năm 2005.

［17］Lưu Văn Lợi. *50 năm ngoại giao Việt Nam*（*tập I*）［M］. Hà Nội: Nxb Công an, năm 1997.

［18］Lưu Văn Lợi. *50 năm ngoại giao Việt Nam*（*tập II*）［M］. Hà Nội: Nxb Công an, năm 1998.

［19］Lê Trung Hoa. *Họ và tên người Việt Nam*［M］. Hà Nội: Nxb Khoa học Xã hội, 2005.

［20］Lê Trung Vũ. *Tết cổ truyền của người Việt*［M］. Hà Nội: Nxb Văn hóa Thông tin, năm 2002.

［21］Mai Lý Quảng. *Quê hương Việt Nam*［M］. Hà Nội: Nxb Thế giới, năm 2004.

［22］Ngô Đức Thịnh. *Văn hóa vùng và phân vùng văn hóa Việt Nam*［M］. Hà Nội: Nxb Trẻ, năm 2004.

［23］Ngô Đức Thịnh. *Văn hóa tộc người và văn hóa Việt Nam*［M］. Hà Nội: Nxb Khoa học Xã hội, năm 2006.

［24］Ngô Đức Thịnh. *Đạo Mẫu*［M］. Hà Nội: Nxb Khoa học xã hội, năm 2007.

［25］Ngô Đức Thịnh. *Về tín ngưỡng lễ hội cổ truyền*［M］. Hà Nội: Nxb Văn Hóa Thông tin, năm 2007.

［26］Nguyễn Đăng Duy. *Các hình thái tín ngưỡng tôn giáo ở Việt Nam*［M］. Hà Nội:

Nxb Văn hoá Thông tin, năm 2001.

[27] Nguyễn Hồng Phong. *Thôn Xã Việt Nam* [M]. Hà Nội: Nxb Văn Sử Địa, năm 1959.

[28] Nguyễn Hữu Ái, Nguyễn Mai Phương. *Phong tục cổ truyền Việt Nam* [M]. Hà Nội: Nxb Văn hoá Thông tin, năm 2003.

[29] Nguyễn Kim Thản. Vài nhận xét về tên người Việt [J]. Dân Tộc Học, số ?, năm 1975.

[30] Nguyễn Thị Thanh Vân. *Hồi giáo của người Chăm ở Việt Nam–những yếu yố bản địa* [J]. Tạp chí Nghiên cứu văn hoá (Trường Đại học Văn hoá Hà Nội), số 3.

[31] Nhất Thanh, Vũ Văn Khiếu. *Đất lệ quê thói (phong tục Việt Nam)* [M]. Hoa Kỳ: Cơ sở xuất bản Đại Nam, năm 1968.

[32] Phan Kế Bính. *Việt Nám Phong Tục* [M]. TP.HCM: NxbTP. HCM, năm 1990.

[33] Phan Ngọc. *Bản sắc văn hóa Việt Nam* [M]. Hà Nội: Nxb Văn hóa Thông tin, năm 2004.

[34] Toan Ánh. *Nếp cũ làng xóm Việt Nam* [M]. Hà Nội: Nxb Khoa học Xã hội, năm 1968.

[35] Toan Ánh. *Nếp Cũ: Tín Ngưỡng Việt Nam* [M]. TP. HCM: Nxb TP. HCM, năm 1992.

[36] Tôn Diễn Phong, Hoàng Kiến Hồng, Từ Phương Vũ. *Khái luận văn hóa Việt Nam* [M]. 广州: 世界图书出版公司, 2011.

[37] Thông tấn xã Việt Nam. *Văn phòng chính phủ. Chính phủ Việt Nam 1945—1998* [M]. Hà Nội: Nxb Chính trị Quốc gia, năm 1999.

[38] Trần Huyền Thương. *Phong tục Việt Nam* [M]. Hà Nội: Nxb Văn hoá Thông tin, năm 2002.

[39] Trần Ngọc Thêm. *Tìm về bản sắc văn hóa Việt Nam* [M]. TP. HCM: Nxb TP. HCM, năm 2001.

[40] Trần Quốc Vượng. *Văn hóa Việt Nam: tìm đòi và suy ngẫm* [M]. Hà Nội: Nxb Văn học, năm 2003.

[41] Trần Quốc Vượng (chủ biên). *Cơ sở văn hóa Việt Nam* [M]. Hà Nội: Nhà xuất

bản Giáo Dục, năm 2007.

[42] Trần Trọng Kim. *Việt Nam sử lược (quyển I, II)* [M]. TP. HCM: Nxb TP. HCM, năm 2000.

[43] Trương Hữu Quỳnh. *Đại cương lịch sử Việt Nam (tập I)* [M]. Hà Nội: Nxb Giáo dục, năm 2006.

[44] Văn Thái. *Địa lý kinh tế Việt Nam* [M]. Hà Nội: Nxb Thống kê, năm 1997.

[45] Vũ Ngọc Khánh. *Tiếp Cận Kho Tàng Folklore Việt Nam* [M]. Hà Nội: Nxb Văn hóa Dân tộc, năm 1999.

[46] Vũ Khiêu. *Nho Giáo Xưa Và Nay* [M]. Hà Nội: Nxb Văn hóa, năm 1994.

[47] Vũ Thế Bình. *Non nước Việt Nam* [M]. Hà Nội: Nxb Văn hóa Thông tin, năm 2000.

主要网站

[1] 越南国家统计局官方网站, http: //www. gso. gov. vn/default. aspx?tabid=217。

[2] 越南宗教委员会网站, http: //btgcp. gov. vn。

[3] 越文版维基百科网, http: //vi. wikipedia. org。

[4] 中华人民共和国外交部网站, http: //www. fmprc. gov. cn/pds/gjhdq/gj/ yz/1206_45/。

后　记

2013年2月，由解放军外国语学院亚非语系主任、博士生导师钟智翔教授主持，与世界图书出版广东有限公司共同申报的《东南亚研究丛书（第二辑）》——《东南亚各国文化概论（系列）》获2014年度国家出版基金项目立项。2013年4月，钟智翔主任召开任务布置会，明确编写规范及各子项目的负责人。其中，《越南文化概论》由孙衍峰教授负责。

2013年6月，本书编写团队成立，成员有兰强副教授、徐方宇博士和曾添翼、李华杰两位硕士；并根据每人的研究特长进行了分工。具体如下：孙衍峰拟定全书框架，撰写引论、祖先崇拜、城隍信仰、儒家思想、取名习俗等内容并负责全书的修改和定稿；兰强撰写自然环境、气候、民族、交通、南医南药及文化发展沿革的主体部分和艺术的部分内容，负责全书的统稿和修改；徐方宇撰写宗教和艺术的主体部分以及节庆、服饰等内容；曾添翼撰写伊斯兰教、婚俗、丧俗、庙会、饮食、民居等内容；李华杰撰写文化区的划分、四不死、母神信仰、征兆与禁忌等章节以及文化发展沿革的部分内容。编写组推举兰强作为项目执行人，负责具体的运行和协调。

2014年3月底，初稿完成。2014年4月，兰强对书稿进行第一次修改并提出修改建议。2014年5月，孙衍峰对书稿进行了第二次修改，提出新的修改建议。2014年6月，孙衍峰和兰强一起审验前期整改的内容，完成最后的合稿，并进行第三次修改。在本书的写作和修改过程中，编写组的每个人都克服了时间紧、任务重、资料不全、积累不足以及来自工作、家庭等方面的种种困难，加班加点，终于按照出版社的要求如期完成了本书的写作。

在写作本书时，我们力求比较系统地介绍越南文化，尽可能准确地分析其文化特质，使读者能够深化对越南的认识，提高对越南有关问题的认知和分析能力。为了达到这一目的，我们在编写中优先突出越南文化的知识信息，但也适当进行学术分析。此外，为了丰富文本的信息，我们还使用了一些脚注。这样，正文突出概论性质，保证知识脉络的流畅，脚注则提供更多相关信息、必要的解释以及编者的认识等内容。

需要指出的是，尽管我们做了大量工作，但是在章节的平衡和资料的取舍上还存在不足。比如，民间信仰和宗教部分的内容较丰富，艺术部分的内容相对较少，这一方面与资料的收集有关，另一方面也缘于我们的研究深度还不够。

此外，由于本书体例所限，未把所用材料一一注明出处，为弥补该问题，笔者附了一份参考书目。特别要指出的是，本书宗教、民间信仰和艺术等章节，部分采用了此前我们编写的普通高等教育"十一五"国家级规划教材《越南文化概论》（越南语版）的内容，但是经过整理和充实，其内容更加丰富，信息更为准确。

今天，面对着本书的定稿，不由心生感慨。如果再多一些时间修改补充，本书应该会更完善一些。每念及此，总感到有些遗憾。不过，编书也好，写书也好，注定难逃遗憾。其一，书稿的错漏难以尽数消灭；其二，随着编写工作的深入，阅读文献的增加，越来越觉得书稿呈现的越南文化还很肤浅；最后，在行文方面，每一次修改都觉得还能写得更简洁些。因着这些遗憾，希望本书面世之后能够得到读者指正，以利于我们改进并修正。

最后，我们特别向钟智翔教授和世界图书出版广东有限公司的领导，特别是刘正武表示感谢，没有他们的共同努力，就没有本丛书的立项，也就没有本书的出版。另外，衷心感谢出版社的程静、李嘉荟编辑和设计、印刷人员，他们耐心细致的工作为本书增添了不少光彩。

作　者

2014年6月30日

于解放军外国语学院